谨以此书致敬伟大的改革开
致敬有梦想、肯实干的创业

STORY OF ENTREPRENEURSHIP
IN CHINA

创业中国故事

主编 / 毛基业　　执行主编 / 李晓光

中国人民大学出版社

·北京·

图书在版编目（CIP）数据

创业中国故事 / 毛基业主编. ––北京：中国人民
大学出版社，2022. 6
ISBN 978-7-300-27927-5

Ⅰ．①创…　Ⅱ．①毛…　Ⅲ．①企业管理—创业—案例
—中国　Ⅳ．①F279. 23

中国版本图书馆CIP数据核字（2020）第026559号

创业中国故事

主　　编　毛基业
执行主编　李晓光
Chuangye Zhongguo Gushi

出版发行	中国人民大学出版社			
社　　址	北京中关村大街 31 号		邮政编码	100080
电　　话	010–62511242（总编室）		010–62511770（质管部）	
	010–82501766（邮购部）		010–62514148（门市部）	
	010–62515195（发行公司）		010–62515275（盗版举报）	
网　　址	http: // www. crup. com. cn			
经　　销	新华书店			
印　　刷	天津中印联印务有限公司			
规　　格	170 mm×240 mm 16 开本		版　次	2022 年 6 月第 1 版
印　　张	21 插页 1		印　次	2022 年 6 月第 1 次印刷
字　　数	317 000		定　价	68.00 元

序　言

本书缘起于纪念伟大的改革开放 40 周年。

2018 年中，在改革开放开启即将 40 周年之际，我和中国人民大学商学院的同事们基于对改革开放的深厚情感，开始思考如何纪念这场翻天覆地的社会变革。大家一致决定从管理学者的本职和专业出发，聚焦于企业管理学的微观主体——企业，编写一本关于改革开放中中国企业的创业故事的书，以此纪念这个伟大的时代，庆祝改革开放的丰功伟绩，并向改革开放的总设计师致敬。

此外，本书还试图从改革开放中成长起来的典型企业的微观视角，回答若干具体问题。中国是如何从 40 年前的贫困落后状态跨进小康社会的？其微观基础是什么？中国的一批世界一流企业是如何涌现出来的？过去的关键成功因素是什么？未来应该坚持什么？

1978 年在华夏大地上开启的一轮波澜壮阔的改革开放大潮从根本上改变了这个国家，它很快让人民能够吃饱饭，并在相当大的程度上摆脱了贫困。根据世界银行发布的数据，1978 年中国的人均 GDP 大约 160 美元，不仅远远落后于世界人均水平（约 2 000 美元），甚至还不及非洲人均 GDP 的一半，可见改革开放前的中国经济是何等落后。相比之下，2019 年中国的人均 GDP 已经超过 1 万美元，比 1978 年增长了60 多倍。正是改革开放启动了这场人类历史上罕见的社会变革，从根本上改变了十多亿中国人民的命运。

作为"60 后"的我和本书的其他作者一样，对改革开放怀有深深的感恩之情。我们是与改革开放一起成长的一代，也是最幸运的一代，经历了中华民族史上发展最快速的时期，度过了自己一生中最好的40年。对于我这代人而言，如果没有改革开放，人生轨迹会完全不同。我个人是直接受益于知识青年上山下乡运动的终结、高考制度的恢复特别是改革开放带来的全面社会进步以及80年代中期开始的出国留学大潮。因此，可以说我个人的一切成就皆可归功于改革开放。40年的时间在人类的历史长河中并不算长，但其中国运的变化影响的却是普通人的一生甚至几代人的命运。

改革开放以来，中国社会所发生的最根本性变化之一是成功转型为具有中国特色的社会主义市场经济。而市场经济的主体是企业，一批中国企业把握机遇，顺势崛起，成为世界级企业。2019年全世界营收最高的500强企业（《财富》500强）中有近120家中国大陆的企业，也包括本书中介绍的六家企业——宝武、美的、万科、中车、华为和吉利。

本书选取了12个不同行业的代表性企业作为典型案例，描述了它们在过去40年中创业创新、苗壮成长的历程。它们中的绝大多数是民营企业，包括华为、美的、福耀、温氏、顺丰和吉利等，也有央企中车，以及包含国有资本的混合所有制企业万科、云南白药和科大讯飞。时至今日，民营企业对中国经济发展和社会进步的贡献已经得到充分认识，其贡献了国家50%以上的税收、60%以上的GDP、70%以上的技术创新、80%以上的城镇劳动就业和90%以上的企业数量。

创业不易，需要天时地利人和，本书所讲述的12个创业故事中也莫不如此。如果说天时就是改革开放提供的千载难逢的有利政策环境，那么地利就是中国广阔独特的市场和人口红利以及低成本劳动力等。除了老字号云南白药以外，本书所介绍的其他11家企业全部诞生在改革开放时代。没有改革开放就没有这些企业的辉煌，它们都是改革开放的产物。

但为什么获得巨大成功的是这12家企业，而不是千千万万的其他企业？寻找这12个创业故事的共性有助于回答这个问题。我个人认为，除了把握改革开放的机遇，还有五个企业层面的共性因素，分别是企业家精神、现代企业制度、学习与引进西方先进管理机制、卓越的战略管理以及全方位的创新。以下我将针对上述六个方面分别展开。因此，这个序言比较冗长，也是我第一次写一万多字的长序，它既可视为我对本书的系统性反思，也是给读者的导读。

1. 改革开放的机遇（宏观环境）

过去的 40 年里，三个重要里程碑或标志性事件极大地促进了中国经济的发展。它们分别是 1978 年底的十一届三中全会，1992 年邓小平的南方谈话，以及 2001 年中国正式加入世界贸易组织（WTO）。前两个事件解放了思想，带来一系列改革开放政策，极大地解放了生产力；第三个事件使得中国经济融入全球化和产业分工，国内企业不仅获得了国际市场，也获得了西方先进的技术和管理经验，这对本书中的华为、美的、福耀和吉利等企业尤为重要。

1978 年 12 月，具有划时代意义的十一届三中全会在北京召开，形成了以邓小平同志为核心的党的第二代中央领导集体，确立了正确的发展路线。会议公报宣布"全党工作的着重点应该从一九七九年转移到社会主义现代化建设上来"，标志着邓小平开始领导中国人民改变国家命运，启动了中国历史进程的重大变迁。

十一届三中全会闭幕的第二天，新中国成立以来投资规模最大的现代化建设工程——宝钢工程举行了动工典礼。宝钢在引进日本先进设备的同时，也引进了相应的管理方法。40 年来，宝钢始终以现代化建设为中心，由一个在计划经济条件下全套引进先进技术的生产厂，发展成为世界级钢铁企业集团。其发展史也是一部国家战略导向下的行业内兼并重组史。2016 年 12 月揭牌成立的中国宝武钢铁集团有限公司由原宝钢集团有限公司和武汉钢铁（集团）公司联合重组而成，产能规模 7 000 万吨，位居中国第一、全球第二。邓小平同志当年就坚信"历史将证明，建设宝钢是正确的"，40 年后的事实也证明的确如此。

1988 年 9 月十三届三中全会提出把"加快出售公房，逐步实现住房私有化"作为治理经济环境、整顿经济秩序、全面深化改革的主要内容之一。"春江水暖鸭先知"的万科抓住机遇进入房地产行业，登上了中国房地产改革的首班车，最终成为中国房地产行业的标杆。

1992 年 3 月 26 日，《深圳特区报》发表了题为《东方风来满眼春——邓小平同志在深圳纪实》的报道。邓小平同志指出："改革开放胆子要大一些……看准了的，就大胆地试，大胆地闯。"还指出，判断姓"社"还是姓"资"，"应该主要看是否有利于发展社会主义社会的生产力，是否有利于增强社会主义国家的综合国力，是否有利于提高人民的生活水平"。随后，国务院在当年 11 月发布的《关于发展房地产业若干问题的通知》中指出："房地产业在我国是一个新兴产业，是第三产业的重要组成部分，随着城镇国有土地有偿使用和房屋商品化的推进，将成为国民经济发展的支柱产业之一。"此后，万科把握机遇，明确了以房地产开发为主导业务的发展思路。

2013 年十八届三中全会提出要"积极发展混合所有制经济"，2014 年《政府工作报告》进一步提出了"加快发展混合所有制经济"的要求。2015 年，中共中央、国务院印发《关于深化国有企业改革的指导意见》，提出了一系列国企改革的目标和举措，2016 年国务院国资委公布"十项改革试点"，混合所有制改革成为国企改革的重要突破口。2016 年 12 月，云南白药公司开始了持续大半年的混合所有制改革。通过增资的方式引入新华都实业公司进行混合所有制改革，开始引入民营资本；云南省国资委、新华都和云南控股签订协议。新的股权结构保障了任何一方均处于一种被制衡的状态之中，为企业的正确决策提供了更多保障，民营资本的进入也使得企业的资金实力得到加强。

本书中的 12 家企业无一例外都是改革开放的受益者，正如美的创始人何享健所说："没有改革开放，就没有美的的今天。"任正非也曾说，"华为的发展得益于国家政治大环境和深圳经济小环境的改变，如果没有改革开放，就没有我们的发展。深圳1987 年 18 号文件明晰了民营企业产权。没有这个文件，我们不会创建华为。后来，华为发展到一定规模时，我们感到税负太重，很多同事说把钱分了算了。这时深圳出了'22 条'，提出投资先不征税，等到收益后再征税，实行了好几年。这个时候我们就规模化了"。

改革开放给中国企业提供了飞速发展的机遇，这 12 家企业也充分享受了改革红利、区域红利（6 家地处广东，8 家地处东南沿海）、市场红利、人口红利和政策红利。它们的成功与改革开放的宏观环境及地方政府对企业的宽松政策有密切关系。

2. 企业家精神

回顾这些企业的成功之道，最关键的要素一定可以回溯到企业家精神，因为它是每个企业的内生原动力。这 12 家企业都有其"灵魂人物",在民企中表现尤其突出,包括华为的任正非、美的的何享健、万科的王石、吉利的李书福、顺丰的王卫、福耀的曹德旺、温氏股份的温北英和温鹏程父子以及科大讯飞的刘庆峰等。他们是改革开放时期的第一代创业者,在一穷二白的条件下白手起家,历经千辛万苦,可谓"创业艰难百战多"。他们特定的成长时代、个人经历和人格特质塑造了其品格,但他们的企业家精神表现为三个共同特点,即家国情怀、独到的眼光和韧性。

第一是家国情怀。这些企业家有个突出特征是满怀家国情怀,目标高远。任正非在创业初期,就有一个梦想——打造世界级的电信制造企业,这在当时他人看来就是痴人说梦。《华为基本法》贯穿了创始人任正非的宏大理想、爱国情怀:"华为以产业报国和科教兴国为己任,以公司的发展为所在社区作出贡献。为伟大祖国的繁荣昌盛,为中华民族的振兴,为自己和家人的幸福而不懈努力。"

科大讯飞的"灵魂人物"刘庆峰是抱着"中文语音技术应当由中国人做到全球最好,中文语音产业应当掌握在中国人自己手中"的信念创业的。他豪迈地发出"燃烧最亮的火把,要么率先燎原,要么最先熄灭"的声音,这种破釜沉舟的气势,让团队感受到自己所做的并不仅仅是为赚钱而已,而是开创一个新的产业,成为一个开创者。

曹德旺矢志为中国人做属于自己的高质量汽车玻璃,刚起步时国内所用的汽车玻璃完全靠进口。他一生似乎都是在为福耀做准备,一手策划、创立、发展壮大了福耀;用尽所有的智慧、知识、胆识以及人生经验,凝聚成了福耀。还有"汽车疯子"李书福一直有一个执着的梦想——造中国自己的高档轿车,才使吉利成为中国首家获得轿车生产资格的民营企业。

汇川技术的创始人朱兴明创业时,跨国公司的产品在中国工业控制领域处于垄断地位。朱兴明深知工业控制实际上是制造业的基础,创业初始就和他的创业伙伴决定"打造民族工控品牌"。他是抱着产业兴国、进口替代的理念创业的,最终将汇川技术打造成专门从事工业自动化和新能源等相关产品的研发、生产与销售的高新技术企业和工控产品国产替代的领头企业。

第二是独到的眼光。这批企业家是改革开放时代的弄潮儿,善于把握改革开放释放的每个红利,把它变成企业跨越式发展的机会。例如,美的在高度竞争的家电市场中的成功离不开何享健敏锐的洞察力，1985 年他准确地预断中国即将出现从风扇到空调的消费升级，超前眼光和敢为天下先的胆略让他提前开始布局。事实上，他看到并且把握住的不仅是市场机会，还有股份制改造、上市融资和管理层收购等多个转瞬即逝的机会窗口。正如何享健曾说过的："一个企业最重要的就是转折点，你必须知道什么时候企业该转折。"可以说这些成功的企业的发展轨迹与改革开放带来的国运曲线同步，神一样准确地踏准了每一步的节拍。

顺丰的成功如果看似顺风顺水，也在很大程度上与王卫的战略眼光分不开。1992 年香港地区大量的制造工厂北移至内地，其中半数以上集中在珠三角地区，与香港之间信件往来极其频繁。王卫在帮他人携带信件出入境时，敏锐地发现了其中的商机，于是在顺德注册成立了快递公司，抓住了整个 90 年代后期到 21 世纪初期这一快递业发展的机遇期。2003 年"非典"时期，航空公司需求收缩，顺丰借势签下了扬子江快运的五架包机，成为第一家向航空运输发展的民营快递公司；进而在 2005 年组建顺丰航空筹备组，随后一次性购买了两架飞机，成为中国第一个拥有自己的飞机的民营快递公司。

1997 年李书福正式宣布要造汽车，但奈何得不到主管部门的许可。他之前先通过收购进入摩托车生产领域，之后偶然发现四川有一家生产小客车的企业濒临倒闭，于是李书福抓住这个宝贵机会再次用收购的方式获得了该企业的小客车和面包车的生产权，吉利由此正式进入汽车生产领域，最终在 2003 年进入"中国汽车十强"行列。

第三是韧性。创业是九死一生的事，85% 以上的新创企业活不过三年。本书中的 12 家企业在逆境中靠的是企业家的韧性，因为企业家是没有退路的。他们面对失败有一颗大的心脏，能够坚持屡败屡战，直到成功。

例如，华为早期经历过无数的困难和产品问题，曾经的失误导致近亿元的损失。华为投入巨资自主研发出的 JK1000 局用交换机属于模拟交换机，刚研发成功就赶上数字交换机取代模拟交换机的技术换代而被淘汰了。在这一艰难时刻，华为没有因为这个惨痛失败而止步不前，反而背水一战，将全部资金和人员投入到 2 000 门 C&C08 数字交换机的研发上。最终华为不仅技术上定位高而且领先国外竞争对手的设备，获得了市场上的成功。

科大讯飞的刘庆峰也是经历了多次的失败之后仍然没有轻言放弃，每次带领团队积极总结经验，一条路走不通，就去试其他的路。在语音技术的 ToC 市场折戟沉沙之后，就把企业重点转变到 ToB（面向企业）业务，终于确定了提供核心的语音技术平台给合作伙伴赋能，让他们自己决定具体应用的"iFly Inside"商业模式。

创业故事离不开企业家精神，可惜国有企业家大多刻意低调，他们的关键作用通常在媒体上很少报道，但云南白药的王明辉是个例外。1999 年 37 岁的他出任处于内忧外患局势下的云南白药的总经理。王明辉不负众望，带领着云南白药在一年左右的时间取得了改革的初步成功，随后又实现了对云南白药方方面面的改造与创新，包括高度市场化的战略制定和运营，"稳中央，突两翼"的战略，再根据企业战略，进行企业组织结构改革。2016 年混合所有制改革之前，他一直是云南白药的总经理，与企业有 17 个春秋的陪伴，可以说云南白药的成长中渗透着王明辉的心血和汗水。

正如常言说"企业的高度是由老板的高度决定的"，这 12 家企业的成功与创业者的企业家精神密切相关。首先，家国情怀给这些创业者强烈的事业心和使命感。其次是这些企业家超越时代的独到眼光，使得他们能够发现商机，把握住改革开放所带来的机会，敢为天下先，成为第一个吃螃蟹的人。同时，他们又有韧性，敢冒险，屡败屡战，直到成功。

3. 现代企业制度

除了改革开放给这些企业带来的发展机遇（天时地利），每个企业的成功都离不开围绕产权制度改革而建立的现代企业制度，现代企业制度的核心是适应市场经济要求的产权清晰、权责明确、政企分开和管理科学。12 家企业中的多家都是在股份制改革后获得了高速成长，其中万科、美的和云南白药等原本并非完全民营企业，但也都是改制之后获得突破。例如，在国内企业对"管理层收购"（management buy-out，MBO）还知之甚少、莫衷一是的时候，美的创始人何享健说："问题的关键是有没有法律条文禁止、不让做。没有！既然没有，那就停止争论，开始做吧！"顺德市政府敢为人先，把股份出让给以何享健为核心的管理层，这是美的的一个意义深远的转折点。通过管理层收购，美的管理层成为美的第一大股东，管理层与公司长期发展紧密捆绑在一起，产权和决策权受到保护。

1993 年 11 月，十四届三中全会通过了《中共中央关于建立社会主义市场经济体制若干问题的决定》，《决定》提出，建立社会主义市场经济体制，就是要使市场在国家宏观调控下对资源配置起基础性作用，要建立适应市场经济要求的现代企业制度。借着南方谈话的东风，美的抓住了股份制改造的政策机遇，使之成为另一个转折点。又是在多数企业还在观望时，何享健积极主动争取到顺德唯一的股份制试点名额，使美的成为广东省政府确定的全省首批 8 个内部股份制改造企业试点单位之一。之后 1993 年 11 月，美的电器在深圳证券交易所挂牌上市，成为中国证监会批准的第一家由乡镇企业改制的上市公司。并且，在上市前美的就完成了企业治理结构、财务管理制度等方面的改造，并建立了由股东大会、董事会、监事会以及总经理、副总经理、总工程师、总会计师组成的公司法人治理结构，为企业的可持续发展奠定了制度保障。

万科则是在王石的坚持和运作下，从原来国企公司争取到股份制改造机会，成为全国股份制改革的先行者，拥有了类似于民营企业的超稳定的人事结构，为王石长期控制万科打下了基础。万科 1993 年成功发行 B 股不仅让公司获得资金，还推动公司建立了现代企业制度，便于从国际成熟投资人的角度审视万科的业务框架是否合理。

中车的发展历程在一定程度上代表了国企特别是央企在改革开放中不断与时俱进、逐步建立现代企业制度的过程。中车的前身是铁道部工业总局，行使政企合一职能，对所属工厂和研究所实行统一领导和全面管理。直到 1986 年才开始政企分开，1996 年 5 月按照现代企业制度改组为控股（集团）公司。2000 年 9 月，经国务院批准，根据构建竞争主体、避免重复建设的精神，中国铁路机车车辆工业总公司分拆为中国北方机车车辆工业集团公司和中国南方机车车辆工业集团公司两家国有独资大型集团公司，从铁道部归口管理划归为国务院国资委管理。之后，中国南车分别在上海证券交易所和香港联交所上市，中国北车在上海证券交易所上市，再到 2015 年合并后的中国中车在上海证券交易所和香港联交所成功上市，成为可应对全球竞争的世界一流跨国企业。

这些案例显示，现代企业制度是企业健康可持续发展的基础保障，不仅有利于与资本市场对接，更完善了治理和决策机制。正如何享健所言："股份制改造能使企业通过上市获得融资，能使企业更加规范，企业何愁不能发展？"

4. 学习与引进西方先进管理机制

这 12 家企业的起步基础普遍薄弱，除了自身的不断试错和摸索，大多积极向西方企业学习先进管理理念和机制。在这方面，没有任何企业比华为做得更彻底。1997 年底，任正非对跨国公司管理模式的先进性和高效性以及国内企业与跨国公司的差距已有深刻的认识，他认为当时的中国企业的管理体系不足以支撑产生大型企业。因此，从 1998 年起华为花费 40 亿巨资，请来 IBM 咨询公司，启动了以 IPD（集成产品开发）、ISC（集成供应链）为核心的业务流程变革，以及在人力资源、财务体系和研发系统的变革。指导思想是"先僵化、后固化、再优化"，甚至坚决"削足适履"。通过系统性、大规模地引入国外管理咨询公司，华为逐步移植国际巨头的先进管理模式，构建了世界级管理体系，提升了核心竞争力，为自身的全球大发展奠定了基础。

任正非回顾道，"丰田的董事退休后带着一个高级团队在我们公司工作了 10 年，德国的工程研究院团队在我们公司也待了十几年，才使我们的生产过程走向了科学化、正常化。从生产几万块钱的产品开始，到现在几百亿美元、上千亿美元的生产，华为才越搞越好。我们每年花好多亿美元的顾问费"。"我们走出国门、走向全世界的时候，什么都不会，不知道什么叫交付，全是请世界各国的工程顾问公司帮助我们。第一步就是认真学习，使公司逐步走向管理规范化"。事实上，本书中的另一个案例汇川技术的核心创业者都有在华为工作的经历，对 IPD 都有深刻的理解，也在其技术开发过程中采用。

美的的成功也有类似的因素。1985 年 4 月成立空调设备厂，5 月何享健即带队飞往日本，考察当时世界家电业水平最高的日本家电企业，寻求引进技术和管理方法。美的在事业部组织改造时，就是参考了日本家电巨头松下电器的事业部制。何享健在退休前一个多月，还去台湾参观鸿海集团等企业，回来后总结说："我们应该学欧美的管理架构，日本的精益制造，韩国的改革创新，台湾的企业文化。"

万科创业以来，先是把日本索尼和香港新鸿基地产作为老师，从前者学会了售后服务，从后者学会了房地产开发、营销的专业知识和技能。在 2003 年又把美国最优秀的房地产开发商之一——帕尔迪房屋公司作为标杆企业，在国内获得了战略和理念优势。

积极坚决地学习和引进西方的先进管理机制是这些企业成功的重要因素。华为正是因为充分学习和吸收了西方跨国公司的管理机制和流程，才在国内竞争中独步江湖；在此基础之上，基于任正非的中国管理智慧和洞察人性建立的价值观、企业文化和长期行为，华为获得对海外对手的竞争优势。

5. 卓越的战略管理

这 12 家企业能够超常发展的一个重要原因是卓越的战略管理。战略是目标和路径。成功的企业需要有正确的目标，其中最重要的是战略定力和聚焦，而不是随波逐流，什么赚钱做什么。改革开放带来了巨大的商机，很多企业追逐短期利益，导致迷失方向而被淘汰。本书中的华为、万科、美的、顺丰、科大讯飞等的成功都离不开长期聚焦，发展核心竞争力。

华为也曾有过多元化的时期，但最终选择聚焦主业，只做好一件事，"谋定而图远"。任正非曾对媒体说："华为坚定不移 28 年只对准通信领域这个'城墙口'冲锋。我们成长起来后，坚持只做一件事，在一个方面做大。华为只有几十人的时候就对着一个'城墙口'进攻，几百人、几万人的时候也是对着这个'城墙口'进攻，现在十几万人还是对着这个'城墙口'冲锋。密集炮火，饱和攻击。每年 1 000 多亿元的'弹药量'炮轰这个'城墙口'"。

顺丰的战略定位也是高度聚焦，形成自己的核心竞争力。它坚持不做重货，只做小件快递，并且不做与四大国际快递重叠的高端业务，也不做同城五六元钱的低端业务；目标客户是剩余的中高端客户，一公斤内收取不超过 20 元的邮费。由于坚持只做小件快递，顺丰错失了很多赚钱的机会，但正是这样的坚持才成就了顺丰的市场核心竞争力。此外，顺丰还采用差异化市场定位及措施。创立之初，顺丰面临着众多新生快递竞争者以及中国邮政的压力，为了快速抢占市场，通过低价招揽客户，但随后就在产品、营销、渠道、价格等方面建立差异化竞争优势。为提升服务品质，顺丰下决心回收加盟网点，完成了全网直营化。直营化便于制定统一的服务标准、打造规范的服务流程，有利于及时监控服务质量，树立良好的品牌形象。

万科早期也是多元化经营，但从 1993 年起放弃多元化的"综合商社"发展模式，明确了以房地产开发为主导业务的发展思路，同时提出"质量是万科地产的生命线"。此后，经营区域由 12 个城市"遍地开花"转向重点经营深、沪、京、津四大城市，重点放在深圳。开发重点也从写字楼、商场向普通住宅转移。

战略坚守，意味着走鲜有人走的路。科大讯飞创业初期，"语音业务赚不了钱，不如改做网络游戏"，"做房地产才来钱快"的声音在内部不绝于耳。然而创业团队在共患难之中拧成了一股绳，坚守语音研发。科大讯飞的价值观当中，有一条是十分独特的——"坚守"。

在国际化战略方面，华为采取"农村包围城市"的正确路线一路扩张，从香港到东南亚，再到跨国通信巨头影响力相对薄弱的俄罗斯和其他独联体国家，再进入整体经济处于全球中等水平的南美，最后打入最成熟的高端市场欧洲和美国。

吉利集团是从国际化中受益最多的企业之一，在中国加入 WTO 后得以融入全球产业链。其成长过程中的最重要举措是标志性地连续完成成功的跨国并购。例如，吉利通过收购澳大利亚 DSI 公司拓宽了其自动变速箱的产品线，改变了中国轿车行业自动变速器产业空白的局面。吉利除了在自己的产品上搭载 DSI 先进的自动变速器，也向长城等本土汽车品牌提供。吉利的跨国并购不在于获得市场，而在于获得影响；不在于获得人才，而在于获得技术。吉利的这种"反向"并购使其获取了技术和知识性优势，对其跨越式增长起到了巨大的推动作用。

6. 全方位的创新

本书中的 12 家企业的行业和路径各不相同，但有一个突出共性是高度创新。每个企业都有自己的特色，难以模仿、无法复制，因为其创新不仅是科技创新，也包括企业文化和管理制度创新。

在理念和文化创新方面，这些成功的企业都有其独特的企业文化，与现代企业制度一起分别成为制度和文化保障。华为的成功，在于在借鉴西方企业先进管理制度和经验的同时，把中国传统文化思想作为管理的灵魂和统帅。任正非是中国企业家中与全球各界人士交流最多、交流层次最高的企业家之一，这使他有了更为广阔的视野，成为中国最卓越的管理思想家之一。

著名的《华为基本法》定位在三个基本问题：华为为什么成功？过去的成功能否让华为在未来获得更大的成功？要获得更大的成功还缺什么？包括多名中国人民大学教授的起草小组成员与任正非逐句逐段地推敲整理，历时三年，八易其稿，才形成这个指导华为公司未来发展的管理大纲。《华为基本法》既吸收了许多西方的管理精华，也充分提炼了华为发展的成功实践，以及建立在任正非深刻洞悉人性基础上的一整套管理思想。这个文件涵盖了华为的核心价值观、基本目标、公司的成长、价值分配、经营方针政策等方面的内容，其中最关键的是核心价值观：实现顾客的梦想。在2007年的修改版中，核心价值观重新表述为："坚持以客户为中心，以奋斗者为本，长期坚持艰苦奋斗的核心价值观不动摇。"

值得一提的是，"以客户为中心"并非华为的独特创造，而是一种普遍的企业价值观。然而，华为的过人之处则在于，对这一基本价值观的坚持体现在行动中，渗透到每个员工的血液中，而不仅仅是挂在墙上的一句空洞的口号。本书中有很多华为员工用汗水、泪水甚至生命捍卫"以客户为中心"的价值观的例子。与此类似，顺丰的核心价值观当中"成就客户"被放在第一位，含义是"客户为先，创造极致的服务体验；随需而变，成就卓越的客户"。

在技术创新方面，本书中的12家企业的一个共同特点是一直高度重视研发，坚持高投入，充分体现了有情怀的企业的长远行为。例如，华为在靠代理进口电话机赚得第一桶金之后，毅然开始自主研发交换机设备。当时的通信设备行业，是个有无限发展前景的新兴市场，但是由于国内企业刚刚起步，市场几乎被外资企业垄断。华为凭借自己开发的单位用交换机，首次突破亿元销售额。随后任正非做出一个出人意料的决定：拿出早期积累的全部资金，投资亿元研制2 000门网用大型交换机。经过一年的艰辛奋斗，最终取得成功获取了技术优势。从1993年起，华为就明确地提出将年销售额的10%（其实更多年份是15%）的资金投入到科研项目中，把赚到的钱投回到新产品或者利润更高的产品的研发上。2012年华为投入4亿美元的经费研发芯片，这是公司上年净利润的一半。2016 年华为在手机自主芯片海思麒麟投入高达 100 亿元人民币。后来的中美贸易战证明了华为研发芯片的先见之明。

科大讯飞更是靠研发和对核心源头技术的掌控安身立命，在创业早期即完成了对产业核心源头技术的资源整合，确定了之后多年发展所坚持走的产学研道路和研发领先战略。公司先后获得首批"国家规划布局内重点软件企业"认定、"中文语音交互技术标准工作组"组长单位等荣誉。2006 年科大讯飞获得国际语音合成大赛（Blizzard Challenge）的冠军，并连续 14 年获得冠军，保持了自己在国际语音合成上的领先地位。

吉利在通过跨国并购获得技术的同时，也不放弃在技术创新方面的投入，在研发领域的投入远高于行业平均水平，不仅投资 200 亿元与 Volvo 联合开发了 CMA 中级车基础模块架构，还在智能互联、自动驾驶、新能源等前瞻性技术上展开了布局。在专利技术方面，吉利申请专利位列国内主机厂前三名，共计 14 000 余件，被列入"中国企业知识产权自主创新十大品牌"。此外，吉利还是拥有"千人计划"高端人才最多的民营汽车企业。

身处服务业的顺丰也高度重视创新，以此领先行业竞争者。顺丰较早为员工提供了名为电子"巴枪"（HHT）的先进设备，可以通过扫描快递包裹上的条形码，将快件的状态上传至顺丰网络总部，并将信息开放给每一个快递员，实现了信息的即时传递，提高了物流的透明度和客户满意度。2011 年，顺丰投资自主研发了一套自动化分拣系统，不仅可以提高分拣的效率，还可以提高分拣的正确率。

汇川技术是本书 12 家案例企业中最年轻的一家，经过短短 7 年的发展，就已经成长为在工业自动化及其相关领域中的领先者，成功登陆深交所创业板。这样的成长速度背后的原因很多，其中之一是持续的研发投入和技术创新。汇川技术一直将其营业收入的 10% 用于研发，研发人员占比高达 30%~40%。

在管理创新方面，华为全员持股，而不上市融资，在全世界范围内都是极为罕见的，可以说是人类企业管理史上的重大创新。因此，华为能够不像其他企业那样被资本市场的短期波动牵着鼻子走，可以坚持长期战略方向，还可以保持员工的斗志。此外，华为推出了"奋斗者有其股""不让雷锋吃亏""多劳者、贡献者多得"的政策，给予员工合理回报。华为内部股权计划始于 1990 年，20 世纪 90 年代华为每年的销售额几乎以翻番的速度增长，员工的股权回报率最高时达到 100%。如今，公司员工集体持股比例达 98%。

温氏的"公司＋农户"成为长期的发展模式也是从实践中摸索出来的。从 1985 年温北英决定自主发展种鸡开始，到开办种鸡场、饲料厂、药品厂，温氏一步步把原先由不同主体分开经营的业务连接在一起成为闭环的一体化养殖食品公司，并且给合作养殖户提供保护价收购。早在 1987 年就把以户为单位入股改为以劳动力为单位入股，凡是参加鸡场生产的劳动力都可以入股，进一步奠定了全员股份制的基础。1993 年温氏已经摸索闯出了一条切合我国农村实际的农业产业化道路。

汇川技术走出了独具特色的营销之路，探索出研发的市场化牵引机制、贴近客户的分销模式、快速的供应链管理模式等。随着战略的演化和公司规模的发展，汇川技术在组织创新上也走出了自己的道路，从创业初期便高度重视组织架构的调整与优化；创业中期的模块化组织架构体现了公司应对高度变化的外部环境的水平；而在发展新阶段，又与时俱进地推出平台型组织架构。

7. 结语

透过本书所讲的 12 个创业故事，我深切感受到，改革开放就是解放生产力。改革本质上就是松绑，中国人民有极强的企业家精神，通过企业家精神的释放产生了巨大的生产力。开放就是融入世界，引进一切可为我所用的先进理念、技术和机制。二者一起成就了以这 12 家企业为代表的一大批中国企业，成为中国奇迹的微观基础。这就是本文开头提出的问题的答案，也是未来必须坚持的方向。

我要感谢我的同事们为此书付出的辛勤努力，特别是李晓光老师。能为对国家和我们个人生活产生如此巨大影响的改革开放做点应做的事，我感到很欣慰。

"凡是过往，皆为序章"。十八届三中全会提出，建设统一开放、竞争有序的市场体系，是使市场在资源配置中起决定性作用的基础。十九届三中全会进一步明确提出，"深化党和国家机构改革是推进国家治理体系和治理能力现代化的一场深刻变革"。因此，可以预见，一场更加深刻的社会变革即将到来，会给中国企业提供更好的制度环境。

当前的中国经济正处于深刻的转型之中，2020年初突发的新冠肺炎疫情此刻仍在全球肆虐，极大地放大了企业面临的各种挑战和困难。尽管前进的道路会有曲折，但前途一定光明灿烂。

本书缘起于纪念改革开放40周年，成书后又历经反复的修改打磨，交付出版时欣逢建党百年。习近平总书记在庆祝中国共产党成立100周年大会上庄严宣告："我们实现了第一个百年奋斗目标，在中华大地上全面建成了小康社会，历史性地解决了绝对贫困问题，正在意气风发向着全面建成社会主义现代化强国的第二个百年奋斗目标迈进。"改革开放是决定当代中国前途命运的关键一招，也是决定实现"两个一百年"奋斗目标、实现中华民族伟大复兴的关键一招。站在新的历史交汇点上，我们有理由相信，沿着中国特色社会主义道路，继续高擎改革开放的大旗，继续全面深化各领域各方面改革，中国企业一定能够实现更高水平、更高质量的发展，中国一定能够在新时代创造出让世界刮目相看的新的更大奇迹！

最后，衷心祝愿本书中介绍的12家案例企业不断取得新的辉煌。

毛基业

2021年10月

前　言

本书以纪念中国改革开放 40 周年为契机，从创新和企业家精神视角展现中国经济发展的成就。

经济学家约瑟夫·熊彼特在 1911 年出版的《经济发展理论》一书中，把企业家置于理论的核心位置。他指出，如果不考虑企业家的作用，经济学一切都无从谈起。"在以往的经济学中，企业家的作用从未予以认真的对待，理应成为经济舞台主角的企业家不登场，这与演出《王子复仇记》而王子不登场一样可笑。在经济系统内，企业家首次创造了新的组织或新的输入组合，从而促使了经济增长。"新的组织或输入组合包括引入新的或高质量产品，应用新的生产方法，开发新原材料的来源，开发新市场，重建新的产业组织。企业家在经济发展中的主导作用已被中国和世界其他国家经济发展的成功实践所证明。

本书从 12 个行业中选取了 12 家企业作为典型案例，行业选择标准是关乎国计民生、代表未来科技发展的 12 个行业，企业选择标准是 12 个行业 2016 年至 2018 年间保持全国前几位的企业。选取的 12 家企业，有 1971 年创立的老字号云南白药；有 20世纪 70 年代末改革开放之初从日本引进技术创建的宝钢；多数是 20 世纪 80 年代以后创业成长的企业，包括华为、美的、万科、福耀玻璃、温氏股份；有 20 世纪 90 年代后顺势而生的顺丰、吉利；有 2000 年前后创业引领高端科技的科大讯飞、汇川技术；还有适应现代企业制度而组建的中国中车。从上述 12 家企业的创新创业、成长发展中可以领略到中国经济的发展历程。这个历程按照时间顺序大体上分为三个时期，即改革探索期、经济体制创新期和企业家创新期，前两个时期主要是国家宏观层面的改革和创新，如社会主义市场经济体制的确立、制定实施企业法和公司法等；后一个时期主要是企业微观层面的创新活动以及个人层面的企业家精神的释放和发扬。

关于 12 家企业的案例写作，我们试图做到把宏观层面的国家经济体制改革与创新和微观层面的企业创新、企业家精神相结合，把改革开放 40 多年的实践探索与理论创新相结合，把模仿创新与自主创新相结合。总之，把历史和现实相结合，只有全面地回顾历史，才能更好地展望未来。中国未来的经济必然是在不断创新中得到发展。

本书作者力求做到案例描述客观、分析深入而全面，总结提炼有所启发，但深知必有待改进之处，敬希读者不吝赐教！

李晓光

2021 年 10 月

目　录

导　论

中国改革开放四十年的创新创业的理论与实践

社会主义基本制度确立以后，还要从根本上改变束缚生产力发展的经济体制，建立起充满生机和活力的社会主义经济体制，促进生产力的发展。——邓小平

1. 引言

1978 年，安徽省凤阳县小岗村的 18 位农民冒着"攸关生死"的风险，在土地承包责任书上按下了红手印。同年，党的十一届三中全会重新确立了马克思主义的思想路线、政治路线和组织路线，决定把全党工作的重点转移到社会主义现代化建设上来，做出改革开放的伟大决策，拉开了中国改革开放的序幕。

1993 年 11 月，党的十四届三中全会通过的《中共中央关于建立社会主义市场经济体制若干问题的决定》指出，改革开放"十五年来，我们已经走出一条卓有成效的改革之路"，"建立社会主义市场经济体制是一项前无古人的开创性事业"，在这项开创性事业中，要"尊重群众首创精神，重视群众切身利益。及时总结群众创造出来的实践经验，尊重群众意愿，把群众的积极性引导好、保护好、发挥好"。

2017 年 10 月，党的十九大报告指出，要"贯彻新发展理念，建设现代化经济体

系"，"创新是引领发展的第一动力，是建设现代化经济体系的战略支撑"。"解放和发展社会生产力，是社会主义的本质要求。我们要激发全社会创造力和发展活力，努力实现更高质量、更有效率、更加公平、更可持续的发展！"

改革开放 40 年，中国在经济领域取得了辉煌成就。1978 年，中国与美国的 GDP 之比为 9.4%；2010 年，中国 GDP 世界排名第二，仅次于美国；2017 年，中国 GDP 为 13.17 万亿美元，美国 GDP 为 19.56 万亿美元，中美 GDP 之比为 67.3%。[①]

邓小平曾说，改革是解放生产力和发展生产力。国家经济体制的创新解放了生产力，企业家精神的释放发展了生产力，这是成就 40 年经济辉煌的主要原因。本书选取了 12 个行业的企业作为典型案例，描述了它们在 40 年中创业创新、成长发展的历程。行业选择的标准既考虑了关乎国计民生的重要基础行业，也兼顾到高新科技行业；企业选择的标准基于 2016—2018 年三年间始终居于行业前几位的企业[②]，最终选取的行业、企业见表 0-1。

表 0-1　行业企业汇总

序号	行业名称	企业名称	创立时间	创立地（省市县）	国内外（影响力）排名（2018）
1	医药制造	云南白药	1971 年	云南昆明	中国医药企业品牌影响力第 2 位
2	钢铁行业	宝武集团	1978 年	上海	世界 500 强排名第 149
3	家电行业	美的	1981 年	广东顺德	世界 500 强排名第 323
4	农牧饲渔	温氏食品	1983 年	广东新兴	全球家禽公司 50 强排名第 5
5	房地产	万科	1984 年	广东深圳	世界 500 强排名第 332
6	交运设备	中国中车	1986 年	北京	世界 500 强排名第 385
7	通信行业	华为	1987 年	广东深圳	世界 500 强排名第 72
8	玻璃陶瓷	福耀集团	1987 年	福建福州	全球最大汽车玻璃供应商
9	交运物流	顺丰速运	1993 年	广东顺德	中国物流企业 50 强排名第 5
10	汽车行业	吉利集团	1997 年	浙江杭州	世界 500 强排名第 267

[①]　来自国际货币基金组织（IMF）的数据。
[②]　国家统计局 2016—2018 年数据。

续前表

序号	行业名称	企业名称	创立时间	创立地（省市县）	国内外（影响力）排名（2018）
11	软件服务	科大讯飞	1999 年	安徽合肥	《麻省理工科技评论》2017 年度"全球 50 大最聪明公司"榜单，全球第 6、中国第 1
12	仪器仪表	汇川技术	2003 年	广东深圳	品牌价值评价电气企业第 5 位

表 0-1 列出了行业名称，企业名称，企业创立时间、地点，以及企业在国际、国内的（影响力）排名，其中有半数企业进入了世界 500 强，其他企业在国内处于行业领先地位。12 家企业中，有 1971 年创立的老字号云南白药，有改革开放之初引进创建的宝钢，有 20 世纪 80 年代创业突起的华为、美的、万科、福耀集团、温氏股份，有 20 世纪 90 年代顺势而出的顺丰、吉利，有 2000 年前后出现的引领高端科技的科大讯飞、汇川技术，还有适应现代企业制度而组建的中国中车，从这些企业的创业创新、成长发展中可以领略到中国经济发展的历程。

改革开放 40 年，按时间顺序可划分为三个时期，即改革探索期、经济体制创新期和企业家创新期，前两个时期主要是国家主导的体制创新，后一个时期主要是企业及企业家主导的创新活动，包括模仿式创新和自主式创新。下面将按照各时期的先后顺序描述总结 12 家企业创业创新、成长发展的故事。

2. 改革探索期（1978—1990 年）

2.1　理论探索

中国共产党第十二次全国代表大会在 1982 年 9 月召开，会议正式提出了"建设有中国特色的社会主义"的新命题。1984 年党的十二届三中全会通过了《中共中央关于经济体制改革的决定》，为了在继续深入搞好农村改革的同时，加快以城市为重点的整个经济体制改革的步伐，会议提出，社会主义经济"是在公有制基础上的有计划的商品经济"。

中国共产党第十三次全国代表大会在 1987 年 10 月召开，大会明确提出了党在社会主义初级阶段的基本路线，这条基本路线可以概括为"一个中心、两个基本点"，即以经济建设为中心，坚持四项基本原则，坚持改革开改。大会还提出："在公有制为主体的前提下继续发展多种所有制经济。社会主义初级阶段的所有制结构应以公有制为主体。目前全民所有制以外的其他经济成分，不是发展得太多了，而是还很不够。对于城乡合作经济、个体经济和私营经济，都要继续鼓励它们发展。"

2.2　实践探索

2.2.1　宝钢模式

建设宝钢是改革开放初期的重要探索。1977 年 9 月，冶金工业部主要领导带领一批专家到日本考察，这是中国第一次全面接触西方国家的钢铁工业。日本资源短缺，钢产量在十几年中从 2 000 多万吨增长到亿吨以上，成为世界钢铁大国，给代表团带来了极大的震撼。回国后，代表团写了考察报告，向中央提出钢铁工业发展思路和引进日本先进技术设备的建议。中央讨论决定建设宝钢。

当时，"左"的思想长期禁锢我们的思想和观念，什么都自己搞才是自力更生，引进国外先进技术设备就是崇洋媚外，是洋奴哲学、爬行主义。在吵得最凶、要停建宝钢的时候，邓小平明确表示："宝钢国内外议论多，我们不后悔，问题是要搞好。""历史将证明，建设宝钢是正确的。"

宝钢于 1978 年 12 月 23 日动工兴建，1985 年一期顺利投产，二期在 1990 年建成投产。在引进先进技术的同时，宝钢花 8 000 万元引进了日本的管理技术和方法，确保了技术和管理相匹配，实现最大效益。一个现代化的、先进的钢铁联合企业屹然耸立在扬子江畔，宝钢成为中国钢铁工业发展史上一个崭新的里程碑，"宝钢模式"为 20 世纪 80 年代的国有企业提供了标杆和参考。

2016 年 12 月 1 日宝钢、武钢合并成立宝武集团，产能规模 7 000 万吨，位居中国第一、全球第二。2018 年，宝武集团取得了中国钢铁行业最佳经营业绩，实现营业总收入 4 386.2 亿元，利润总额 338.37 亿元，位列《财富》世界 500 强第 149 位。

2.2.2　多种所有制形式的企业的兴起

1983 年 5 月，王石乘坐广深铁路列车抵达热浪滚滚的深圳，他来到深圳当时最有影响力的公司——深圳经济特区发展公司就职。王石被分配到贸易一科，做的第一笔生意是倒卖玉米。1984 年 1 月，邓小平视察深圳，写下"深圳的发展和经验证明，我们建立经济特区的政策是正确的"。2 月，中共中央做出重大决定，宣布"向外国投资者开放 14 个沿海城市和海南岛"。中国的对外开放由点及面，最终形成了沿海全境开放的格局。5 月，深圳经济特区发展公司筹建深圳现代科教仪器展销中心（万科前身），王石担任总经理一职。

1987 年 9 月，任正非拿出自己仅有的 3 000 元钱，找了 5 个志同道合的朋友，在深圳南山区租了一间民居，以"民间科技企业"的身份，注册了一家企业，做了一个"个体户商人"。一个偶然的机会，任正非经人介绍，开始代理香港鸿年公司的电话交换机产品。香港交换机质量比内地产品好，价格比进口的便宜，很有竞争优势。在短短两三年时间里，公司就积累了几百万元的资金。1989 年，任正非深知做代理不能长久，采取从国营企业购买散件自行组装的方式，生产出第一款产品 BH01。次年，提供散件的国营企业中断了对华为的散件供应，任正非认识到只有自主研发才能有活路。

20 世纪 80 年代初，外商投资多选在家电行业，港澳同胞当时返乡顺德探亲带家电成为时尚。凭借其敏锐的洞察力，何享健意识到家电在中国拥有巨大的潜在市场，他决定选择风扇作为企业未来发展的突破口。起初，何享健的社属企业先是为一家国有企业——广州第二电器厂畅销全国的"钻石"牌风扇加工配件，接着是购买零部件自己组装风扇。1981 年，"美的"商标正式注册，厂名变更为"顺德县美的风扇厂"，何享健担任厂长，"美的"从此诞生。

1976 年 10 月，福建福清县高山异形玻璃厂筹建成立，企业连年亏损，几乎亏光了公社投资的十几万。1983 年，公社主动提出让曹德旺承包。曹德旺与公社约定年上缴 6 万元，并就利润分配具体细则、企业管理权等达成一致。承包当年，高山异形玻璃厂就盈利 22 万元。次年，曹德旺与镇上签订合同采取公私合营的方式共同经营玻璃厂。

1983 年，温北英、温鹏程父子联合其他 6 人，共 8 名合伙人，依托一个普通的养鸡场创办了簕竹畜牧联营公司。第二年,改名簕竹鸡场。开始两年,簕竹鸡场举步维艰,种鸡饲养规模 1 000 只左右。业务开展更是困难，活鸡需要运到广州去卖，早上两三点起床，四五点出车，人与鸡一起搭乘货车，有时一天卖出不到一半，剩下的只好再运回来。凭着多年养鸡积累的知识和经验，温北英总结了 36 条养鸡规定，温氏第一个生产技术上的规范性、纲领性文件，成为可遵循、可操作的条款。1986 年公司第一次赚钱，40 名员工第一次分红发奖金。

3. 经济体制创新期（1991—2000 年）

3.1 理论探索

20 世纪 80 年代末 90 年代初，中国改革开放面临着严重的理论和实践困境，都涉及要不要坚持以经济建设为中心的党的"一个中心、两个基本点"的基本路线问题。

1992 年 1 至 2 月间，邓小平先后赴武昌、深圳、珠海和上海视察，沿途发表了重要谈话。3 月 26 日，《深圳特区报》率先发表了题为《东方风来满眼春——邓小平同志在深圳纪实》的报道，集中阐述了邓小平视察南方谈话的要点内容。邓小平在视察南方谈话中说:"计划和市场都是经济手段","不是社会主义与资本主义的本质区别";"改革开放胆子要大一些⋯⋯看准了的，就大胆地试，大胆地闯","对的就坚持，不对的赶快改，新问题出来抓紧解决";"抓住时机，发展自己，关键是发展经济","要注意经济稳定、协调地发展"，但"发展才是硬道理"。

中国共产党第十四次全国代表大会于 1992 年 10 月召开，大会"确立了邓小平建设有中国特色社会主义理论在全党的指导地位"，"确立社会主义市场经济体制的改革目标"。1993 年 11 月，党的十四届三中全会通过了《中共中央关于建立社会主义市场经济体制若干问题的决定》，全会指出，"社会主义市场经济体制是同社会主义基本制度结合在一起的。建立社会主义市场经济体制，就是要使市场在国家宏观调控下对资源配置起基础性作用"，要"进一步转换国有企业经营机制，建立适应市场经济要求，产权清晰、权责明确、政企分开、管理科学的现代企业制度"。社会主义市场经济体制的确立，为创新和企业家精神提供了基石和活动的土壤。

3.2　实践探索

3.2.1　中国中车的改革重组

中华人民共和国成立后，铁道部成立了厂务局管理铁路工厂业务，开始自主研制产品，生产客车和货车，1989 年 9 月 1 日起更名为中国铁路机车车辆工业总公司，为铁道部领导下的自主经营、独立核算、自负盈亏、具有法人资格的国营企业，实行总经理负责制；1996 年 5 月，中国铁路机车车辆工业总公司按照现代企业制度改组为控股（集团）公司，进行资产经营。基本实现了"产权清晰、权责明确、政企分开、管理科学的现代企业制度"的要求。

3.2.2　多种所有制形式的股份制改造

股份制改造是"产权清晰、权责明确、政企分开、管理科学的现代企业制度"的落实。

1987 年 6 月，王石将公司更名为"深圳现代科仪中心"，公司与日本索尼等厂家达成协议，进口散件，国内组装。同年 11 月，公司再次更名为"深圳现代企业有限公司"，全力以赴进行股份制筹备推进工作。之所以进行股份制改造，王石说："我们最初靠贸易起家，往往需要搞关系、倒批文，钻政策和法律的空子。公司要发展，成就一番事业，不能走老路，要规范。中国要进入市场经济，规范是必不可少的前提。我们力图按照国际上通行的惯例来做。从谋求股份制改造开始，我们就需要把规范化放在核心地位，要做中国最规范的企业。"1988 年 11 月 21 日，深圳市政府批准了公司的股改方案，公司更名为"深圳万科企业股份有限公司"。1991 年 1 月 29 日，万科股票正式在深圳证券交易所挂牌交易，股票代码 000002。《万科周刊》在回顾这段历史时，做了如下评价："股份制改革是一个打开鸟笼子的过程。"

关于美的的股份制改造，何享健回忆说："当时北滘镇政府对美的可谓'照顾有加'，美的每项投资甚至薪酬标准都需要这个'婆婆'批准。美的某些决策触及个人利益，就会有人写信告状，政府无论什么都要提出意见，派人调查。这样政府管企业的模式，严重制约了企业自主权和员工积极性。"抱着这样的想法，何享健积极主动地找政府领导要求试点，最终争取到顺德唯一的股份制试点名额。1993 年 10 月，美的上市获批、公众股开始发行，首次公开发行股票 2 277 万股，发行价格为每股 8.45 元；同年 11 月 12 日，美的电器在深圳证券交易所挂牌上市，成为中国证监会批准的第一家由乡镇企业改制的上市公司，股票简称"粤美的"，股票代码 000527。上市第二年，美的以每股 1.36 元的收益成为深圳证券交易所的业绩冠军。

1993 年 11 月云南白药正式注册成为云南白药实业股份有限公司，并于当月发行社会公众股 2 000 万股，同年 12 月 15 日其在深圳证券交易所上市，成为云南省第一家 A 股上市公司。云南白药股份制改造上市扩大了资金来源，公司优化了经营体制和激励方式，提升了经营灵活度，为后期云南白药整合资源、拓展市场以提升竞争力奠定了基础。

3.2.3　民营企业的兴起

王卫出生于 1970 年，7 岁便随家人搬到香港居住。受到邓小平南方谈话的影响，香港众多制造工厂向内地移动，其中 5.3 万多家移动至珠三角地区发展。由此，香港与珠三角之间的信件往来频繁，由于选择邮寄的方式对于工厂而言耗时过长，有时大家更倾向于请人工捎带信件。而经常往返于香港与内地之间的王卫有时会受人之托，捎带货物出入境。王卫意识到快递事业存在着巨大的市场潜力后，找父亲借款 10 万元，和 5 名伙伴一起在顺德注册了顺丰速运，在香港租了几十平方米的店面，开始了接货、派货的工作。1997 年，随着香港的回归，顺丰进一步拓展内地市场，直到2008 年才完成了全国营业点的直营化过程，成为我国唯一一家完全直营化的快递公司。直营模式可以让快递企业统一规范服务流程、设立服务标准、监控服务质量、打造品牌形象，整个管理体系便捷而质量可控。2016 年 12 月 12 日，顺丰速运取得证监会批文获准登陆 A 股市场，2017 年 2 月 24 日，其正式更名为顺丰控股，股票代码002352。顺丰上市后，公司资本迅速提升，成为中国民营快递企业中的龙头。

李书福，1963 年出生于浙江省台州市，他靠 120 元创业起家，在冰箱行业赚到第一桶金。1993 年，李书福去某大型国有摩托车企业参观考察，看见摩托车产销两旺的势头，决定率先进入摩托车领域。为此，他以数千万元的代价收购了浙江临海一家有生产权的国有邮政摩托车厂，开始生产摩托车。1997 年李书福宣布要造汽车，于是他再次靠收购四川一家濒临倒闭的小客车生产企业，获得了小客车和面包车的生产权，由此正式进入汽车生产领域。作为标志性事件，2010 年 3 月 28 日，吉利集团与美国福特汽车公司在瑞典哥德堡签署了股权收购协议，该协议以 18 亿美元的收购价，将福特旗下瑞典沃尔沃汽车 100% 的股权以及相关资产（包括知识产权）纳入吉利集团旗下。2018 年吉利集团收购戴姆勒股份公司 9.69% 的股份，成为奔驰母公司的第一大股东。吉利集团跨国并购，实现了由小到大、由大到强的转变，开创了汽车企业成长的新模式。

4. 企业家创新期（2001 年至今）

4.1 企业家与企业家精神

中国共产党第十六次全国代表大会于 2002 年 11 月召开。2003 年 10 月，十六届三中全会通过《中共中央关于完善社会主义市场经济体制若干问题的决定》，指出："我国经济体制改革在理论和实践上取得重大进展。社会主义市场经济体制初步建立，公有制为主体、多种所有制经济共同发展的基本经济制度已经确立，全方位、宽领域、多层次的对外开放格局基本形成。"为了深化经济体制改革，要"坚持社会主义市场经济的改革方向，注重制度建设和体制创新。坚持尊重群众的首创精神，充分发挥中央和地方两个积极性"。

诺贝尔经济学奖获得者熊彼特在 1911 年首次出版的《经济发展理论》一书中，把企业家置于理论的核心位置。熊彼特认为，经济成长是一种非连续的、突发的、迅猛的"创造性毁灭"的过程，推动这个过程的主体是从事"创造性毁灭"革新活动的企业家，即"企业家就是创新者"。他指出："理应成为经济舞台主角的企业家不登场，这与演出《王子复仇记》而王子不登场一样可笑。在经济系统内，企业家首次创造了新的组织或新的输入组合"。他提出了 5 种变化或组合，分别是：(1) 引入新的或高质量产品;（2）应用新的生产方法;（3）开发新原材料的来源;（4）开发新市场;（5）重建新的产业组织。熊彼特认为,企业家正是通过创造上述新的组织和新的输入组合促使经济增长。

德鲁克在《创新和企业家精神》一书中说:"企业家从事创新,创新是企业家活动的具体工具。""人类在发现自然界中某种物质的用途,并赋予它经济价值以前,'资源'这种东西根本不存在。在经济领域中,没有比'购买力'更重要的'资源'了,而购买力是由具有创新精神的企业家创造的。"

企业家精神的本质是创新,创新的程度有所不同,或者渐进式,或者突破式,通常遵循先模仿创新,再自主创新的原则。中国企业家精神和实践就反映在先模仿、后自主创新的动态过程中。

4.2 模仿式创新实践

4.2.1 华为对西方管理模式的模仿创新

早在 1995 年初,为了应对公司的快速扩张,华为就开始在全公司范围内大规模推行 ISO 9001 标准,使公司业务流程规范化,以全面提高公司的运作效率和顾客满意度。但业务流程规范化之后,也出现了一些问题:各个部门和岗位的职责权限如何界定?一切按流程操作会不会导致组织的僵化?

1997 年底,任正非到美国考察了 IBM 等多家著名企业,跨国公司管理模式的先进和高效深深震撼了任正非。在任正非看来,中国 5 000 年来就没有产生过像美国 IBM、朗讯、惠普、微软等这样的大企业,因此,中国企业的管理体系、管理规则及人才的心理素质和技术素质,都不足以支撑中国产生一个大企业。他强调,必须建立合理的管理机制,使华为从必然王国走向自由王国。

从 1998 年起,华为花费 40 亿巨资,请来 IBM 咨询公司,启动了以 IPD（集成产品开发)、ISC（集成供应链)为核心的业务流程变革。在人力资源、财务体系、研发系统方面也进行了"先僵化、后固化、再优化"的变革。"僵化"是让流程先跑起来,"固化"是在跑的过程中理解和学习流程,"优化"则是在理解的基础上持续优化。任正非说:"我们一定要真正理解人家百年积累的经验,一定要先搞明白人家的整体管理框架，为什么是这样的体系。刚刚知道一点点，就发议论，其实就是干扰了向别人学习。"通过系统性、大规模地引入国外管理咨询公司，华为逐步将国际巨头的先进管理模式移植到自身，构建了世界级管理体系。此外，华为在战略上也融入了更多的美国公司经验。这些制度变革，提升了华为的核心竞争力，为华为的全球大发展奠定了制度基础，也是华为的一个重要转折点。

4.2.2　万科的模仿式创新

创业初期，王石与日本索尼等公司打交道时，第一次感受到什么是售后服务，以及对客户负责的鲜明态度。后来万科在投资的一个房地产项目——深圳天景花园交付使用时，建立了深圳第一家业主管理委员会，并制定了服务业主的管理章程。

创业成长 30 多年以来，万科把日本索尼和香港新鸿基地产作为老师，从前者学会了服务，从后者学会了房地产开发、营销的专业知识和技能。在 2003 年 12 月的一次内部会议上，王石提出把美国最优秀的房地产开发商之一——帕尔迪房屋公司作为标杆企业。原因在于：与中国香港、新加坡和日本等海岛型经济体相比，美国与中国内地有许多相似特点，帕尔迪房屋公司在跨地域经营、土地储备方式、持续盈利能力、市场占有率、客户细分及关系维护等方面表现突出。为此，万科派员远赴美国登门求教，请来帕尔迪高管到万科授课，万科学到了对投资者的关注，并学习了如何提升客户满意度的理念和流程等。

再有如"住宅产业化"的概念起源于日本，是金融、建筑、建材、轻工等 50 多个与住宅建设有关的产业未来发展趋势的总称。住宅产业化可以提高施工质量，降低生产成本，还可以使住宅施工现场垃圾减少 83%，材料损耗减少 60%，可回收材料减少 66%，建筑节能 50% 以上，符合环保节能的世界潮流。万科将南昌四季花城杜鹃苑、荷花苑作为首批实践项目，两个项目从住宅设计、部品设计到新技术使用、智能化系统的设置等几大方面进行全面规范，然后从建筑结构体系、建筑构造做法、建筑平面、立体设计到底层花园、顶层阁楼利用等数十个细节进行精心设计。在此基础上，对外墙孔洞、铝合金门窗、玻璃窗无框转角以及栏杆等数以百计的细节进行订做，统一安装，实现了住宅产业化。

经过十几年的发展，万科已经创立了一系列地产开发项目品牌以及物业管理品牌，形成了较为突出的优势：文化品位、物业管理、企业形象、售前售后服务、社区规划、环境景观。无论是制度规范还是产品、服务，万科在业内和消费者心目中，都有良好的口碑。在此基础上，万科融合"客户是我们永远的伙伴"的核心价值观，从原有的地产、物业品牌概念中提出"万科提供一个展现自我的理想生活"的品牌主张。2007年，万科住宅销售套数位居世界首位，跃升为全球最大的住宅开发企业。

4.2.3　其他企业的模仿式创新实践

通过对美国工业史，特别是汽车工业史的了解，曹德旺获得了关键的灵感。一次应邀到美国进行商业考察，临回程之前的空余时间，有人建议曹德旺去底特律的福特博物馆参观，那里展示了美国的第一架飞机、第一辆福特汽车、美国铁路、蒸汽机的发明。博物馆有100多万件陈列品，约2 600万份文件，涉及交通工具、发电机械、日用工具、科学技术甚至家居摆设等多个方面。汽车博物馆陈列了从一个多世纪前汽车诞生之初的开放式手摇曲柄车到现代汽车的各种代表车型，浓缩了现代汽车文明的发展历程。陪同者介绍说"福特博物馆展出的其实就是美国的一部工业史"。在候机室，曹德旺猛然回味，"福特博物馆其实是美国的工业史馆"，可以把美国当成一个标杆，丈量我们跟美国之间的差距。如果我们差美国100年，只要看100年前的美国在做什么，当时美国什么行业最发达兴盛，而现在仍然还发展不错的，那就是现在的中国企业可以做的。福耀该做什么，不言而喻。

美的在事业部组织改造时，就是参考了日本家电巨头松下电器已经实行多年的事业部制，每个事业部都是利润中心，独立核算，负责产品的研发、生产和销售。何享健在退休前一个多月，即2012年7月应邀去了一趟台湾，参观了鸿海集团等企业。回来后，他总结说："我们应该学欧美的管理架构，日本的精益制造，韩国的改革创新，台湾的企业文化。"

宝钢在引进日本先进设备的同时，也引进了相应的管理方法，如对主生产线实行集中一贯制管理，五制配套基层管理模式即以作业长制为中心、以计划值管理为目标、以设备点检定修制为重点、以标准化作业为准绳、以自主管理为基础，基础管理运营模式即工序服从原则、权力委让保障、横向协作手段等都是在消化吸收日本新日铁的管理方法上有所创新的。

4.3 自主式创新实践

4.3.1 华为的自主创新实践

1996 年，来自中国人民大学的教授学者接受华为委托，正式起草《华为基本法》。起草小组与任正非逐句逐段地推敲整理，经过在员工中的讨论交流，历时 3 年，于 1998 年 3 月完成定稿。《华为基本法》吸收了许多西方的管理精华，也充分提炼了华为 10 年发展的成功实践，尤其贯穿了创始人任正非的宏大理想、国家主义情结，以及建立在深刻洞悉人性基础上的一整套管理思想。这份蕴藏着华为成功基因的文件规定了华为的核心价值观、基本目标、公司的成长、价值分配、经营方针政策等方面的内容，其中最关键的部分是核心价值观，即实现顾客的梦想。《华为基本法》作为华为的企业管理大纲，起到了统一思想、凝聚共识的作用，从根本上奠定了华为未来发展的价值趋向。

从创业之初，任正非就认识到自主研发、知识产权的重要性。华为在发展过程中始终保持极高的研发投入，保持紧跟科技前沿。2015 年，华为研发投入为 596 亿元人民币，占 2015 年销售收入的 15.1%，近 10 年来，华为已经在研发方面投入了超过 2 400 亿元人民币；2016 年全球研发投入排名前 10 的企业中，华为名列第 9，约 92 亿美元（约 630 亿元人民币），已超过苹果、思科等巨头；2018 年初，华为发布 2017 年年报，并发布新的愿景与使命：把数字世界带入每个人、每个家庭、每个组织，构建万物互联的智能世界。经过 30 年饱含血泪的艰苦打拼，华为从外资企业、国有企业的包围中脱颖而出，冲出中国，走向世界，成为全世界通信行业的创新者和领导者。

4.3.2 中国中车的自主创新实践

自主技术创新是企业发展的主线和灵魂。中国中车通过持续的技术改造和技术升级，建设了全球领先的高速动车组、大功率电力及内燃机车、先进铁路客车产品、先进铁路货车产品、先进城轨交通及地铁产品等轨道交通装备制造基地，形成了国际领先的轨道交通装备产品制造能力，并在此基础上，建设了完善的质量保证、安全保障、全球供应商等体系，形成了先进的轨道交通装备生产制造系统，有能力满足世界任何轨道交通装备市场需要。

中国中车是全球最大的轨道交通装备制造商，体量规模无人能及，2015 年收入超过 170 亿欧元，新车辆的收入比排在其后的五家公司加起来都多。2016 年，中国中车成为我国仅有的品牌价值超千亿的 6 家企业之一；在英国咨询机构的评估中，位居世界品牌 500 强第 179 位。

为此，中国中车提出目标，要持续进行品牌建设，到 2020 年，将"中国中车"品牌建设成为国内一流品牌、国际行业领先品牌；再用 5 年乃至更长的时间，将"中国中车"品牌打造成为享誉全球的品牌。

4.3.3 科大讯飞

刘庆峰，1973 年出生于安徽省泾县，1990 年考入中国科学技术大学无线电电子学专业。1996 年夏天，刘庆峰带队参加了全国"挑战杯"大学生课外学术科技作品竞赛，刘庆峰团队设计的"语音合成系统"达到了实用门槛并获得一等奖。1998 年，IBM 发布了自己的语音系统，靠说话不用键盘就能指令电脑，被评为当年科技界 10 件大事之一。1999 年，刘庆峰的 18 人团队正式创业。2000 年科大讯飞再次受到了政府的青睐，被认定为国家"863 计划"成果产业化基地，与中国科学技术大学、中国社会科学院共建实验室。2004 年，在国家 863 中文语音合成国际测评中大比分囊括所有指标第一名，销售收入首次迈过亿元大关。同年底，科大讯飞终于扭亏为盈，结束了整整 5 年的亏损。

2005 年，科大讯飞研究院正式成立，荣获中国信息产业重大技术发明奖。2006 年，科大讯飞获得国际语音合成大赛（Blizzard Challenge）的冠军，时至 2017 年，科大讯飞连续 12 年参加该比赛获得冠军，保持了自己在国际语音合成上的领先地位。2007 年，科大讯飞营业收入突破 2 亿元，净利润突破 5 300 万元。2008 年，科大讯飞在深圳证券交易所上市，成为中国第一个由在校大学生创业的上市公司，也是中国语音产业唯一的上市公司。科大讯飞上市初的市值为 32 亿元，2018 年，科大讯飞上市 10 周年之际，市值已经增长到了原来的 24 倍。

4.3.4 汇川技术

2003 年，汇川技术董事长朱兴明带领 19 位伙伴，抱着产业兴国、进口替代的理念，开始创业。2004 年，公司生产出第一台矢量变频器。接着就是 MD320、MD330 以及 NICE 系列电梯一体化控制器。在变频器行业，汇川技术矢量产品的出炉，给起步期的民族品牌吹来了"高大上"的清风。汇川技术初试牛刀，其变频器产品在电梯、数控机床等行业有了市场。

2006 年国务院发布《国家中长期科学和技术发展规划纲要(2006—2020 年)》。纲要详细介绍了国家鼓励创新创业的多种政策，其中包括科技投入、税收激励、金融支持、政府采购、教育与科普等。在成长期，汇川技术的销售收入从 2005 年的 3 700 余万元增长到了 2010 年的近 7 亿元，员工人数也实现了井喷式的增长，公司继续注重产品种类的增加，并着手进行公司营销体制和机制的建设。这一阶段，技术是汇川技术的立身之本，只有持续保持技术创新和技术领先，才能强化已有的竞争优势。技术创新已经成为汇川技术的发展常态。

汇川技术新产品研发每年都有创新和突破，每年至少以突破一项核心技术匀速进步。比如 2006 年的矢量控制技术、2007 年的 PLC（可编程逻辑控制器）技术、2008 年的伺服技术、2009 年的电机设计与制造技术、2010 年的总线技术、2011 年的新能源技术以及 2012 年的磁链闭环矢量技术创新等。2010 年 9 月 28 日，对每一位汇川人来说都是个大日子。经过 7 年的发展，汇川技术已经成长为在工业自动化领域及其相关领域中的领先者，并受到资本市场的关注，成功登陆深圳证券交易所创业板。

4.3.5 吉利合作并购的整合创新实践

从 2002 年起，吉利集团开始频繁地与国际汽车企业开展技术合作，包括意大利汽车集团、韩国大宇国际公司、德国瑞克等。李书福并不满足于技术合作，开始了并购。他首先瞄准了英国传统且最著名的出租车生产商——英国锰铜公司；2009 年，并购澳大利亚 DSI 公司；2010 年 8 月，吉利和福特在伦敦签署交割协议，沃尔沃汽车公司成为吉利子公司；2018 年 2 月 24 日，戴姆勒官方证实，吉利控股成为其第一大股东。通过国际合作，吉利集团在图纸设计、汽车造型、样车制作、整车开发等一系列流程上都有了质的提高。吉利实现了整合性创新，迅速提高了中国汽车行业产业链水平。

5. 总结与展望

表 0-2 是改革开放 40 年不同时期主要理论、观点和做法的汇总。可以看出，改革开放前 20 年主要是以国家体制创新为主导的解放生产力的过程，后 20 年主要是以企业家精神为主导的发展生产力的过程，两个过程相互交叉，前者是基础，后者是发展。随着改革开放的不断深化，以及企业家精神的活跃，新兴产业、高科技产业逐渐涌现，给经济发展带来新的增长机会。

表 0-2　各时期的主要理论、观点和做法汇总

时期	主要理论、创新观点和具体做法
改革探索期	一个中心、两个基本点，有计划的商品经济、多种所有制形式
经济体制创新期	社会主义市场经济，现代企业制度（产权清晰、权责明确、政企分开、管理科学），混合制改革
企业家创新期（模仿/自主创新期）	服务创新、营销创新、事业部制、管理层收购（MBO）、科学管理、创新战略、管理创新、科技创新、创新产业

改革开放 40 年的道路我们踏踏实实走过来了，展望未来，不忘初心，牢记使命，坚定不移地创新体制，始终不渝地鼓励企业家精神，"两个一百年"的奋斗目标方可期待。

（李晓光）

第一章

传播国药新文化
——云南白药

云南白药的核心能力还在于白药配方绝密，疗效神奇，但这并不影响公司进入新的业务领域，开拓新的市场，我把这总结为"稳中央，突两翼"战略。——王明辉

1. 引言

1938 年 3 月，台儿庄战役打响。战场上，一支来自云南的部队作战骁勇，他们所不同于其他部队的，只是身上一直绑着一瓶白色药粉。据说，他们轻伤不下火线，只要能动，外敷一点这种白色药粉，就可以继续上阵杀敌。一个月后，台儿庄大捷，中国军队取得了重大胜利，其中滇军的不俗表现为他们身上的白色药粉蒙上了一层神秘的面纱。云南白药也正是凭借这一份神秘以及具有保密性的配方为人所知。

但自 20 世纪 90 年代以来，云南白药便陷入了国企和老字号的发展问题中。一方面，产品结构单一、包装落后，就像江湖术士的土药一样，营销能力也平淡无奇，对云南白药有所认识的群体只限于 30 岁以上的人。王明辉曾经表示："30 岁以下的人几乎很少再使用云南白药了。"

另一方面，西药的发展使得中药面临着前所未有的挑战。时间短以及高效率的观

念被广泛接受，人们更倾向于使用能快速治疗疾病的西药。再加上美国强生公司这样的集医疗卫生、保健品、消费者护理产品于一身的大公司的崛起，给云南白药的发展带来了直接的冲击。其中邦迪创可贴与云南白药创可贴之间的市场争夺应当是竞争最为激烈的地方。

1999 年，处于内忧外患局势下的云南白药，迎来了新的总经理——37 岁的王明辉。王明辉经常戴着一副金属框的眼镜，看起来总是文质彬彬的，说起话来逻辑严密、条理清晰，能有效突出谈话的重点。王明辉对企业进行了认真的了解和详尽的分析，开展了一系列改革，并最终落实了"稳中央，突两翼"的战略壮举。

2. 企业简介

1971 年，云南白药厂成立；到 1993 年 5 月，在云南白药厂经历了现代企业制度改革后，经过云南省经济体制改革委员会批准，成立云南白药实业股份有限公司。

云南白药经过了 40 多年的发展，已经由一个资产不足 300 万元的药品生产厂，发展成为一个总资产达到 259.92 亿元、营业收入达到 224.11 亿元、拥有 315.23 亿元品牌价值的公司。其涉及的领域也逐步拓展到涵盖化学药品、中药材、生物制品、保健食品、化妆品、医疗器械、日化产品等在内的各个方面。不仅如此，在相关饮品的研制、生产及销售，还有科技及经济技术咨询服务等方面，云南白药均取得了卓越的成就。其以云南白药系列和田七系列为主的产品，主要在中国、东南亚等地区销售，并已经进入了日本、欧美等国家、地区的市场。

云南白药作为制药企业，树立的是治病救人的形象，其核心药品的制造和研发也都是立足于服务病人，努力为病人提供更方便、更健康的产品；在两翼产品中也坚持以大健康为主题。企业以传承文化、超越自我、济世为民为理念，在传承白药秘方的同时，不断开拓创新，将传统和现代紧密结合，充分利用当代科技，努力把白药作用最大化，跨越了民族和国界，给世界人民带来了健康。

自 1993 年上市，云南白药和美国强生公司就有着很强的竞争，而同时，其也和拜尔斯道夫以及 3M 等公司进行了合作，并最终在竞争中取得了较大胜利，成功在中国市场站稳了脚跟。其突出表现为云南白药创可贴战胜邦迪创可贴；意外收获为云南白药牙膏的上市。2004 年后，公司提出了"稳中央，突两翼"战略，并着手打造大健康产业，成功在药品外推出一系列日化品和保健品。2016 年，公司进行混合所有制改革，多种经济成分和资金进入云南白药，为云南白药的进一步发展提供了更多的可能性。

1995 年，云南白药被国家列为一级中药保护品种，并被授予了"中华老字号"的称号。2000 年 4 月，云南白药集团赞助奥运会中国体育代表团，由此获得了"第 27 届奥运会中国体育代表团热心赞助商"的称号。2002 年 2 月，"云南白药"商标被国家工商行政管理总局商标局评为中国驰名商标。2012 年 7 月 30 日，云南白药集团股份有限公司于"中国排行榜·2012 中国上市公司最具投资价值 100 强"排名第 59 位。2015 年 8 月，荣登中国制造企业协会发布的"2015 中国制造业企业 500 强"榜单，排名第 93 位。

3. 白药人，王明辉

王明辉于 1962 年出生于云南罗平，毕业于云南大学涉外经济专业，并长期在中医药类公司工作。王明辉的职业生涯开始于云南宾川医药公司，1999 年以前，他和云南白药基本没有什么接触。他曾任职于昆明制药厂、昆明贝克诺顿制药有限公司，而在这个过程中，王明辉的职位也逐渐上升到昆明制药常务副总裁的位置。1999 年 6 月，王明辉升任为云南白药的总经理。

刚刚来到云南白药时，37 岁的王明辉看起来是一位总是带着笑容的领导，态度亲和、中庸。大家就怀疑：这样的一个领导能给内忧外患的云南白药带来什么呢？而此时的王明辉只有一个想法："面临重重困难，我要证明给大家看，特别是要证明给领导看，他选我是对的。"经过半年的考察，王明辉决定从营销部门入手进行改革。面对强生给云南白药带来的巨大压力，王明辉决定由内而外进行整体上的改革：一方面，要增强新产品的研发力度，为云南白药发掘出新的增长点；另一方面，要坚持面向市场进行改革。

到 2000 年底，在得到了云南白药集团董事会和主管部门的支持后，王明辉不负众望，带领云南白药取得了改革的初步成功。他也因此被授予了"昆明十大杰出青年""昆明市优秀企业家"等荣誉称号。仅仅一年多的时间，王明辉实现了对云南白药方方面面的改造与创新发展，这是王明辉作为白药人的开端。随后对阵邦迪，王明辉提出了"稳中央，突两翼"的战略，积极推动大健康产业的发展。一直以来，王明辉始终和云南白药一起成长着，一起不断为人们带来健康。2016 年混合所有制改革之前，王明辉一直是云南白药的总经理，17 个春秋的陪伴，云南白药流淌着王明辉的心血和汗水，王明辉也成为真正的白药人。

4. 百宝丹的传奇历史

名医曲焕章先生遍游滇南名山，尝遍百草，虚心向当地民族医生以及草药医生请教，于 1902 年精心研制成伤科药物百宝丹，即如今的云南白药。该药在之后的外伤治疗中疗效突出，人称"外伤，只要身软不死，虽不省人事，先入百宝丹，再服虎力散，气绝者渐苏，血流者渐止，再用消毒散、洗创止血药，敷药涂其伤口，伤轻者半月，重者月余即愈"。在中国近代的战乱中，百宝丹成为人们眼里的救命神药，与此同时，很多势力也开始觊觎百宝丹的药方。是曲焕章先生用生命为人民留下了这一剂良药。

1955 年，曲焕章遗孀缪兰瑛将白药的秘方献给了新中国。随后，曲氏白药更名为"云南白药"，由昆明制药厂进行生产。1971 年，经过周恩来总理批示，云南白药厂建立，云南白药开始了正式的生产。

5. 市场的初步探索：股份制进程

1971 年云南白药正式建厂、告别了传统的家族手工作坊生产方式后，开始进行专业化生产发展，云南白药进入了现代化的工业企业生产阶段。随后，在国家改革开放以及政策变革的过程当中，云南白药开始推进其股份制改革。这一时期，其生产发展更多的是变革与沉淀，为接下来资金的融通以及企业在创新、生产、销售等领域的拓展与快速发展奠定了坚实的基础。

1978—1992 年是改革的探索阶段，也是政策突破和解放思想的时期。这一时期，国家进行了一系列经济体制改革，出台了一系列经济体制改革政策。1978 年，党的十一届三中全会做出了改革开放的重要决策。改革开放以经济体制变革为突破口，通过开始发展混合所有制经济以及个体经济等，充分激发国内经济发展的活力，调动经济主体的积极性。1982 年，中共十二大提出，在所有制结构上，个体经济是社会主义公有制经济的有益补充。1982 年 12 月，五届全国人大五次会议修改宪法，将这一条以宪法的形式予以确认。在资源配置方式上，国家明确要坚持以计划经济为主、市场调节为辅的经济体制，不仅要在所有制上打破单一纯粹公有制垄断的传统，还要调整资源配置机制，使之不局限于计划的限制。1984 年，开始启动城市经济体制改革，国有企业改革随之启动。1986 年，中共十二届六中全会明确我国的所有制结构，是在以公有制为主体的条件下，积极发展多种经济成分。提出私营经济的存在和发展是社会主义公有经济有益和必要的补充，并于 1988 年七届全国人大一次会议上，在宪法上予以确认。1987 年，中共十三大强调社会主义经济是有计划的商品经济，在资源配置方式上，应当坚持计划和市场两方面的调节。1992 年，中共十四大在所有制结构上明确，非公有制经济是我国国民经济的重要组成部分，以公有制为主体，多种经济成分需要长期共同发展，不同经济成分可以自愿实行多种形式的联合经营。而在资源配置方式上，中共十四大明确，我国经济体制改革的目标是建立社会主义市场经济体制。

在国家改革的号召下，很多国有企业纷纷开始了股份制改革。但是这一阶段，我国还存在着商品经济不发达、市场发育不充分的问题，企业改革的目标模式有着很大的非现实性和非规范性。因此，企业的改革只能以阶段性过渡的方式实现，不能一蹴而就，唯有在探索中前进，才能避免产生难以弥补的损失和无法挽救的失败。正是在这样的经济体制变革和探索中，云南白药厂也走进了股份制改革的浪潮，积极探索未来的发展道路。

1993 年 5 月，云南白药正式注册成为云南白药实业股份有限公司，于 11 月发行社会公众股 2 000 万股。1993 年 12 月 15 日，云南白药在深圳证券交易所上市，成为云南省第一家 A 股上市公司。1996 年 10 月，经临时股东大会讨论，公司正式更名为云南白药集团股份有限公司，并发展至今。改制为股份有限公司并上市，对于云南白药而言，不仅是发展上极其重要的突破，也是其响应国家政策、积极融入改革开放浪潮，并在社会主义市场经济的探索与发展之中大胆创新的重要举措，这为其发展创造了更多的机会。上市之后，云南白药的资金来源进一步扩大，公司经营体制和激励方式得到了进一步优化，有效提升了公司经营的灵活度，这也为后期云南白药的资源整合、市场拓展以及竞争力的提升奠定了基础。

1996—1997 年，云南白药开始着手整合白药资源。其先后对生产白药的 3 家企业——大理制药厂、文山州制药厂和丽江制药厂形成了 51% 的控股，由此，云南白药实现了"五统一"的战略①，这不仅实现了云南白药的独家生产经营，为"云南白药"这一中国名药的品牌建设奠基，还保障了生产的高效以及产品的质量，是接下来云南白药国内外市场拓展的重要前提。白药资源的整合也使得同一市场之中的竞争减少，其利润进一步扩大。1996 年云南白药的主营利润同比增长了 60%，这一时期，云南白药的股价在市场热情度极高的迎合下也实现了较大的涨幅。在 1996 年云南白药更名为云南白药集团股份有限公司后，1999 年末，云南省医药公司和昆明天紫红药厂以优质国有资产的身份，配股进入了云南白药集团。优质国有资产的注入为云南白药的发展提供了重要的资金支持以及成熟的体制与思想帮助，同时，这也实现了云南白药的股权多元化。由此，云南白药集团由一家原本主要生产中成药的企业，发展成为大型医药工商贸结合的综合性企业，产业链由原本的生产制造，延伸到了药品流通和饮品加工领域，其发展空间得到了拓展。2000 年，云南红塔对云南白药的持股比例达到了 20.15%，成为云南白药的第二大股东，在之后的一年，红塔进一步加大投资，持股比例上升至 26.07%。外部资本对云南白药的介入越发重要，影响也更为深远。

1971—1999 年间，云南白药多年来的产品几乎都集中在医药行业的几个相关产品上，这使得其品牌和形象得到了极大的强化。但是在市场竞争的快速发展中，云南白药产品类型的单一以及品牌建设的不足，使其出现了发展优势越来越

① 统一生产计划、统一商标、统一批准文号、统一质量管理、统一销售。

不明显的问题。1998 年，云南白药的销量进入了历史低点，其面临着产品转型升级和市场拓展的迫切局面。先是响应国家的改革政策，云南白药毅然把企业注册为实业股份有限公司，并上市发行股票，扩大融资渠道，走在了国企改革的最前端。然后是整合企业内部资源，统一和规范企业相关业务，积极构建和发展自己的品牌，使自己的产品品牌化，利用品牌效应把高质量的产品传递给每一个消费者。接着是吸收外部资本，配股进入企业，为企业的发展提供资金和成熟的体制，同时实现股权的多元化。云南白药正是通过这种阶段性过渡的模式，一步一步实现了股份制改革，不断整合内部资源、融合外部优质资源、打造品牌，最终实现了良性发展。这也为正在股份制进程中的其他企业提供了一个成功的典范，虽然云南白药依然面临着产品单一等发展瓶颈，但是股份制改革的完成使其有了更多吸收外部优质资源的机会，为其突破瓶颈打下了坚实的基础。

6. 市场的重新定位：产品和理念的创新

发展到 1999 年，云南白药已经在企业架构、企业股权分配等企业产权制度和经营机制方面实现了较好的完善，在产品方面也先后研发推出了云南白药胶囊、云南白药散剂、云南白药创可贴等，逐渐形成了自己的主打产品群。但是，由于市场环境的变化与和市场竞争的加剧，云南白药研发出的一系列产品并未实现显著的成长和发展，企业经营日益困难，甚至出现了销售量和销售额同时下降的危机。由于消费者对云南白药品牌的认识主要基于云南白药散剂的使用体验，企业销售收入的五成依靠白药散剂，利润的六成也是来源于此。[①]

进入 21 世纪，中国加入世贸组织，标志着我国对外开放进入了全新的阶段，这是我国融入经济全球化的现实需要和必然趋势。随着中国市场与国际市场不断对接，我国的企业不可避免将加入国际的竞争与合作。参与全球化竞争，对于我国企业来说，将要面临的是全新的机遇与挑战。国外很多跨国企业在中国入

---

① 许晖，邓伟升，冯永春，等.品牌生态圈成长路径及其机理研究：云南白药 1999—2015 年纵向案例研究.管理世界，2017(6):122-140，188.

世后纷纷进入中国市场，它们凭借先进的技术、设备和成熟的管理经验、管理方法、国际化经营的能力以及对国际贸易规则的熟悉等方面的优势，对中国的本土企业形成了巨大威胁。但同时，国内企业也有着自己的诸多优势，比如劳动力、国内市场认知、制造业、本土化、企业文化认同等，在国内市场依然有着较强的竞争力。

云南白药也同样加入了这一场与国际企业的交锋，它的对手便是来自美国的强生公司。20 世纪初，美国强生公司通过将粗硬纱和绷带黏合，发明了一种用于外科轻微创伤快速止血的产品，并将其命名为 Band-Aid（邦迪），邦迪的诞生催生了一个新市场——创可贴。1992 年，美国强生公司的邦迪创可贴全面进入中国市场，云南白药散剂却逐渐淡出消费者的视野，此后数年，邦迪在中国市场发展迅猛，让很多竞争对手无力抗衡，云南白药就是其中之一。从药理角度来看，邦迪创可贴已经不能说是一种药品，而是通过其在材料科学方面的不断创新所创造出来的一种新的产品。因此，作为在快速止血产品领域的直接竞争对手，邦迪对于传统的云南白药有着很强的取代性，这不仅仅是药品功用上的竞争，更是一种市场理念与商业模式方面的竞争。

云南白药在面对激烈的市场竞争时，存在着自身产品认可度单一、产品形态日趋老化等问题，企业改革迫在眉睫。1999 年 6 月，具有销售背景的王明辉就任企业总经理，在上任半年中王明辉首先对企业进行了彻底的调研，他发现，云南白药产品在市场当中主要存在三方面的问题：第一，虽然其产品从效果、质量等方面来说都是不错的，但市场定位过低，这导致尽管人们对云南白药的功效有着共同的认可，然而由于其长期坚持散装方式的包装，给消费者带来了类似于"民间偏方"的印象，进而导致其市场价格与自身价值的关联性不高的问题。第二，云南白药的产品市场边界过于狭窄。几乎所有的消费者都知道其快速止血的功能，但对于白药的其他功效却不怎么了解。随着环境的变化，除了特殊的容易失血的劳动者，市场中对于止血的需要逐渐降低，并主要转向西药产品，在这样的形势下，消费者对于云南白药的关注度正在逐年降低。第三，云南白药的品牌形象日趋老化。经过了百年的发展以及西药市场的拓展，云南白药的消费群体年纪呈现出普遍较高的状态，其产品形象逐渐老化，在年轻消费群体当中缺乏认知度。

　　王明辉意识到，在过去的很长一段时间里，云南白药公司都是一家以白药保密配方为核心的医药生产型企业。虽然优势突出，但是当邦迪这样的竞争对手借助有针对性的市场竞争策略逐步改变行业游戏规则时，白药市场扩张能力逐渐减弱。在医药材料科学技术快速发展的背景下，白药的核心竞争力几乎成为自己的约束。于是，王明辉选择摒弃以往的"核心竞争力"观念，将保密的白药配方转化成为其他产品的"添加剂"，云南白药终于找到了传统中药和新材料结合的契合点，简单说就是往邦迪里加入白药。云南白药创可贴的"含药"定位，避开了和邦迪的正面冲突，颠覆了人们对创可贴的认识，创可贴不只是一块能快速止血的胶布，还能消毒杀菌，促进伤口愈合。凭借着创新性的定位，云南白药创可贴于2001年选择优先向北京——邦迪的重要市场——发起攻势。通过广告宣传，云南白药创可贴面市当年便实现了销售回款3 000万元。

　　云南白药产品首屈一指，但是企业在材料科学相关领域并没有竞争力，为了能真正和邦迪在国内市场竞争，在2001年，王明辉选择了德国拜尔斯道夫公司进行生产技术合作，利用拜尔斯道夫公司在皮肤护理、伤口护理、技术绷带和黏性贴等方面的技术优势，并结合云南白药的独特功效，使得产品以极快的速度实现了市场的规模导入。2004年，为了进一步保持云南白药创可贴的产品优势，王明辉选择在之前的基础上，分别和美国3M公司以及日本、我国台湾地区的部分公司进行透皮剂材料方面的合作，开发出了大量的新产品。

　　云南白药创可贴进行了细致的市场调研，针对不同消费群体和消费需求分别推出了女性创可贴和儿童创可贴、轻巧系列和防水系列，得到了消费市场的认可。在流通渠道上，一方面采用终端市场直接与云南白药集团洽谈代理的销售模式，减少了流通环节的层层加价，提高了销售商的利润，促进了其积极性；另一方面，通过药店和超市两个渠道并行销售，结合央视黄金时段广告，白药创可贴的销售量超过了邦迪。2008年初，云南白药取得了中国创可贴市场销售额第一的成绩。云南白药进一步明确了产品的细分市场定位，进入多产品市场。其产品协同独具特色，每一款产品都围绕白药的核心功能进行拓展，产品定位服务于消费者的不同需求和细分市场，统一采购并共享研发资源和市场渠道，其中云南白药牙膏的出现是其最大的成功。云南白药牙膏在 2004 年上市以来迅速发展，现已进入中国牙膏十大销售品牌之列。

云南白药集团的市场定位调整，伴随着对企业经营管理体制的适应性调整。首先，对外部营销系统进行改造，在销售系统建立内部创业机制，引入末位淘汰制；其次，对研发和生产系统进行改革，建立研发系统的首席科学家制，研发新产品；最后，实施公司内部管理系统和业务流程的再造，包括薪酬体系改革、内部订单制驱动的管理系统创新和虚拟企业运作模式。[①]

在与强生集团的竞争中，"白药人"王明辉走上了舞台。面对激烈的市场竞争，王明辉静下心来，对企业做了彻底调研，找出了云南白药在市场中存在的三方面的问题，深度剖析了企业，开创性地提出了摒弃原有的"核心竞争力"的观念，把白药秘方与现代医药技术相结合，以含药创可贴正面回击了强生的邦迪，并且与其他国际企业进行合作，不断优化产品；进行细致的市场调研，提供多样化的产品，合理利用广告和消费者本土化的认知；对企业经营管理体制进行了适应性调整。这一次与强生的交锋凭借着王明辉的冷静沉着、敢于亮剑以及不断完善自身的种种举措，云南白药最终取得了决定性的胜利。

7. 企业组织的动态调整："稳中央，突两翼"

2005 年底，云南白药管理层意识到白药的市场认知和主要能力还被固化在中医中药领域中治疗伤科血症这一很小的领域中，市场容量非常有限。基于此，云南白药制定了"稳中央，突两翼"的战略方向。"稳中央"是指强化以白药系列为主的专业治疗药物在企业的核心和主体地位，包括白药散剂、白药胶囊、气雾剂和宫血宁四大中央品牌。在药物方面，白药在百年的历史中不断创新、不断沉淀，并且与时俱进，结合最新的制药技术，充分彰显白药的专业性和创新性。在"突两翼"中，一翼指的是以透皮技术为支撑的创可贴、白药膏等方向，透皮产品是白药充分运用现代材料科学、制剂技术，并结合白药突出的药物性质所形成的一次成功突破。白药创可贴的成功研

---

① 许晖，邓伟升，冯永春，等. 品牌生态圈成长路径及其机理研究：云南白药 1999—2015 年纵向案例研究. 管理世界，2017(6):122-140，188.

制，改变了创可贴仅仅是一种卫生材料，一种透气性好、与皮肤亲和性高、方便使用的胶布、绷带类产品的固化认知。另一翼指的是以牙膏、洗发水等日化产品为代表的健康型方向，向健康产品领域进军的灵感来源于人们生活质量的提高，传统的东西不再那么适合人们的需求，传统和现代充分融合才能更好满足人们的需求。云南白药不仅仅是提供一种治病的药物产品，更是希望能够塑造一种传统与现代完美融合的、健康的、典雅的生活方式。云南白药在"稳中央，突两翼"的战略下，既保证了企业的药材供给，又向社会提供了一系列高品质、可信赖的含药产品。

根据企业战略，2006 年云南白药进行企业组织结构改革，从传统的直线职能型转变为事业部制，成立了药品事业部、健康产品事业部和透皮产品事业部。事业部以利润为中心，专注于市场开发和品牌建设，以实现市场开拓能力和规模效益的统一。各个事业部相对独立地对产品进行推广和市场深耕，对消费者的需求变化和市场机会做出响应，迅速调整产品品种以适应不稳定的环境因素，使企业在市场中具有高效的产品前瞻性，真正做到面向顾客、以市场为导向。

经过 5 年的实践，以白药为主的中央产品地位得到稳固，已经发展为"白药系列""三七系列""云南民族特色药品系列"，并成功培育出特色天然药物领域的"云丰"品牌、妇科用药领域的"天紫红"品牌以及儿童用药领域的"童俏俏"品牌。尤其是宫血宁胶囊，在 2006 至 2008 年入选卫生部"十年百项"推广工程，意义深远。在健康型产品领域，2005 年云南白药牙膏的销售额达到了 8 000 万元，2007 年云南白药牙膏的销售额已经突破了 6 亿元，2009 年销售额达到 7 亿元，成为高露洁和佳洁士在中国市场上最为主要的竞争对手。继云南白药牙膏后，企业又推出了养元青洗发水、日子卫生巾等产品，虽然产品结构得到优化，但在后续产品的销售和市场认可度方面依然需要加强。在透皮产品领域，云南白药创可贴在中国市场得到长足的发展，而且加了白药的创可贴具备了明显的竞争优势。近年来，白药创可贴的优势非常明显，市场占有率不断上升。从 2001 年开始，白药创可贴的销售额从 3 000 万元人民币上升到了 2008 年的 2 亿元人民币。云南白药创可贴在中国市场份额达到 40%，此前国内创可贴市场一直被世界制造业巨头强生公司的邦迪创可贴所垄断。透皮产品还有白药膏、急救包，药妆产品的出现，使企业产品更加多样化，市场占有率进一步提高。

针对白药的市场认知被固化，认为白药就是止血、治外伤的一个简单产品的现实情况，云南白药管理层制定了"稳中央，突两翼"的战略，进行产品变革，同时进行了相应的企业组织结构变革。云南白药成功实现了在维持传统中药领导者身份的基础上，积极把业务向健康及日化消费品领域拓展。以云南白药牙膏为代表的日化产品，以云南白药创可贴为代表的透皮产品都取得了不俗的业绩，这是"稳中央，突两翼"战略带来的成功，不仅让云南白药在激烈的竞争中站稳脚跟，持续发展壮大，而且为以后的业务扩张、新产品开发提供了宝贵的经验。

8. 产业链的协同布局："新白药，大健康"

2011 年，被看作云南白药的战略转型元年，这一年云南白药提出了"新白药，大健康"的新战略。2005 年的"稳中央，突两翼"是以产品为基础的战略，而"新白药，大健康"则是以产业为基础的战略，旨在医疗卫生、营养保健、健身休闲、健康管理等多个大健康领域进行战略布局，发挥产业链的协调优势。

伴随着国内人口老龄化，慢性病问题、亚健康状态越来越成为人们健康问题的关注焦点，传统的医疗健康业已经无法满足人们对健康服务的需求。2009 年中共中央、国务院向社会公布了《关于深化医药卫生体制改革的意见》，其中对中医药的改革给予了足够的关注。《国务院关于印发卫生事业发展"十二五"规划的通知》进一步指出：要"以维护人民健康为中心……坚持预防为主、以农村和基层为重点、中西医并重……转变卫生发展方式，把基本医疗卫生制度作为公共产品向全民提供……"随着市场需求的进一步升级和对生活质量提升的诉求越来越高，政府的政策倾斜助力了我国在大健康产业的布局，云南白药认识到了发展的契机，提出了"新白药，大健康"的产业链布局发展战略。大健康产业是指传统医疗市场以外的与人体健康相关的产品以及准医疗服务。而中药大健康产业，则是将大健康与中药产业有机结合，是适合中国中医药发展传统的一种新兴产业，具有独特的传统优势。

云南白药在云南白药创可贴、云南白药牙膏等产品市场成功推广后建立了良好的品牌形象和品牌认可，为进一步深入大健康产业的布局奠定了基础。云南白药面对市场发展契机迅速做了适应性的调整。首先，进一步拓宽云南白药的产品线。为了布局未来产业发展并契合市场上对产品需求更为多样化的诉求，一方面，云南白药在公司进行内部资源的深度整合，采用了"五统一"策略。另一方面，公司依托原有核心业务板块，通过内生式增长强化白药为主的产品延伸，辅以特色药品市场开发，拓展发展空间。在"新白药，大健康"战略的引导下，云南白药集团创新发展模式，加快资源整合与新品研发，把药品生产延伸到中药材种源种苗繁育，把产品销售拓展到健康服务领域，贯通一、二、三产业，打造全产业链，不断挖掘内生增长潜力。目前云南白药已经发展形成了19个剂型、300多个品种的药品，并拥有了包括牙膏、洗护产品、护肤品和女性护理产品在内的健康产品群。随着养元青洗发水、千草堂沐浴素、瑶浴系列洗护品、采之汲面膜等产品的成功推出，云南白药形成了中药提取物、中药保健品、中药日用品、中药化妆品等系列化产品，产业链越拉越长，产业链布局越走越宽。其次，进一步进行品牌差异化建设，走出制造业产品生产，参与产业链布局和价值链的整合，形成以中医药大健康服务业为平台的产业协调、价值整合新模式。云南白药抓住大健康产业的发展趋势，2012年整体搬迁至呈贡雨花产业基地，把透皮产品事业部并入药品事业部，在2013年又成立中药资源事业部，先后推出了采之汲、高原维能、豹七、千草美姿、益优、雷公、蕴康、南山草等一系列品牌，进行产品差异化战略，形成了四大品牌族群。到2015年，药品生产延伸至药材种源繁育，把药品销售扩大到健康服务，打造全产业链，从全环节打造系统的竞争优势，企业一直奉行轻资产的经营策略，有效地保证了云南白药在产品、品牌乃至企业层面的整体竞争能力。云南白药将和利益相关方的互利共赢作为企业重要的战略目标之一，在"模式创新与价值重构"经营策略的指导下，企业从单一的制药企业到横跨三个产业的综合服务型企业，始终不断创新模式，积极探索建立互利共赢的产业生态圈。"2015胡润品牌榜"显示，200个最具价值中国品牌上榜，医药保健品行业有11个品牌上榜，云南白药位列医药保健品行业榜首，品牌价值继续提升。

云南白药的管理层敏锐地察觉到社会对健康产品需求的变化，并且基于国家对医疗卫生健康产业的政策的分析，提出了打造大健康产业的战略思想。不断发展品牌组合，实施系列品牌策略、多品牌策略、品牌延伸策略、品牌扩展策略等多种策略，成功培养出了众多的大健康产品，延长了企业的产业链，扩宽了产业链布局。最终形成了自己的中医药大健康业务平台，实现了企业从单一的制药企业到综合服务型企业的转变。

9. 混合所有制改革：效率改进与更高质量的发展

2015 年前后，云南白药正处于发展成熟阶段，公司资产结构与资本适应性良好，其流动资产的资金约有 30% 来自流动负债，财务风险较低，且公司资金链正常，不存在资金短缺的问题。但这也是云南白药发展的瓶颈期：从其发展能力方面分析，云南白药这一时期正在告别高速增长阶段，2017 年公司营业总收入达到 224.11 亿元，同比增长 8.06%；净利润 29.20 亿元，同比增长 5.38%。[①] 这是云南白药自 1993 年上市以来，营业总收入增速第二次低于 10%，也是自 1998 年以来，净利润增速第二次低于 8%。除此之外，其净资产收益率自 2013 年左右开始便一直呈现出下滑趋势，云南白药的盈利能力处于一种下降的状态。与同行相比，这一时期的云南白药失去了以往的优势，在行业当中处于中上游水平。在这样的环境当中，云南白药需要进行变革与创新，从而创造出新的竞争优势，而"发展混合所有制经济"的国家政策便为其变革奠定了基础与发展方向。

2013 年党的十八届三中全会提出要"积极发展混合所有制经济"，随后，2014 年《政府工作报告》进一步提出了"加快发展混合所有制经济"的要求，到 2015 年，中共中央、国务院印发《关于深化国有企业改革的指导意见》，提出了一系列国企改革的目标和举措，2016 年国务院国资委公布"十项改革试点"，混合所有制改革成为国企改革的重要突破口。

2016 年 12 月 28 日，云南白药公司开始了持续大半年的混合所有制改革。首先，云南白药通过增资的方式引入新华都实业公司进行混合所有制改革，开始引入民营资本，云南省国资委、新华都和云南控股签订协议，使得云南省国资委和新华都实业持股比例均为 50%，直至 2017 年 3 月 16 日，增资的各种事项完成，白药控股的注册

---

① 王瑶. 云南白药集团行业竞争力营销策略分析. 中国集体经济，2018(20):60-61.

资本由 15 亿元变更为 30 亿元；2017 年 6 月 6 日，第三方投资者江苏鱼跃入股云南白药，同年 6 月 20 日股权比例变更为云南省国资委、新华都实业、江苏鱼跃分别持股 45%、45% 以及 10%，且二方约定持有的白药控股股份不做变动；2017 年 6 月 28 日，云南白药完成增资的工商变更，白药控股和云南白药均变更为无实际控制人企业，注册资本由 30 亿元变更为 33.3 亿元。至此，云南白药控股混合所有制改革的历程尘埃落定。[①]

新华都实业持股 45% 与鱼跃集团持股 10% 使得云南白药的股权架构得到了进一步的完善，其决策机制也更加完备。国有资本未凌驾于民营资本之上，这样的股权结构保障了任何一方均处于一种被制衡的状态之中，股权结构合理，且任何两方的持股都大于第三方，保证了白药控股的决策至少需要经过两个股东的同意，在一定程度上提升了决策的准确性，为企业的正确决策提供了更多保障。与此同时，民营资本的涌入使得白药控股的资金实力得到加强，整体上白药控股的民营资本力量大于国资力量，但由于交易过程当中明确了江苏鱼跃在任何情况下不得成为云南省国资委、新华都实业的一致行动人的特别约定，江苏鱼跃事实上起到了平衡的作用，使得民营资本和国有资本都无法实现对白药控股的控制目的。

云南白药混合所有制改革的完成，同时也促进了资源的优化配置。在资金方面，云南白药接受了新华都实业以及江苏鱼跃的增资，白药控股得以以千亿以上的资金去整合全国医药健康产业的优质资源。另外，民营资本的引入也为云南白药在拓展销售渠道、扩大市场方面提供了重要的帮助。新华都实业以零售起家，借助新华都实业成熟的销售经验将更有利于云南白药进一步深入对接下游市场，而江苏鱼跃则是中国医疗影像和家用医疗领域的重点民营企业，可以与云南白药在销售方面产生协同效应，实现优势互补。

混合所有制改革完成后，云南白药从一家传统中药公司，转变为一家贯通大健康、中医药等多领域的现代中医药企业，成功从一个地方国企转变成为现代化企业。在 2016 年，云南白药的主营业务收入为 114 亿元，净利润为 12.11 亿元，混改的完成在一定程度上影响了接下来一年云南白药的营业收入与净利润。据调查，2017 年

---

① 张杰.混改后股权再度均衡，云南白药种下话语权隐患.华夏时报，2017-07-03(20).

上半年其营业收入与净利润分别达到 119.6 亿元和 15.7 亿元，其增长主要由白药内生动力驱动，混改对云南白药的意义由此也得到了一定的体现。除此之外，云南白药的产品也进一步走向多元化道路，21 世纪，大健康产业成为重要的核心产业，在医药行业这样一个典型的竞争性行业之中，云南白药作为国内中药行业的龙头企业，在健康中国战略实施的浪潮中积极把握发展的机遇是极其必要的，云南白药这一时期混合所有制改革的发展为其进军大健康产业、探索精准医疗基因检测等领域提供了重要的支撑，为公司接下来外延式并购整合以及发展方向的拓展奠定了重要的基础。

10. 当下的云南白药

"传承不泥古，创新不离宗"，正是因为云南白药坚持着这样的经营理念，才能使这个百年老字号永远焕发青春活力。百年来时代剧变，消费需求出现了崭新的变化，云南白药的经营环境面临各种各样的激烈竞争，一度使白药的传统产品和运营方式难以适应。但是云南白药紧跟时代步伐，顺应国家政策，发现市场新需求，不断做出变革、提出新战略、研发新产品，在一路竞争中越走越好。巨大成功的背后，是挑战与机遇并存的现实，希望云南白药能抓住机遇，迎接挑战，继续发扬云南白药的老字号，为人们带来更多健康服务。

2018 年，云南白药集团吸收合并云南白药控股。

附录一　云南白药集团各产品市场占有率情况

年份	云南白药散剂及胶囊	宫血宁	云南白药气雾剂	云南白药创可贴	田七系列产品	云南白药牙膏
2014 年	41%	14%	85%	38%	17%	11%
2015 年	36%	16%	88%	36%	21%	14%
2016 年	37%	18%	88%	36%	23%	16%

资料来源：王瑶. 云南白药集团行业竞争力营销策略分析. 中国集体经济，2018(20):60–61.

附录二   云南白药财务状况

云南白药资产负债情况   单位：亿元

项目	2017 年	2016 年	2015 年
流动资产合计	251.00	220.70	169.00
非流动资产合计	25.99	25.19	23.87
资产合计	277.00	245.90	192.90
流动负债合计	75.24	67.35	46.76
非流动负债合计	20.35	20.08	10.87
股东权益合计	181.40	158.40	135.30

云南白药营业收入、净利润情况及增长率

项目	2013 年	2014 年	2015 年	2016 年	2017 年
营业收入（万元）	1 581 479	1 881 436	2 073 813	2 241 065	2 431 000
净利润（万元）	232 145	249 732	275 558	293 089	313 300
营业收入增长率（%）	15.55	18.97	10.22	8.06	8.47
净利润增长率（%）	46.69	7.58	10.34	6.36	6.89

资料来源：王琼."云南白药"混合所有制改革研究.商业会计，2017（20）：74–77.

附录三   云南白药大事记

1902 年，曲焕章成功研制百宝丹（云南白药前身）。

1916 年，云南白药开始公开销售。

1922 年，曲焕章将药铺搬迁到昆明，取名"曲焕章大药房"。

1935 年，红军长征途经曲靖，大批受伤将士得到白药及时治疗。

1938 年，台儿庄战役中，滇军凭借白药，大显神威；同年国民党将领为得到白药配方，把曲焕章软禁于重庆，拒绝交出配方的曲焕章抑郁而终。

1955 年，曲焕章夫人将白药秘方交给了人民政府。

1956 年，昆明制药厂第五车间开始正式生产云南白药，并开始出口贸易。

1971 年，云南白药厂正式成立。

1993 年，云南白药实业股份有限公司成功上市。

1995 年，云南白药实业股份有限公司被国家中医药管理局、中国中药企业管理协会认定为"第一届全国中药行业优秀企业"。

1996 年，"五统一"战略使得云南白药集团成为唯一具备云南白药生产资质的企业；同年更名为云南白药集团股份有限公司。

1997 年，云南白药集团取得企业自营进出口业务权。

1999 年，王明辉就任云南白药总经理。

2000 年，"云南白药"成功注册为商标，"云南白药"既是产品也是商标。

2001 年，含药创可贴上市，并与拜尔斯道夫公司合作。

2002 年，"云南白药"（中药）商标被国家工商行政管理总局商标局认定为中国驰名商标，是云南省制药企业的第一件中国驰名商标。

2004 年，与美国 3M 公司及日本、我国台湾地区的部分公司进行透皮剂材料合作；同年云南白药牙膏上市。

2005 年，提出"稳中央，突两翼"战略。

2006 年，进行企业组织结构改革。

2008 年，创可贴全国销量第一。

2011 年，白药的转型元年，提出"新白药，大健康"战略。

2012 年，整体搬迁至呈贡雨花基地；同年"天颐茶源"成立。

2014 年，荣膺第三届中国工业大奖。

2015 年，进入胡润品牌榜。

2016 年，公司进行混合所有制改革。

2018 年，进入中国品牌价值榜，位居第 49 位。云南白药集团吸收合并云南白药控股。

2021 年，入选全球制药品牌价值 25 强。

（石明明）

第二章

"一基五元"的世界级
企业集团——宝武集团

BAOWU

历史将证明，建设宝钢是正确的。——邓小平

1. 引言

钢铁行业是国民经济的基础产业，是加快实现工业化的先导产业。凡是世界上成功实现工业化的国家，尤其是经济规模较大的国家，几乎无一例外地优先发展包括钢铁行业在内的基础产业，钢铁行业在这些国家的工业化进程中起到不可替代的作用。此外，由于涉及面广、产业关联度高、消费拉动大，钢铁行业在国民经济中还扮演着重要支柱产业的角色，在经济建设、社会发展、财政税收、国防建设以及稳定就业等方面都发挥着重要的作用。

自改革开放以来，我国钢铁工业取得了举世瞩目的成绩，粗钢产量稳居世界第一。然而自2008年以来，世界经济形势开始恶化，美国次贷危机的爆发波及世界各个角落。中国出口导向型经济增长受到威胁，经济增长速度不断下滑。中国的钢铁工业经过长达30年的野蛮增长，在经济增速放缓的同时，也暴露出越来越多的问题。2015年，

矿石、煤焦和废钢的价格分别下跌 39.4%、33.3% 和 45%，导致钢铁生产成本大幅下降。然而，钢价下跌对销售收入的影响远超同期原料价格下跌对成本的影响，钢铁企业亏损严重。[①]

进入 2018 年，钢铁行业产能过剩严重仍然是阻碍钢铁企业健康发展的关键因素，大量优质企业因宏观经济形势恶化而导致亏损。在如此严峻的形势之下，行业内的企业都在讨论如何生存。作为行业龙头的宝武集团因其能够持续保持较高的盈利能力而引起广泛的关注。

2. 中国宝武集团

宝武集团以"成为全球钢铁业引领者"为愿景，以"共建高质量钢铁生态圈"为使命，以"诚信、创新、协同、共享"为价值观，致力于通过改革和发展，构建在钢铁生产、绿色发展、智能制造、服务转型、效益优异等五方面的引领优势，打造以绿色精品智慧的钢铁产业为基础，新材料、现代贸易物流、工业服务、城市服务、产业金融等相关产业协同发展的"一基五元"的格局，最终将形成若干个千亿级营收、百亿级利润的支柱产业和一批百亿级营收、十亿级利润的优秀企业。

2.1 集团概况

中国宝武钢铁集团有限公司（以下简称"宝武集团"）是由原宝钢集团有限公司和武汉钢铁（集团）公司联合重组而成，于 2016 年 12 月 1 日揭牌成立。宝武集团注册资本 527.9 亿元，资产规模 7 395 亿元，产能规模 7 000 万吨，位居中国第一、全球第二，是国有资本投资公司试点企业。2018 年，宝武集团取得了中国钢铁行业最佳经营业绩，实现营业总收入 4 386.2 亿元，利润总额 338.37 亿元，位列《财富》世界500 强第 149 位。

宝武集团的前身之一——宝钢集团有限公司（简称"宝钢"），是中国最具竞争力的钢铁联合企业。宝钢于 1978 年 12 月 23 日动工兴建；1998 年，宝钢与上海冶金控股（集

---

① 张瑞. 宝钢集团转型之路及经营现状分析. 企业改革与管理，2017（3）：78-80.

团）有限公司（简称"上冶控股"）、上海梅山（集团）有限公司（简称"上海梅山"）联合重组；2000年2月，创立宝山钢铁股份有限公司（简称"宝钢股份"），同年12月在国内上市；2005年4月，主业整体上市，钢铁主业资产实行一体化运作；同年，宝钢股份实施了股权分置改革方案；2007年与新疆维吾尔自治区人民政府协议重组新疆八一钢铁集团有限责任公司（简称"八钢"）；2008年，与广州钢铁企业集团有限公司（简称"广钢"）、广东省韶关钢铁集团有限公司（简称"韶钢"）重组，成立广东钢铁集团有限公司，在淘汰落后产能的同时积极筹建湛江制造基地；2009年3月，与杭州钢铁集团公司（简称"杭钢"）签署协议，重组宁波钢铁有限公司（简称"宁钢"）。2010年全年实现营业收入2 730亿元，利润总额达到242亿元，完成钢产量4 450万吨，连续第7年进入世界500强，列第276位，并再度被《财富》杂志评选为"全球最受尊重的企业"。

宝武集团的前身之二——武汉钢铁（集团）公司（简称"武钢"）是新中国成立后建设的第一家特大型钢铁联合企业，于1955年开始建设，1958年9月13日建成投产，是中央和国务院国资委直管的国有重要骨干企业。武钢拥有从矿上采掘、炼焦、炼铁、炼钢、轧钢到配套公辅设施等一整套先进的钢铁生产工艺设备，是我国重要的优质板材生产基地，为我国国民经济和现代化建设做出了重要贡献。武钢联合重组鄂城钢铁有限责任公司（简称"鄂钢"）、广西柳州钢铁集团公司（简称"柳钢"）、昆明钢铁股份有限责任公司（简称"昆钢"）后，已成为生产规模近4 000万吨的大型企业集团，居世界钢铁行业第4位。2010年，武钢跻身世界500强行列。

宝武集团的组织体系分为三个层次：在治理结构方面，集团通过设立董事会、监事会、各专门委员会、董事会办公室，以及以总经理为首的高层团队来确保集团有健全的治理结构。宝武集团在集团公司层面设立了7个业务发展中心/办公室，以及战略、财务、人力资源、企业文化、科技创新、安全等职能管理部门，同时设立了设计院以及运营共享服务中心等机构为全集团提供培训、基础设计支撑和运营共享等服务。集团下属各分子公司采用事业部制的管理模式，如图2-1所示。

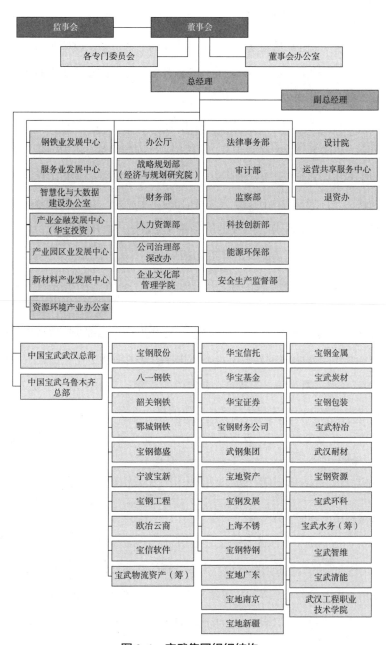

图2-1 宝武集团组织结构

资料来源：中国宝武集团. 宝武集团组织结构.[2020-04-02].http://www.baowugroup.com/#/aboutus/140/150.

2.2 发展历程及战略演变

宝钢是中国改革开放后建立的第一家现代化的钢铁企业。1978 年 12 月 22 日,《中国共产党第十一届中央委员会第三次全体会议公报》宣布:"全党工作的着重点应该从一九七九年转移到社会主义现代化建设上来。"第二天, 新中国成立以来投资规模最大的现代化建设工程项目——宝钢工程举行动工典礼。40 年来, 宝钢始终以现代化建设为中心, 在改革开放中埋头实干, 从严要求, 不断学习, 不断创新, 由一个在计划经济条件下全套引进先进技术的生产厂, 发展成为世界级钢铁企业集团。

宝钢最初设计规模为年产钢 671 万吨, 1985 年 9 月, 在以黎明为首的领导班子的艰苦奋斗之下, 宝钢一期工程投产, 实现了全系统一次投产成功。1988 年, 宝钢在投产 3 周年之际, 召开了"宝钢发展战略研讨会", 第一次提出了发展战略的构想, 即最终规模确定为年产量 1 000 万吨, 产品以板材为主。二期产品确定为镀层和涂层板、汽车板, 三期的产品将主要考虑镀锡板和硅钢片。同时, 时任总经理的黎明指出:宝钢要对已经建成的设备不断改造, 大力发展开发和设计的科技力量, 使宝钢的生产和技术水平永葆世界一流水平, 并带动全国钢铁工业尽快迈入世界先进行列。1990 年宝钢二期工程正式投产, 投产后第二年, 宝钢提出了"在 20 世纪末把宝钢发展成为世界一流的现代化钢铁企业"的奋斗目标。

1995 年, 宝钢再次举行了发展战略研讨会, 明确提出:用 15 年的时间, 建成一个跨国家、跨行业的一业为主、多业并举, 集实业、金融、贸易于一体的大型企业集团,进入世界 500 强行列。这一阶段,宝钢在大力发展钢铁主业的同时,积极发展贸易、金融, 以及制造、运输、服务等产业。

1998 年, 宝钢提出了以做大钢铁主业为目标的发展战略, 即"一业为主、多元化经营"。在钢铁主业上, 宝钢以建设六大钢铁精品基地为核心, 实施精品战略, 提高钢铁主业的综合竞争力;在多元化经营方面, 大力发展资本经营、跨国经营, 将软件产业、钢铁工艺装备技术及制造业、钢铁产品深加工作为深化、提升主业的重点产业, 成为集团发展的新的经济增长点。1998 年 11 月, 宝钢与上冶控股、上海梅山联合重组, 从整体上提升了公司的实力。2000 年 12 月, 宝钢核心企业宝钢股份上市。

2003 年 6 月, 宝钢又确立了新一轮的战略发展目标:成为一家跻身世界 500 强、拥有自主知识产权和强大综合竞争力、备受社会尊重、一业特强、适度相关多元化发展的世界一流跨国公司。到2005年，宝钢的钢铁主业建成了中国最大、最具竞争力的钢铁精品基地和钢铁工业新技术、新工艺、新材料研发基地，保持了中国钢铁业中的领先地位，公司实现销售收入1 200亿元。

2007年宝钢提出了新形势下的发展战略，提出"一条主线""两个转变""一个落脚点"的基本战略思想。"一条主线"是指围绕规模扩展这一未来发展的主线；"两个转变"是指实现从"精品战略"到"精品＋规模"战略的转变，以及实现从"新建为主"到"兼并重组与新建相结合"的规模扩张方式的转变；"一个落脚点"是指大力提升宝钢综合竞争力，引领中国钢铁行业的发展。具体的战略目标包括：成为拥有自主知识产权和强大综合竞争力、备受社会尊重、"一业特强、适度相关多元化发展"的世界一流的国际公众化公司；成为世界500强中的优秀企业。这一战略调整能够更好地适应宝钢的发展状况和国内外钢铁行业的发展趋势。

在这一战略指导下，宝钢在总结与上冶控股、上海梅山联合重组经验的基础上，完成了对八钢的联合重组，与邯郸钢铁集团有限责任公司合资成立了邯钢集团邯宝钢铁有限公司，与包头钢铁（集团）有限责任公司签订了战略联盟框架协议，与中国中钢集团有限公司签订了战略合作框架协议，与巴西淡水河谷公司在巴西合资成立了宝钢维多利亚钢铁公司。2008年，宝钢与广钢、韶钢重组，成立广东钢铁集团有限公司，在淘汰落后产能的同时积极筹建湛江制造基地。2009年3月，宝钢又与杭钢签署协议，重组了宁钢。

2016年9月22日，宝钢历史上最大的并购重组在国务院国资委的批准之下完成，武钢整体无偿划转到宝钢，宝钢正式更名为中国宝武集团。宝武集团战略演变的清晰轨迹，可参见表2-1。

表2-1 宝武集团战略演变过程

序号	时间	领导人	战略定位
1	1979—1998年	黎明	建成一个跨国家、跨行业的"一业为主、多业并举"的产业、金融、贸易一体化大型企业集团，2010年进入世界500强
2	1999—2002年	徐大铨	以做大钢铁主业为目标，"一业为主、多元化经营"实现"两个一流"的要求

续前表

序号	时间	领导人	战略定位
3	2003—2006 年	谢企华	成为一个跻身世界 500 强、拥有自主知识产权和强大综合竞争力、备受社会尊重的、"一业特强、适度相关多元化"发展的世界一流跨国公司
4	2007—2016 年	徐乐江	成为拥有自主知识产权和强大综合竞争力、备受社会尊重的、"一业特强、适度相关多元化"发展的世界一流的国际公众化公司,成为世界 500 强中的优秀企业
5	2016 年至今	陈德荣	成为全球钢铁业引领者。通过技术创新实现在精品、绿色、智慧、成本等方面的领先;在保持盈利总规模世界领先的同时,确保资产效率不断提升,实现高质量发展;以"全球引领"为目标,增加产能规模、提高市场份额、优化区域布局和产品结构,实现总销售收入的全球领先

资料来源:作者根据相关资料整理。

3. 行业概况及产业政策

钢铁行业属于资源密集型和资本密集型产业,钢铁生产的技术特点决定了规模经济在钢铁产业中的重要地位。可以说,规模经济是决定这个产业效率和竞争力的关键因素。从国际钢铁产业的发展历程来看,钢铁企业的联合、兼并和资产重组,向集团化方向发展是发挥专业化生产优势、实现钢铁产业现代化的需要,也是适应市场竞争的需要。与此同时,在优选的经济地理条件约束下,钢铁行业的发展也有一个产能布局不断趋向合理的过程。

3.1 行业概况

我国是钢铁生产和消费大国,粗钢产量连续多年居世界第一。进入 21 世纪以来,我国钢铁行业快速发展,粗钢产量年均增长超过 20%。2009 年,粗钢产量达到 5.678 亿吨,约占全球产量的 50%。2009 年,大中型钢铁企业共完成工业总产值 23 421.41 亿元,占全国 GDP 的 7.8%,钢铁产品基本满足国内需要,部分关键品种达到国际先进水平。钢铁行业有力支撑和带动了相关产业的发展，促进了社会就业，对保障国民经济又好又快发展做出了重要贡献[①]。

但是钢铁行业长期粗放发展也积累了日益突出的矛盾，主要有：一是盲目投资严重，产能总量过剩。截至 2009 年底，我国粗钢产能超过 7 亿吨，超过实际需求约 1.5 亿吨。2012 年虽然受到经济形势和市场低迷的影响，我国粗钢产量依然达到了 7.24 亿吨，增速为 5.6%，占全球粗钢产量的 46.85%，自 1996 年后连续 17 年位居世界第一。二是创新能力不强。先进生产技术、高端产品研发和应用还主要依靠引进和模仿，一些高档关键品种钢材仍需大量进口，消费结构处于中低档水平。三是产业布局不合理。大部分钢铁企业分布在内陆地区的大中型城市，受到环境容量、水资源、运输条件、能源供应等因素的严重制约。四是产业集中度低。粗钢生产企业平均规模不足 100 万吨，排名前 5 位的企业钢产量仅占全国总量的 28.5%。五是资源控制力弱。国内铁资源禀赋低，自给率不足 50%。六是流通秩序乱。钢铁产品经销商超过 15 万家，投机经营倾向严重。[②]

3.2 产业政策

制约我国钢铁产业发展的最大瓶颈是产业集中度低。为了促进我国钢铁行业的健康发展，2005 年 7 月 8 日，国家发改委正式颁布了《钢铁产业发展政策》，明确提出将通过技术创新、兼并、重组等方式，提高产业集中度，调整钢铁产业结构、产品结构和产业布局；计划到 2010 年，钢铁冶炼企业数量较大幅度减少，国内排名前 10 位的钢铁企业集团钢产量占全国产量的比例达到 50% 以上，2020 年达到 70% 以上。2009 年 3 月 20 日国务院办公厅发布的《钢铁产业调整和振兴规划》要求，力争到 2011 年，联合重组取得重大进展，形成宝钢集团、鞍本集团、武钢集团等几个产能在 5 000 万吨以上、具有较强国际竞争力的特大型钢铁企业，形成若干个产能在 1 000 万~3 000 万吨级的大型钢铁企业，国内排名前 5 位钢铁企业的产能占全国产能的比例达到 45% 以上，沿海沿江钢铁企业产能占全国产能的比例达到 40% 以上。

---

① 谢纪刚，张金鑫.中央企业并购重组报告（2010）.北京：中国经济出版社，2010.

② 国务院办公厅.钢铁产业调整和振兴规划.（2009-03-01）[2020-04-02].http://www.gov.cn/zwgk/2009-03/20/content_1264318.htm.

　　2006 年 6 月 14 日，国家发改委等部门联合发布了《关于钢铁工业控制总量淘汰落后加快结构调整的通知》，特别强调国内钢铁行业要加快并购重组的步伐，提高产业集中度，形成 2~3 个 3 000 万吨级、若干个千万吨级的具有国际竞争力的大型钢铁企业集团。2009 年 1 月 14 日国务院常务会议审议出台了一份钢铁产业调整和振兴规划，3 月 20 日《钢铁产业调整和振兴规划》正式出台，规划中进一步指出发挥大集团的带动作用，推进企业联合重组，培育具有国际竞争力的大型和特大型钢铁集团，优化产业布局，提高产业集中度。2009 年 4 月 24 日，工信部发布了《关于遏制钢铁行业产量过快增长的紧急通报》。2009 年 12 月 11 日，工信部又发布了《促进中部地区原材料工业结构调整和优化升级方案》，其中对山西、安徽、江西、河南、湖北、湖南等省钢铁行业的产业布局、重组方向和产品定位进行了详细而明确的安排。

　　2011 年，工信部提出了《钢铁工业"十二五"发展规划》，明确指出钢铁产业的发展目标："十二五"末，钢铁工业结构调整取得明显进展，基本形成比较合理的生产力布局，资源保障程度显著提高，钢铁总量和品种质量基本满足国民经济发展需求，重点统计钢铁企业节能环保达到国际先进水平，部分企业具备较强的国际市场竞争力和影响力，初步实现钢铁工业由大到强的转变。"十二五"期间钢铁产业发展的重点领域和任务有：加快产品升级，深入推进节能减排，强化技术创新和技术改造，淘汰落后生产能力，优化产业布局，增强资源保障能力，加快兼并重组，加强钢铁产业链延伸和协同，进一步提高国际化水平 [①]。

　　从实践上看，2005 年钢铁产业政策颁布后，行业并购重组加速。从并购主体看，参与并购重组的不仅包括国企和民企，外资企业也开始积极介入；从并购区域看，不仅有省内和区域内的并购重组，跨区域甚至跨国界的并购重组也不鲜见；从并购方向上看，不仅有横向并购，也有纵向并购；从并购重组方式上看，不仅有无偿划拨，也有股份转让和通过资本市场进行股权收购。仅 2009 年，中央企业的并购重组就有 19 起，其中 2009 年 3 月宝钢收购宁波钢铁公司，是《钢铁产业调整和振兴规划》出台后的首个重大并购重组案例。中国钢铁工业协会发布的数据显示，2010 年我国钢铁

---

① 关于印发《钢铁工业"十二五"发展规划》的通知.（2011-11-07）[2020-04-02].http://www.gov.cn/zwgk/2011-11/07/content_1987459.htm.

产业集中度明显提高，产钢量最多的 10 家企业集团粗钢产量占全国总产量的 48.63%，但距离《钢铁产业发展政策》2010 年达到 50% 以上，2020 年达到 70% 以上的目标差距仍然较大。钢铁企业通过联合重组达到这一目标，仍然是中国钢铁行业发展的大趋势，其中大型企业集团将继续在钢铁企业并购重组中发挥主导作用 ①。

4. 钢铁主业发展战略及兼并重组历程

4.1　钢铁主业发展战略

从 2010 年开始，宝武集团的前身——宝钢调整了钢铁主业的发展战略，即从原先的以规模扩张为主线，转变为以竞争力提升为主线。宝钢《2010—2015 年发展规划纲要》中提出：未来 6 年，宝钢坚持"精品 + 规模"战略不动摇；到 2012 年，粗钢生产能力达到 5 000 万吨，2015 年达到 6 600 万吨以上。

在国内战略布局上，宝钢制定了"两角一边"的战略。"两角"即长三角和珠三角，因为这两个地区是中国经济比较活跃的主要区域，也是钢铁需求旺盛的地区，宝钢将"两角"定位为全球领先的精品板材生产基地；"一边"就是西北边。西北边是焦煤和矿石资源非常丰富的地区，而且这一地区基础设施的建设很有前景。宝钢将以八钢为基点，巩固在中国西北地区以及中亚地区的市场影响力。在发展方式上，宝钢将积极落实国家"调结构、促转变"的要求，通过并购与新建的结合推动"精品 + 规模"战略的落实。在坚持以钢铁业为核心业务的前提下，在合理经济规模的基础上，要进一步向服务和绿色的方向转变，向更具经营独特性的能力取向转变。

宝钢提出要有选择、有原则地积极参与未来潜在的并购重组活动。具体原则包括 8 个方面，分别是布局符合、市场控制、资产协同、技术获取、产品匹配、能力互补、海外市场进入、产业链延伸。这些原则被宝钢作为判断是否进行并购重组的准则。具体来说：布局符合是要看未来的并购重组是否符合"两角一边"的战略布局；市场控制是指未来的并购重组是否会扩大宝钢在目标市场的市场占有率；资产协同是指被并

① 王小干.基于战略意图视角的企业并购及知识整合问题研究：以宝钢为例.沈阳：东北大学，2011.

购企业的有形资产和无形资产是否与公司现在的资产之间存在较大的协同空间；技术获取是指宝钢拟并购重组的企业，在特定领域里的技术是否对宝钢有吸引力；产品匹配是指未来的并购重组是否有助于优化宝钢的产品结构；能力互补是指拟并购重组的企业是否能够显著提升宝钢的能力；海外市场进入是指拟并购重组的企业是否可以帮助公司直接进入海外市场；产业链延伸是指拟并购重组的企业是否有助于宝钢向上游的资源和下游的市场纵向延伸。当然，在选择并购重组企业时，不要求符合所有的原则，但是至少要符合其中一项，宝钢才会进行整体的考量。此外，宝钢还要考虑集团管控难易程度、对方的盈利状况、双方文化的差异、股东的结构意愿性等因素 ①。

在海外布局上，宝钢提出将聚焦"有资源、有市场、有潜力"的区域，重点建立钢铁原料海外保障体系，完善海外营销服务体系，研究布局海外生产体系，提升宝钢产品在国际市场的竞争力和影响力。

需要强调的是，宝钢钢铁主业的战略规划在考虑了企业自身情况的同时，也充分考虑了国家钢铁产业政策的要求。2000—2005 年，中国钢铁行业经过 6 年高速无序的发展，产能超过 5 亿吨，并出现结构性过剩，而且出现了很多落后产能。基于此，从 2005 年国家就开始推动产业结构调整，提高产业集中度。因此，推进企业联合重组一直是我国钢铁产业政策的基本思路。2009 年 3 月国务院发布的《钢铁产业调整和振兴规划》则进一步明确提出：以控制总量、淘汰落后、企业重组、技术改造、优化布局为重点，着力推动钢铁产业结构调整和优化升级，切实增强企业素质和国际竞争力，加快钢铁产业由大到强的转变；力争 3 年内，通过钢铁业并购重组形成若干个具有较强自主创新能力和国际竞争力的特大型企业，国内排名前 5 位钢铁企业的产能占比达到 45% 以上。因此宝钢的新一轮发展战略既是企业自身发展的需要，也是符合国家产业结构调整要求的。

4.2 钢铁主业兼并重组历程

1998 年 11 月 13 日，国务院批复国家经贸委，决定以宝山钢铁（集团）公司为主体，吸收上海冶金控股（集团）公司和上海梅山（集团）有限公司参加，联合重组

① 根据宝钢《2010—2015 年发展规划纲要》及访谈录音整理。

为上海宝钢集团公司。上海宝钢集团公司于同年 11 月 17 日正式成立。上海宝钢的成立，对于加快上海钢铁工业的发展，促进我国钢铁工业结构调整，推动国有企业战略性改组，具有重大意义 ①。联合重组完成后，企业的经济效益迅速提高。从 1999 年到 2004 年，宝钢总资产从 1 581 亿元增加到 1 938 亿元；利润总额从 10 亿元增加到 219 亿元；净资产收益率从 0.69% 增加到 12.77%。2004 年 12 月，标准普尔公布，宝钢的最新信用评级为 BBB+，前景展望为稳定，这充分反映了标准普尔对宝钢所取得成绩的认可。

2006 年 3 月 11 日，宝钢和八钢签署战略联盟框架协议。2007 年 4 月 28 日，宝钢集团新疆八一钢铁有限公司揭牌。随后，宝钢成立协同八钢项目组，支持八钢的管理、技术、产品全面升级。通过努力，八钢取得了明显进展：冷热轧生产线全面打通，连续稳定生产，产品供不应求，企业效率大幅提高。八钢新区工程建设全面展开并加紧实施，随着一号高炉和两座焦炉、一座转炉的投产，2008 年，八钢的产能超过 500 万吨。

2008 年 3 月，宝钢对广东钢铁企业韶钢和广钢进行兼并重组，在淘汰落后产能的基础上，在湛江建设了 1 000 万吨级钢铁基地。2008 年 6 月 28 日，由宝钢和广东省国资委、广州市国资委共同出资组建的广东钢铁集团有限公司正式揭牌。

2009 年 3 月 1 日，宝钢与杭钢正式签署重组宁钢协议。根据股权转让协议，宝钢投资 20.214 亿元，收购宁钢 56.15% 的股权，成为第一大股东，杭钢持股 43.85%。随后在重组后的首次临时股东大会和董事会上，确定了增资扩股事宜，增资 20 亿元。增资后，宝钢所持股权不变，杭钢持股 34%，其余 9.85% 的股份由宁波市政府持有。2009 年 3 月 3 日宁钢完成了工商变更登记等法律程序，至此，宁钢正式成为宝钢成员之一。作为国家钢铁产业调整振兴规划出台后的首个重组并购，媒体对宝钢并购宁钢评价积极，普遍认为在钢铁企业盈利能力急剧萎缩的形势下，宝钢发挥大型钢铁集团的带动作用，推进企业联合重组，不仅是大型钢铁企业自身"做大做强"的需要，对推动行业的健康发展也做出了贡献。2016 年 9 月 22 日，经国务院国资委批准，武钢整体无偿划转到宝钢，宝钢正式更名为中国宝武钢铁集团有限公司。

---

① 国有企业改革与发展研究课题组.上海宝钢联合重组的基本经验（上）.冶金管理，2001(12).

5. 兼并重组的特色及运作模式

从宝武集团的发展历程来看，其在"精品＋规模"的战略指导下，响应国家产业政策的要求，积极采用了兼并重组的方式，在扩大企业规模的同时，提升了企业的综合竞争力。通过分析宝武集团多起兼并重组的实施过程，我们发现，其在兼并重组中具有一些共性的特点和模式。具体体现在以下几个方面：

5.1 战略导向下的兼并重组

如前所述，宝钢 2007 年进行新时期的战略规划，在国内战略布局上，制定了"两角一边"战略规划。"两角"即长三角和珠三角，宝钢将"两角"定位为精品板材生产基地，乃至全球最具竞争力的板材基地；"一边"就是西北边，这一地区矿产资源丰富，地区基础设施的建设很有前景，而且还可以辐射中亚地区。在发展方式上，宝钢积极"调结构、促转变"，在"十二五"规划时期，将与规模扩张直接相关的企业并购整合能力提到重要位置，将原先以规模扩张为主线的"精品＋规模"战略向以提升竞争力为目标、成本竞争力为基础、能力建设为中心转变。

从宝钢钢铁主业的兼并重组的实际情况来看，宝钢从 2007 年起的兼并重组，是严格按照以上战略规划来实施的，每一步都可以看作公司战略规划的具体实现。八钢的并购着力于巩固"一边"，而宁钢的并购则是继续强化"两角"中长三角地区精品板材战略基地的优势地位。除了布局上的考虑，宝钢在兼并重组时，还强调要有选择、有原则地积极参与未来潜在的并购重组活动，从八个方面对拟兼并重组对象进行战略匹配度的分析，这八个方面分别是布局符合、市场控制、资产协同、技术获取、产品匹配、能力互补、海外市场进入、产业链延伸。由于有以上的基础，可以说通过兼并重组进入宝钢体系的企业都和宝钢有较高的战略匹配度，这一点为宝钢并购后顺利整合打下了良好的基础。

5.2 运用支撑团队全面提升企业能力

宝钢在发展战略中明确提出，把"精品＋规模"建立在体系能力的建设和软实力提升的基础上。这一战略理念的提出，也为宝钢并购后整合确定了基调，即通过多种方式支持被并购企业的能力建设，最终提升宝钢的综合竞争力。

在研究中我们发现，宝钢支持被并购企业能力建设的方式有多种，但是最重要的方式是支撑团队的运用。具体的方式是运用支撑团队，通过项目运作将宝钢先进的管理、技术、方法、文化等融入被并购企业机体，全面提升被并购企业的能力。这可以被看成宝钢并购后整合模式的重要特点。这种支持方式不仅有效地解决了整合前期企业中的很多急迫的问题和长期困扰企业的难题，而且在持续提升企业的能力，以及促进被并购企业从文化上、认知上真正融入宝钢的大家庭都发挥着重要的作用。

宝钢股份内部，一直有协同和支撑的传统。兼并重组了八钢和宁钢之后，宝钢这套项目支撑体系也逐渐完善，并根据被并购企业的需求做出了相应的调整。目前，宝钢这套项目支撑系统的运作机制可以归纳为：集团统筹规划、股份组织部署、对口部门协同、专家团队指导、模拟技术贸易市场规则。

5.2.1 集团统筹规划

整个集团协同支撑工作的部署和规划由集团公司所属的规划发展部总体负责。具体的方式是：

首先，完成兼并重组后，规划发展部会组织力量对被并购企业进行调研，了解企业现状，发现存在的问题。承担这项工作的部门是宝钢股份的科技发展部，该部门牵头从各个二级厂中抽调人员组成团队，对被并购企业的装备、技术、人员、成本、产品的定位、今后的发展等方面进行综合调研，并据此提出诊断报告，该报告将作为制定协同支撑计划的基础。

其次，由被并购企业根据需要提出支撑的需求。通常，为了掌握这些需求，规划发展部每年会召集各子公司的相关人员开会。除了这种方式，被并购企业也可以随时提出支撑的需求。从实际的情况看，通常被并购企业在成本改善、产品结构拓展、档次提升方面都会有很多需求和愿望，希望能够得到集团层面的帮助。从八钢的情况看，八钢的核心产品是长材，而且也有比较好的基础，这部分集团给予的支持较少，但是兼并重组后，八钢正面临板材产线的试产，经验缺乏，原有工艺设计中存在的问题也很多，需要集团给予大力的支持。从宁钢的情况看，百日整合阶段需要做大量的填平补齐工作，在此期间集团给予了大量的支持。据统计，集团派出的专家超过1 000人次。

最后，被并购企业提出支撑需求后，规划发展部需要进一步确定这些需求是否可以作为支撑项目立项，为此需要组织调研活动。调研结束后规划发展部再做出决定是否将其纳入年度支撑计划。当然，在制定支撑计划时，规划发展部还要考虑集团的长期规划和年度计划，对各子公司提出的需求进行指导，确保协同支撑活动和集团的战略规划以及核心能力的发展一致。可以说，通过这种方式，宝钢较好地协调了支持各子公司能力成长和整个集团综合竞争力提升的问题，是"战略牵引式"的组织活动。

5.2.2 股份组织部署

如果说集团的规划发展部在整体的策划和统筹方面发挥重要作用的话，宝钢股份所属的科技发展部在规划落实的过程中就扮演了非常重要的组织部署的角色。如前所述，并购重组后的综合诊断、支撑需求提出后的可行性研究和调研，都需要由科技发展部来牵头组织。除此之外，立项后，每个项目团队的组成、活动的开展、过程中的支持，以及追踪与评估等工作，都是通过科技发展部来协调完成的。

为了确保协同支撑工作的有效进行，科技发展部需要依靠宝钢股份下属二级厂的专家力量和相关职能部门的支持。因为协同支撑工作主要是通过项目组的方式来进行的，项目组的成员基本来自宝钢股份直属的内部职能部门以及二级厂的相关人员。科技发展部根据当年的协同支撑计划和当期要完成的任务，从各职能部门和二级厂调集专家，形成项目团队，按照项目运作的方式来开展协同支撑的活动。每个项目完成后都需要进行总结。

5.2.3 对口部门协同

为了充分发挥专家的作用，公司在各二级厂成立了多个对外支撑室，选拔工作经验丰富、专业突出且担任过管理岗位的专家队伍，专职从事协同支撑工作。通常，每个对外支撑室由4~5个人组成。这些人来自不同的领域，专业技能互补。对外支撑室的主任通常由厂部的领导来兼任。

年度支撑计划制定后，科技发展部会根据需求所属的专业领域，将相应的计划下发给二级厂，然后由二级厂的对外支撑室组织协同支撑活动。此外，当各子公司提出其他支撑需求时，科技发展部会组织相应的对外支撑室派出专职人员去对方企业调研，从而进一步确定到底是什么问题，项目可不可行，准备采用哪些方法等。在这一过程中，因为这些专职人员本身就是专家，所以有的问题在现场就能够处理。比较复杂，需要立项解决的问题，这些专职人员会组织本领域的专业人员组成团队来处理。所以说，这些专职人员具有专家和管理者的双重身份。当然，更重要的是他们的桥梁作用。

为了确保协同支撑工作卓有成效，宝钢也要求被并购企业成立与宝钢股份相对应的支撑工作联络机制和推进机制，确保支撑工作的有序、高效开展。此外，各子公司也需要建立类似的考核体系，确保支撑团队和对方企业顺畅沟通和合作，确保对方企业员工积极配合。此外，为了保证对外支撑工作的有效进行，各二级厂都出台了相应的管理文件，制定了相应的操作流程，对项目进行管理，包括制定项目目标、行动计划，并且通过月度跟踪来了解项目进展，以及制定项目评估机制和相应的奖酬机制等。

5.2.4 专家团队指导

项目立项后，相应的对外支撑室会调集项目组成员到各子公司与对方人员协同工作，解决问题。在这一过程中，宝钢的管理、技术、方法、文化等也逐渐融入被并购企业，而不仅仅是单纯地解决技术难题，因为管理、技术、方法和文化等本来就是难以分割的。推进项目的过程就是将宝钢的管理、技术、方法和文化等同时输送给对方企业的过程，这本身就是一个整合的过程，是不断将被并购企业融入宝钢大家庭的过程。以八钢为例，宝钢在为其做一个产品项目支撑的时候，将宝钢的一贯制、用数据说话、结果导向，以及 SPC、六西格玛方法论等工具方法的应用都穿插在项目里，把这些先进的管理理念和方法输送到对方的管理体系当中。

从宝钢股份我们了解到，对于集团下属子公司，集团没有采取强制推行的方式，而是以每个项目以点带面、以潜移默化的方式输送先进的管理理念和方法，影响企业文化，即并购后整合是以提升对方企业能力，通过项目支撑的方式逐步推进的。据了解，宝钢之所以选择逐步推进的方式，是因为集团充分尊重被并购企业，同时也考虑到被并购企业的文化背景和历史沿革等因素。

5.2.5 模拟技术贸易市场规则

在具体的运作方式上，宝钢参照技术贸易项目管理的形式，按照项目形成合作协议，实行"谁受益，谁付费"的原则。这样的制度使被并购企业得到了很多实惠，也让被并购企业在研发方面节省了很多开支。从宁钢的情况看，宁钢本身比较年轻，研发实力比较弱。但是由于有集团公司的支撑，宁钢的工作重点是提升制造能力，在研发中投入较少。从八钢的情况看，八钢2007年刚刚投产板材，产品开发能力不足，但是依靠集团成熟的板材研发和生产经验，八钢板材产线也很快实现了顺产和达产。由此可见，宝钢从提升整个集团综合竞争力的战略高度出发，对新的集团成员给予了强有力的支持，这也是宝钢并购后整合比较成功的重要原因。

为了推动协同支撑工作的有效开展，宝钢在制度上创造了较好的支撑环境，在专家出差、绩效考评等方面都有很多激励性的制度。此外，公司每年还通过表彰年度优秀团队的方式创造协同支撑的良好文化氛围，鼓励宝钢股份的支撑团队积极参与协同支撑活动，也鼓励各子公司之间通过分享内部最佳实践经验来相互学习、共同提高。

5.3 需求导向的支撑和整合模式

兼并重组过程中，宝钢对被并购企业进行了充分的尽职调查。通过尽职调查，宝钢能够了解到在对方企业中哪些东西是可以改进的，哪些东西是固有无法改善的，也能够了解到对方企业的文化、技术水平等具体的情况。在此基础上，宝钢充分尊重对方企业，有针对性地采取不同的做法，不会强势移植宝钢实践经验，而是综合考虑对方的情况，尤其是文化方面的因素、历史的背景、人员的状况等，根据对方的需求，给予支持和支撑。比如说宁钢，它对矿石就有很大的需求，那集团就会基于这样的需求给它做协同支撑。宁钢想做品种拓展，宝钢支撑团队就会提供相应的支撑。再比如八钢，2007年新上马的板材产线，对其来说是全新的项目，经验缺乏，研发能力、工艺设计、质量控制等都面临很大的困难。在此情况下，集团就通过支撑团队等方式给予了很大的支持。

为了提高整合效果，在对待不同的被并购企业时，宝钢从对方需求出发，有针对性地采取不同的整合措施。从宁钢来看，因为并购时严重亏损，需要迅速扭转局面，而且员工来源广泛，在认识上需要统一。因此，宝钢派出强有力的领导班子和大批中层管理人员，开展百日整合计划，迅速开展企业调研、诊断和各项填平补齐的工作。相比之下，对于八钢而言，尽管其在并购前仍是按计划生产的方式，不是市场导向的，经营管理中也存在不少问题，但仍然是盈利的上市企业。在这种情况下，宝钢给予八钢充分的尊重，没有派出一个管理人员，也没有开展类似于宁钢的"百日整合计划"，而主要把重点放在通过支撑帮助八钢改进新上马的板材产线的工艺，提升生产能力，以及给予全方位的人才培养支持等方式，给予企业实实在在的支持和帮助。

5.4 多层次的员工队伍培养

宝钢在做兼并重组的评估时，要对企业文化、人力资源、经营情况、产品等很多内容进行评估，并形成详细的评估报告。和培训有关系的主要是企业文化和员工素质的评估报告。兼并重组后，集团会建议各子公司开展针对不同层次员工的培训，首先是有关管理理念和文化的培训，其次才会开展具体方法、技术、优秀管理实践经验等方面的培训。

培训的方式有多种，针对管理理念和文化的培训，由于量大面广，通常采用远程终端视频的方式进行。特别是像八钢这样的企业，地处偏远，面向一般员工的理念和文化的培训主要采用视频方式。具体方法、技术、优秀管理实践经验层面的培训有针对不同层次员工的多种方式。其中很重要的一种是岗外交流。这种专门的培训制度主要针对中高层管理者。集团人力资源管理部门每年都要制订培训计划，然后统一安排，落实到每一层级，并同时考虑不同层级的需求。培训的内容主要包括三大部分：一是公司的战略规划；二是公司文化，包括整个管理思想体系；三是到宝钢优秀的下属企业或部门学习其优秀管理实践经验。所以，每年各子公司的中高层管理者都会到总部挂职工作，一般时间是半年，主要目的是在各职能部门接受培训。这种培训是很正式的，来之前有培训计划，走之前要交小结，而且在集团层面也有相应的考核。除了管理层之外，基层的作业长和技术工人也大面积地来总部锻炼。

除了视频和到总部接受培训的方式，还有派出去的方式。最典型的就是前面所说的支撑活动。如前所述，宝钢集团通过协同支撑项目的方式将管理、技术、方法、文化等传递到各个子公司，项目团队本身在过程中就担当了教练的角色，对于对方企业的员工起到了培训的作用。还有就是应各子公司的要求，集团培训员可以派出讲师到各子公司进行培训。以上多层次的培训方式对于提升被并购企业的员工队伍的素质和能力，提升员工对集团企业文化的认同，促进被并购企业尽快融入宝钢大家庭都有积极的作用。

5.5 文化的融合和影响

文化也是宝钢对各子公司进行管控的主要对象。目前宝钢是多基地、多产线的战略布局。尽管在地域上相对分散，但是集团的总体文化必须要一致，最主要的就是诚信和协同的核心价值观。每年对各子公司的高管和普通员工进行年度绩效考评的时候，诚信都是一个很重要的评价指标。另外，宝钢强调相互学习、共同分享来提升整个集团的综合竞争力，在这个过程中，需要进行很多协同工作，特别是对于新并购进来的企业。为此，协同的理念对宝钢来说也非常重要。在宝钢的大文化下，多元的、地域性的子文化也可以保留。集团在文化推进上并不要求强势覆盖。当然，由于宝钢的品牌和声誉，在并购整合时，宝钢文化被接受度很高。这也是并购后整合比较成功的关键因素之一。

在具体的方式上，除了通过培训来宣贯宝钢文化之外，集团也开展了很多活动。首先是开展"最佳实践者"和"自主型员工"队伍建设的活动。"最佳实践者"是在金融危机时，用于发动最基层员工的。因为劳模只是极少数的一部分人，但是对最普通岗位的工人来说，身上只要有一点是闪光的，他就是最佳实践者。后来宝钢又提出了"自主型员工"，就是我今天做得比昨天好，我在某方面做得比别人好，那就是自主型员工。此外，集团每年还通过年度颁奖典礼的方式，让最具闪光点、最符合公司文化价值观的员工或团队登台亮相，与大家分享他们的感受。这种方法在宁钢和八钢中应用的效果都很好。宁钢并购整合的优秀团队包括董事长、其他领导和普通员工一起上台跟大家交流，畅谈扭亏为盈的感受。八钢每年推进"最佳实践者"和"自主型员工"活动，管理者通过发现员工身上的闪光点，表扬和激励下属，而不完全依靠绩效考核，从这种管理方式的转变可以看到宝钢文化的融入。

其次是集团企业文化推进部门采用故事诠释文化的方式进行宣传，包括对宝钢文化历史上一些经典故事进行汇编，发掘集团现在员工身上的闪光点，评选感动员工的故事。这样就让大家看到身边的员工，或者是其他厂的员工如何诠释宝钢文化。这些故事会纳入培训材料，也会在宝钢日报上出版，每个宝钢员工都能够很方便地读到这些故事。

6. 新的征程

2016年联合重组之后，宝武集团经受了整合融合、生产经营、深化改革、转型发展等多重考验，继续保持国内钢铁行业业绩最优。2020年，宝武集团钢产量达到1.15亿吨，实现"亿吨宝武"的历史性跨越，问鼎全球钢企之冠。在2021年《财富》发布的世界500强榜单中，中国宝武首次跻身前百强，排名第72位，继续位居全球钢铁企业首位。2021年，宝武集团经营业绩创历史最好水平，公司影响力、美誉度在世界钢铁业的地位和作用日益凸显。

立足新起点、展望新征程，宝武集团持续完善"一基五元"业务组合，聚焦主责主业，握指成拳、协同发展，并以此为基础强化产业生态圈建设。钢铁制造业突出绿色内涵，先进材料业与其协同耦合，为用户提供综合材料解决方案。智慧服务业、资源环境业、产业园区业和产业金融业依托科技赋能，以构建产业生态圈模式加强与制造业及相互间的协同支撑，加快向智慧型现代服务业转型，以服务创造价值。宝武集团将绿色作为企业的生命底色和战略基色，大力推进绿色低碳发展，大力推进绿色钢铁精品制造，大力推进智慧制造支撑绿色发展。2021年1月，宝武集团在钢铁行业率先发布碳减排宣言：2023年力争实现碳达峰，2050年力争实现碳中和。

宝武集团2035年远景目标是"亿万千百十、五四三二一"。"亿万千百十"指向规模和效益，"五四三二一"突出能力和效率，共同构成宝武集团建设以科技创新为核心驱动、引领产业生态圈高质量发展、备受社会尊敬的世界一流伟大企业的战略目标。

附录一　宝武集团战略规划

（1）公司使命：共建高质量钢铁生态圈。

（2）公司愿景：成为全球钢铁业引领者。

（3）价值观：诚信、创新、协同、共享。

（4）发展目标："亿万千百十"，亿——亿吨级钢铁产业规模（2025年）；万——万亿级营业收入（2035年）；千——千亿级营收的支柱产业；百——百亿级利润的支柱产业或百亿级营收的优秀企业；十——十亿级利润的优秀企业。

（5）业务组合："一基五元"，以钢铁制造业为基础，新材料产业、智慧服务业、资源环境业、产业园区业、产业金融业协同发展。

附录二　宝武集团业务组合

宝武集团在使命、愿景、价值观的引导下，致力于打造以钢铁制造业为基础，新材料产业、智慧服务业、资源环境业、产业园区业、产业金融业等相关产业协同发展的"一基五元"的业务组合。

（1）钢铁制造业：以"引领全球钢铁产业发展"为目标，着重体现规模、技术、效益引领，通过行业整合重组提高产业集中度，积极推进智慧制造，成为世界一流的碳钢、特钢、不锈钢精品钢材智造服务商。实施绿色、精品、智慧、成本、规模经营战略。

（2）新材料产业：聚焦先进制造业发展和大国重器之需，重点推进新能源、海洋工程、航空航天等领域所需的镁、铝、钛等轻金属材料、特种冶金材料、金属包装材料及碳基、硅基和其他无机非金属材料产业化，提升高性能金属材料领域的差异化竞争优势。

（3）智慧服务业：以大数据、云计算、人工智能技术为基础，打造数字化设计与咨询服务和工业装备智能运维服务业务，构建基于钢铁和相关大宗商品的第三方平台，为钢铁生态圈提供全生命周期智慧制造和服务的整体解决方案。

（4）资源环境业：聚焦主业所需的矿产资源的开发、交易和物流业务，创新商业模式，构建全供应链的世界一流的矿产资源综合服务平台。依托城市钢厂的装备、技术和资源优势，以产城融合、城市矿山开发和资源综合利用为方向，形成专业化的行业和产城融合的环保产业。

（5）产业园区业：以盘活集团存量不动产资源为出发点，通过与外部优势企业合资合作，打造新型产业园区，助力城市经济转型升级，保障老钢铁基地转型中员工新的职业发展，支撑钢铁生态圈建设。

（6）产业金融业：打造专业化、市场化、平台化的产业金融服务体系，为钢铁生态圈提供供应链金融和资产管理等服务，进一步发挥产业公司的金融业务服务实体经济发展的功能和优势。

附录三 宝武集团大事记

1978年，上海宝山钢铁总厂在东海之滨打下建设宝钢的第一根柱。

1985年，上海宝山钢铁总厂一号高炉成功点火。

1993年7月，上海宝山钢铁总厂实行公司化改造，更名为"宝山钢铁（集团）公司"。

1998年11月，宝钢与上冶控股和上海梅山联合重组。

2000年底，宝钢成立的宝钢股份成为当时中国市场上最大的上市公司。

2004年，宝钢位列《财富》杂志公布的世界500强企业第372位，成为中国竞争性行业和制造业中首批跻身世界500强的企业之一。

2007年12月，宝钢自主研发的"一键式"炼钢系统，实现了炼钢从凭人工经验向智能化的转化。

2008年，宝钢成为上海世博会全球合作伙伴中唯一一家钢铁企业，负责永久性建筑"一轴四馆"全部钢材料的供应。

2011年，宝钢钻杆在塔里木油田成功钻探至地下8 023米，创造国产钻杆钻探超深井新纪录。

2012年，宝钢成为全球唯一实现第三代超高强钢批量稳定供货的企业。

2013 年，宝钢的 DR 材首度用于缩颈饮料罐，这一国内独有的产品可使罐体"瘦身"15% 而强度不减，使得饮料罐越来越轻。

2014 年，宝钢股份 50 兆瓦金太阳光伏发电示范项目（一期）建成投运，这是国内首个大型钢铁企业屋顶光伏发电项目。

2015 年 9 月 25 日，宝钢湛江钢铁有限公司一号高炉点火投产。

2016 年 7 月 15 日，宝钢湛江钢铁有限公司二号高炉点火成功并投入试运行。11 月，宝钢湛江项目一期工程全面建成。

2016 年 9 月 22 日，国务院国资委正式批准宝钢集团有限公司与武汉钢铁（集团）公司实施重组，武汉钢铁（集团）公司整体无偿划入宝钢。

2016 年 12 月 1 日，联合重组而成的中国宝武钢铁集团有限公司揭牌。

2019 年 1 月 9 日，宝钢股份荣获《财经》第三届长青奖——可持续发展绿色奖。

2020 年，中国宝武钢产量达到 1.15 亿吨，问鼎全球钢企之冠。

参考文献

[1] 张瑞. 宝钢集团转型之路及经营现状分析. 企业改革与管理，2017（3）.

[2] 中国质量协会课题组. 基于质量管理的企业兼并重组研究. 中国质量（学术增刊），2012（1）.

[3] 王小干. 基于战略意图视角的企业并购及知识整合问题研究：以宝钢为例. 沈阳：东北大学，2011.

[4] 谢纪刚，张金鑫. 中央企业并购重组报告（2010）. 北京：中国经济出版社，2010.

[5] 国有企业改革与发展研究课题组. 上海宝钢联合重组的基本经验（上）. 冶金管理，2001（12）.

（徐京悦）

第三章

创新让生活可以
更美的——美的

美的 ◐Midea

虽然美的是从 1968 年开始创业的，但前 10 年只算是小孩子，搞不出什么名堂。美的真正发展起步，还是得靠改革开放。美的发展，20 世纪 60 年代靠北滘人，70 年代靠顺德人，80 年代靠广东人，90 年代靠全国人，现在要靠全世界的人才。——何享健

企业家精神与职业经理人的完美结合造就了美的集团的持续发展和卓越业绩，这样的结合必将为美的集团的未来保驾护航，业绩将是美的集团基业长青的基础。——顾炎民

1. 引言

广东顺德是著名的侨乡，位于珠江三角洲平原的中部，面积 800 多平方公里，正北方是广州市，西北方属佛山市区，距香港仅 127 公里。得天独厚的地理条件让顺德有海外贸易的传统。20 世纪 70 年代末，中国改革开放，顺德敢为风气之先，勇于创业，涌现出了美的、格兰仕、科龙、万家乐、碧桂园等知名企业。

1942 年，美的创始人何享健出生于顺德。何享健小学毕业后便开始工作，他干过农活，当过学徒、工人、出纳。1968 年 5 月，26 岁的何享健和 23 位北滘镇居民以"生产自救"的名义筹集 5 000 元，组建了"北滘街办塑料生产组"，隶属于顺德县北滘街道办，何享健担任组长。当时的生产场地约 20 平方米，主要生产塑料瓶盖、玻璃瓶盖和皮球等产品。1975 年更名为"顺德县北滘公社塑料金属制品厂"，主要生产塑料瓶盖、五金制品；1976 年更名为"顺德县北滘公社汽车配件厂"，生产汽车配件。改革开放前夕，何享健创建的这家社属企业——美的前身，已经存在 12 年了。正是

由于这些年的磨炼，何享健养成了洞察未来和捕捉机会的能力，为美的创立发展奠定了基础。

2. 改革开放中诞生的美的（第一个 10 年）

1978 年 12 月召开的中国共产党十一届三中全会，做出把全党工作的着重点和全国人民的注意力转移到社会主义现代化建设上来、实行改革开放的战略决策。何享健曾说："没有改革开放，就没有美的的今天。"改革开放拉开了中国经济腾飞的序幕，给中国乡镇企业发展带来了崭新机遇，为企业家精神的发挥提供了舞台。

2.1 美的诞生

改革开放初期，外商投资多选在家电行业，港澳同胞当时返乡顺德探亲带家电成为时尚。凭借其敏锐的洞察力，何享健意识到家电在中国拥有巨大的潜在市场，他决定选择风扇作为企业未来发展的突破口。起初,何享健的社属企业为一家国有企业——广州第二电器厂畅销全国的"钻石"牌风扇加工配件，接着是购买零部件自己组装风扇。为了克服风扇的技术不过关和质量不稳定的问题，他聘请广州第二电器厂的技术人员（被称为"星期六工程师"）到厂帮助攻关，风扇质量日趋稳定。1981 年，"美的"商标正式注册，厂名变更为"顺德县美的风扇厂"，何享健担任厂长。同年，美的风扇产量达 13 167 台，产值达 328.4 万元，创利润 41.8 万元。"美的"从此诞生。

有一次到香港探亲，何享健看见亲戚家中有一台塑料造的风扇，他把这台风扇带回顺德，着手全塑风扇的研制开发。1984 年，美的生产出全塑风扇，其风力柔和，摆放灵活，设有跌倒安全装置，人在睡眠时亦可使用。这款风扇投入市场便一炮打响。2004 年何享健到武汉出席美的生活电器武汉工业园奠基仪式，曾对同行的美的同事回忆起 20 年前在武汉火车站试卖全塑风扇的情景，他随身携带的 10 台美的全塑风扇在 10 分钟内全部售卖出去，可以测试到全塑风扇广阔的市场前景。由于产品质量过硬、业绩突出，"美的"风扇荣获"广东省优质产品""农业部优质产品"的称号，美的成为广东省第一家获此殊荣的乡镇企业。

2.2 从风扇到空调

随着中国改革开放的深化、经济的发展,风扇逐渐普及全国,依据发达国家的经验,何享健判断中国即将出现从风扇到空调的消费升级,空调市场前景巨大。1985 年 4 月,美的成立空调设备厂。5 月,何享健与同事飞往日本,考察当时世界家电业最高水平的日本家电企业,与日本企业合作,引进技术和管理方法,组装生产窗式空调机。随后,美的进入了暖风机、电饭煲等家电领域。

进入空调领域的起初两年多,美的空调机的销量始终在每月 200 台左右徘徊,远没有达到预期规模,公司数次陷入资金短缺的困境。对此,美的原负责财务的元老冯静梅动情地回忆说:"美的在 1986 年向员工募集资金,员工几千元、一万元地借,按银行利率 1 分息给予回报,总共募集了 120 万元。金额现在看起来不算大,但在当时让企业渡过了资金难关,活了下去。"

为了扩大市场,增加销售量,何享健提出"不与国内同行争市场,走出国门闯天下"的营销策略,美的采取出口和内销两条腿走路,确保了经营的灵活和业绩的稳定。经过努力,美的 1987 年被批准为国家机电产品出口基地企业,1988 年被广东省政府授予自营进出口权,可以直接进口生产所需的设备和原材料,向国际市场销售产品。1988 年,美的实现产值 1.2 亿元,出口创汇 810 万美元,成为顺德县 10 家超亿元的企业之一。

1990 年以后,美的进一步聚焦空调产业,扩大产能,实现空调机批量出口;同时,与外商合资创办了美的冷气机制造有限公司,开发生产系列分体式空调产品。通过合资开发新产品,通过扩大产能实现规模经济,美的抓住了国内外两个市场,摆脱了初期困境,逐步发展壮大起来。

3. 美的股份制改造（第二个 10 年）

20 世纪 80 年代末,中国改革开放在理论上遭遇诸多难题,对内经济体制改革与对外开放的实践面临严重困难。1992 年 1 月至 2 月期间,邓小平先后赴武昌、深圳、珠海和上海视察。3 月 26 日,《深圳特区报》发表了题为《东方风来满眼春——邓小平同志在深圳纪实》的报道，集中阐述了邓小平南方谈话的要点。邓小平指出："改革开放胆子要大一些……看准了的，就大胆地试，大胆地闯。"还指出，判断姓"社"还是姓"资"，"应该主要看是否有利于发展社会主义社会的生产力，是否有利于增强社会主义国家的综合国力，是否有利于提高人民的生活水平"。1993 年 11 月，党的十四届三中全会通过了《中共中央关于建立社会主义市场经济体制若干问题的决定》，《决定》提出，建立社会主义市场经济体制，就是要使市场在国家宏观调控下对资源配置起基础性作用，要建立适应市场经济要求，产权清晰、权责明确、政企分开、管理科学的现代企业制度。

在这样的大背景下，顺德率先开始了综合配套改革，核心是企业产权制度改革。何享健曾说过："一个企业最重要的就是转折点，你必须知道什么时候企业该转折。"美的抓住了股份制改造的政策机遇，为自己迎来了一个发展的转折点。

3.1 观望与抓住机会

关于当时的股份制改造，虽然当地政府有"靓女先嫁"的政策支持，但多数企业都在观望。时任顺德市市长的冯润胜后来在接受《羊城晚报》采访时回忆："那个时候政府鼓励大的乡镇企业试点，但一些比美的规模大、名头响的企业都观望、推托。"

那时的美的处境怎样呢？何享健回忆说："当时北滘镇政府对美的可谓'照顾有加'，美的每项投资甚至薪酬标准都需要这个'婆婆'批准。美的某些决策触及个人利益，就会有人写信告状，政府无论什么都要提出意见，派人调查。这样政府管企业的模式，严重制约了企业自主权和员工积极性。"何享健当时对股份制改造理解得并不深，也不太懂股票。在 2006 年 12 月接受《经济日报》采访时，何享健回忆说："当时美的规模很小，资产只有五六亿元，但我认定了办好企业，首先要引进好的机制。"

抱着这样的想法，何享健积极主动地找政府领导要求试点，最终争取到顺德唯一的股份制试点名额，美的成为广东省政府确定的全省首批 8 个内部股份制改造企业试点单位之一。当时改制主要有 4 种方式，即中外合资、全员持股、公私联营、租赁经营。美的选择了比较"稳妥"的公私联营方式，即镇政府与企业共同持有股份。

3.2 美的上市

1992 年 3 月，经广东省人民政府批准，以美的为核心组建了广东美的电器企业集团；同年 5 月，美的集团核心企业改组为股份公司，顺德市北滘经济发展总公司拥有 44.26% 的股份，何享健与员工持有其他股份；6 月，完成了 1.2 亿元的募股工作，随后完成了企业治理结构、财务管理制度等方面的改造；8 月，广东美的集团股份有限公司成立，建立了由股东大会、董事会、监事会，以及总经理、副总经理、总工程师、总会计师组成的公司法人治理结构。公司总部设有总经理办公室、行政人事部、财务部、经营部、销售部、进出口部、证券部、法律室、广告科、研究所、技术委员会等机构。美的公司下设风扇厂、空调设备厂、家电厂、房产公司、贸易发展公司和节能工程研究开发中心，其控股和持股的企业包括美的冷气机制造有限公司、威灵电机制造有限公司、威灵钢铁开发有限公司等。

1993 年 10 月，美的上市获批、公众股开始发行，首次公开发行股票 2 277 万股，发行价格为每股 8.45 元；同年 11 月 12 日，美的电器在深圳证券交易所挂牌上市，成为中国证监会批准的第一家由乡镇企业改制的上市公司，股票简称"粤美的"，股票代码为 000527，后来更名为美的电器（000527.SZ）。上市第二年，美的以每股 1.36 元的收益成为深圳证券交易所的业绩冠军。

通过上市融资，美的迅速发展，主营业务收入由 1992 年的 4.87 亿元飞速增长至 1996 年的 25 亿元，成为中国最大的家电企业之一。何享健后来总结道："股份制改造能使企业通过上市获得融资，能使企业更加规范，企业何愁不能发展？"

4. 美的管理者收购（第三个 10 年）

股份制改造理清了美的的产权关系，上市拓展了美的的融资渠道，上述改革释放出来的生产力让美的迅速发展起来。接下来，美的面临着进一步发展的动力问题，即如何深化和完善管理者的激励与约束机制，这是现代企业制度和公司治理所要解决的核心内容。党的十四届三中全会提出了"建立适应市场经济要求，产权清晰、权责明确、政企分开、管理科学的现代企业制度"。公司治理源于所有权和经营权的分离，解决如何授权给职业经理人并针对职业经理人履行职务行为行使监管职能。

何享健说过："员工和管理者持股的最大好处就是建立了激励和约束双向机制，让所有员工都明白，你明天吃稀饭还是大虾，取决于今天的工作努力程度。"

4.1　激励与约束

在美的长期的经营管理实践中，何享健认识到，平均主义是对人的创造性的制约和扼杀，合理的分配制度是激励人的关键手段。更重要的是，如果企业发展前途不与员工尤其是管理者自身利益休戚相关，经营活动将充满短期行为，管理者很可能为了追求一时风光而盲目决策。成功了，他可以成为明星；失败了，大不了换一个地方接着干，损失再大也是由国家背。员工和管理者持股，就会建立一种长期激励制度，将员工和管理者切身利益与企业长期发展挂起钩来。

当时国内企业对"管理层收购"（management buy-out，MBO）还知之甚少，美的内部对此也争论不休、莫衷一是。据何享健回忆："问题的关键是有没有法律条文禁止、不让做。没有！既然没有，那就停止争论，开始做吧！"

顺德市政府敢为人先，把股份出让给以何享健为核心的管理层，即管理层收购，这是美的又一个意义重大的转折点。通过管理层收购，美的管理层成为美的第一大股东，管理层与公司长期发展紧密捆绑在一起，美的由集体企业转制为民营企业。

4.2　管理层收购

美的从1997年下半年开始探索和实施股权激励的方案，进行了和风细雨式的收购。2000年4月，美的管理层与工会共同组建了一家投资公司——顺德市美托投资有限公司（以下简称"美托公司"），广东美的集团股份有限公司工会委员会出资237.416万元，占比22.9%；何享健等21名高层管理者共出资799.45万元，占比77.1%；21名高管的股份按职位和贡献大小分配，法定代表人何享健持有25%的股份，为美托公司第一大股东。

2000年4月10日，美托公司与代表顺德市北滘镇政府持股的北滘经济发展总公司，以每股2.95元协议受让后者持有的3 518.4万法人股，占总股本的7.25%，成为粤美的第三大股东；同年 12 月 20 日，美托公司再次以每股 3 元受让北滘经济发展总公司持有的 7 243.033 1 万股，美托公司持股比例升至 22.19%，成为粤美的第一大股东。两次股权转让中，收购价格由美托公司与顺德北滘镇政府之间谈判协商确定；美托公司两次收购所用资金，是通过股票质押获得的银行贷款，何享健等管理层个人先付 10% 现金，其他部分未来用红利分期支付。

至此，美的股份制改造和管理层收购，摆脱了"产权不清、权责不明"的体制束缚，解放了生产力。海阔凭鱼跃，天高任鸟飞，发展生产力的舞台业已搭建完成，企业家成为登台唱戏的主角了。

5. 集权与分权的艺术

社会学研究指出，人类团体的人数只要在 150 人以下，不论是社群、公司、社会网络还是军事单位，只要靠着大家彼此熟识、互通消息，就能够保证其运作顺畅。一旦人数突破 150，就需要有正式的权力等级、职权划分等纵横向分工，需要有标准规范等协调手段和方法，其中关键要处理好集权和分权的关系。比如人类漫长历史中长期存在的国家、军队等组织，处理好集权与分权的关系就在其兴衰起伏中起到了重要作用。

到了近代，随着现代商业组织规模越来越大，处理好集权和分权的关系成为其持久发展的关键因素。20 世纪 20 年代，通用汽车公司通过并购多家汽车制造企业成为美国最大的汽车公司，如何管理经营不同品牌型号的汽车，一度困扰着通用汽车公司高层管理者。当时公司常务副总裁斯隆参考杜邦公司的经验提出了事业部制组织结构，并在 1924 年完成了对通用汽车公司的改组，通用汽车公司很好地处理了集权和分权的关系，由此获得了巨大成功。

事业部制组织也称"联邦分权制"，是一种分权制组织结构，公司按产品、地区、顾客（市场）划分和设立事业部，公司在重大项目投资决策和事业部总经理的人事任免方面集中决策，各事业部拥有经营自主权，独立经营、独立核算。此后，世界各国从事多元化经营的公司普遍采用了事业部制组织结构。

何享健曾说:"办企业靠的是人才,在行业里我认为我的经理人是最优秀的。在企业里,我什么都不想干、不想管。我也告诉我的部下,不要整天想自己怎么把所有的事情做好,而是要想如何把事情让别人去干,找谁干,怎样为别人创造一个环境,你要做的是掌控住这个体系。"

5.1 集权管理的困境

截至 1996 年底,美的员工有 1 万多人,拥有空调、风扇、电饭煲等 5 类数百款产品,产值 29 亿元。公司内部所有部门都要向总经理何享健汇报,何享健一人管理生产和销售,统筹统销,他每天有看不完的文件、签不完的字。美的外部家电市场每年以 30%~50% 的速度成长,过于集权的运作方式使得美的产品无法跟上市场变化。美的空调从行业前三跌落至第七名,投资收益成为利润的主要来源。何享健说:"企业大了,高度集权的管理体制已不适应,上面没有效率,下面没动力,也没压力、没激情。"

何享健打算把日本家电巨头松下电器已经实行多年的事业部制移植入美的,每个事业部都是利润中心,独立核算,负责产品的研发、生产和销售。有次请专家到美的做有关事业部制的知识讲座,台下议论纷纷,甚至有人起身反对,担心会出现各个事业部之间诸侯纷争的混乱局面。这时,何享健冲到台上,抢过话筒说:"美的只有搞事业部才有出路,事业部是美的必须要走的一条道路。"最后,美的高层经过调研和反复论证,决定导入事业部制组织结构。

5.2 事业部制的导入

1997 年初,美的开始实施事业部制组织结构改革,美的集团总部集中抓总体战略决策、人事以及市场协调等工作;按照经营业务和产品不同,组建了空调、家庭电器、压缩机、电机、厨具事业部。事业部在集团统一领导下,拥有较大的经营自主权,下设市场、服务、计划、财务、经营管理五大职能,直接管理多家业务相关企业。美的导入实施事业部制,集团总部要集中哪些政策、采取哪些管控措施,要给事业部下放哪些经营权限呢?

美的在构建事业部制组织框架时,便开始了分权手册的制定工作。1997 年 12 月,美的集团总裁办组织制定了第一版《美的集团主要业务分权规范手册》(以下简称"《分权手册》"),经过半年多的实施,收集各方意见与建议,再次修订《分权手册》,并于1998年9月29日下发执行。《分权手册》首页的"集权有道、分权有序、授权有章、用权有度",为事业部制组织结构"分权"的总原则。

5.3 《分权手册》让"分权"落地

《分权手册》明确规定了美的集团总部和事业部之间的权限划分,详细阐明了美的管理流程中所有重要决策权的归属,具体分为集团战略与目标管理,规章制度、公文、会议与新闻宣传,人力资源管理,工资、奖金、员工福利,财务管理,资金管理,资本管理,投资管理,生产制造与技术,市场营销,总务,研究开发及科技与知识产权管理,审计监察,以及其他等14大类共217项分类,对涉及经营、管理的各项工作决策权限分提议、提案、审核、裁决、备案等进行了详细的规定,从而使公司的分权具有可操作性。

在《分权手册》中,大到何享健当初给事业部总经理的几千万审批权、后来逐步放开的数亿额度的审批权,小到培训经理与其副手在培训计划方案设计上的权力划分等都做出了明确规定。从何享健到各层管理者,每个人都清楚自己的权力边界,明白什么时候该自己做出决策,什么时候该收放权力。有些事业部负责人开始时有点不适应,不敢相信手中掌握着与以往相比过大的权力。曾经有一位事业部总经理需要审批一个几千万元的项目,虽在授权范围,但出于谨慎,他还是去找何享健请示。何享健的答复很简单:"这在你的权限范围内,你自己拿主意!"

美的分权制度的另一面是把重要的核心决策权保留在集团总部。首先,事业部每年的投资规划和项目,哪怕额度小至10万元,都要提前向集团申报,由集团企划投资部统一安排和管理,因此权力下放并不等于削弱集团的投资调控能力。其次,美的集团总部设立了资源管理中心,对利润和资金进行集中管理。因此,依据《分权手册》,事业部总经理可以决定1 000万元的营销计划,但10万元的投资项目要经过集团审批。

有效的管理讲求责权利对等一致,《分权手册》便是如此。年初,事业部总经理与集团总部签订责任状，确定年度业绩指标，到了年终依据业绩指标进行考核。为此，美的集团制定了集团-事业部分权手册、经营信息报送规范、月度经营汇报会、年度/半年度经营总结会、高层经营管理人才述职质询会，以及项目投资、财务管理、审计监督（包括财务、制度、流程、离任等审计）等制度和流程，实行严格的责任追究机制。因此，事业部总经理尽管拥有很大的权力和利益，但也承担相应的责任。

5.4　从人治到法治

美的实施事业部制组织结构改造，让公司实现从集权向分权、从人治到法治的转变。美的集团成为投资、监控和服务中心，被赋予较大权限的职业经理人在企业经营实践中锻炼和提高了能力，逐步成为主导企业经营的中坚力量，形成了优秀的职业经理人团队。之后的何享健可以每周打一两次高尔夫，没有了以前的文山会海。何享健深有感触地说："对一个组织来说，群策群力的效果永远高于领导者的亲力亲为。"

事业部制组织结构改造的效果明显。1998 年，美的收入达 50 亿元；空调产销 100 多万台，比上年增长 80%；风扇产销 1 000 多万台，居全球销量榜首；电饭煲产销稳居行业首位。同年，美的开始了持续近十五年的收购、开展合作联盟的历程（见表 3-1），这在很大程度上得益于美的事业部制组织结构改造。

表 3-1　美的收购与合作战略

年月	收购/合作/联盟	其他
1998 年	收购安徽芜湖丽光空调厂	当年实现扭亏为盈
2000 年	建立美的芜湖基地	基地占地面积 28 万亩，谱写美的异地发展的新篇章
2004 年 2 月	武汉生产基地奠基	累计投资 10.1 亿元，占地 1 665 亩，员工 4 000 余人
2004 年 7 月	收购合肥荣事达，建立合肥生产基地	建成 3 900 亩基地，生产冰箱、洗衣机、中央空调机等

续前表

年月	收购/合作/联盟	其他
2004 年 8 月	收购重庆通用，设立重庆生产基地	累计投资 31.8 亿元，占地 2 500 亩，员工 1 000 余人，生产离心式冷水机组、螺杆式冷水机组、风冷热泵、水源热泵等大型中央空调和家用空调
2004 年 11 月	收购广州华菱集团	该集团成为美的旗下的第二家上市公司
2005 年	收购江苏春花，设立苏州生产基地	累计投资 3.6 亿元，占地 300 亩，员工 1 300 余人，生产各类吸尘器、打蜡机等清洁电器产品
2007 年 1 月	在越南平阳省建立生产基地	占地 5 万平方米，主要生产电饭煲、电磁炉、电水壶等
2008 年 2 月	与日本东芝开利合作，形成全球战略联盟，成立安徽美芝制冷设备有限公司	进入冰箱压缩机行业
2008 年 3 月	收购上市企业小天鹅公司，设立无锡生产基地	累计投资 9 亿元，生产高端滚筒和波轮洗衣机
2008 年	建成白俄罗斯生产基地	微波炉为主；随后生产大烤箱、吸尘器等
2008 年	在越南平阳省建立空调基地	占地 10 万平方米，生产空调
2010 年 3 月	建立邯郸生产基地	投资 10 亿元，占地 700 亩；生产家用空调
2010 年 4 月	收购埃及 Miraco 公司 32.5% 的股权，建立埃及生产基地	辐射非洲、中东和南欧；主要生产家用空调、商用空调和中央空调
2010 年 6 月	收购江西贵雅照明，设立贵溪生产基地	投资 5 亿元，占地 300 亩，员工 3 000 余人，生产节能灯、节能灯毛管
2011 年 11 月	收购巴西 Canoas 工厂，建立生产基地；收购巴西 Manaus 工厂，建立生产基地	前者占地 265 亩，生产商用空调；后者占地 38 亩，生产家用空调分体机、窗机产品
2012 年 1 月	与开利合作成立印度合资公司，启动印度生产基地	占地 15 000 平方米

6. 美的人才观

改革开放 40 多年以来，民营企业从无到有，在国民经济中发挥了重要作用，贡献了全国 50% 以上的税收、60% 以上的 GDP、70% 以上的创新、80% 以上的城镇就业和 90% 以上的企业数量。据调查，民营企业的 73% 属于家族企业，多数民营企业采用了有限责任公司和股份公司的组织形式，建立了公司治理结构。

企业家在民营企业创业成长过程中逐渐树立了权威，自然形成并拥有了至高无上的决策权和执行权，因此民营企业的治理结构往往有其名无其实，"强大的家长权威、弱小的公司治理"普遍存在于民营企业尤其是家族企业中。占民营企业多数的家族企业与非家族企业在诸多方面有所不同，具体见表 3-2。

表 3-2 家族企业与非家族企业区别汇总

家族企业	非家族企业
目的是永续	目的是近期价格的最大化
目标是保存家庭的资产和声誉	目标是满足投资者 / 机构的期望
基本信念是优先考虑避免衰退的风险	基本信念是高风险高回报
战略导向是适应	战略导向是持续增长
管理重点是不断持续改进	管理重点是创新
最重要的利益相关者是顾客和员工	最重要的利益相关者是股东和管理者
企业是社会机构	生意被看作可处置的资产
领导风格是管家	领导风格是个人魅力

表 3-2 列出了家族企业与非家族企业的差别。家族企业中的感情因素使得家族企业成员希望家庭的资产，包括无形资产和声誉等能够永远存在下去。在这样的前提下，家族企业发展是避免风险、适应环境的变化的渐进式的发展，更关注于顾客和员工，而不仅仅是生意本身，因为家庭和生意并存，家族企业还具有社会机构属性，更强调管家风格。

实际上，家族企业的最大优势在于所有权与经营权的统一，确保了家族企业经营目标与动力的一致性。可见，"强大的家长权威、弱小的公司治理"并非家族企业劣势，但人才瓶颈、接班人传承等确实会成为家族企业发展的障碍。对大量家族企业的研究表明，由于接班人传承经验不足等，家族企业第二代接班人的业绩普遍不如第一代。有学者对中国香港、台湾地区以及新加坡 250 个上市的华商家族企业跟踪调查发现，交接班完成后的家族财富平均减少了 60%。

6.1 美的职业经理人

从 1968 年的社办企业算起，何享健已经陪伴美的走了 50 年的路了。何享健以其洞察力和创新能力，在重要转折点上抓住了机会，在他的领导下，美的通过改制成为中国第一家上市的乡镇企业，通过管理层收购实现了从乡镇企业向民营企业的转变，通过事业部制组织结构改造实现了从集权到分权、从人治到法治的转换。在此过程中，锻炼和培养了一大批具备企业家精神的职业经理人，美的的发展与这些职业经理人是分不开的。为此，何享健曾说过："宁可放弃 100 万利润的生意，也决不放弃一个对企业发展有用的人才。"

方洪波就是一个很好的例子。方洪波出生在安徽农村一个普通家庭，1983 年进入华东师范大学学习历史，毕业后分配到湖北二汽工作。1992 年，25 岁的方洪波受到邓小平南方谈话的感染，辞掉"铁饭碗"到广东去打拼。方洪波来到北滘镇，成为美的内刊《美的报》的编辑。他在完成日常报刊编辑工作之余，经常被要求写总结报告和领导发言稿。一次偶然机会，方洪波发表了对公司现状的看法，引起何享健的注意，并获得提拔。

1997 年，亚洲金融危机爆发，美的陷入了库存积压的困境。方洪波临危受命，成为美的下属营销公司的总经理。上任伊始，方洪波将 30 多位大区营销经理扫地出门，与此同时，大量招募中国最优秀的渠道商。用这种直接、强悍的方式，方洪波迅速扭转了公司销售不利的局面。此后，方洪波从营销公司的总经理，被提升到美的集团最大业务板块空调事业部的总经理，再到美的制冷家电集团总裁。

6.2 培养接班人

2012 年 8 月 25 日，45 岁的方洪波从 70 岁的何享健手中接过美的集团董事长的接力棒，此前他已经担任了 A 股上市公司美的电器的董事长和总裁，这意味着，他完全接过了这家拥有 4 家上市公司，年收入接近 1 500 亿元人民币，堪称国内以至全球最大的白色家电集团航母的掌舵权。

接班之后不久，方洪波将美的由规模驱动向效率驱动转变。他认为，从事制造业的公司通过大规模、低成本的战略完成积累后，必须依靠技术投入来实现产品领先和差异化。在半年时间里，他将美的产品型号砍掉了 7 000 个，停止了 30 余个产品平台的运行，关闭了非家电业务，聚焦于白色家电板块；对保留的品类进行了精简和调整，放弃了低端无利的产品；此外还关闭了十多个工业园区和制造基地，变卖了 7 000 亩厂房用地及相关工厂设备。

方洪波尝试再造美的文化和组织，他减少了过多的层级，使得组织结构更加扁平化；规定公司副总裁以下不得配备秘书，将美的集团原来 300 多间高管独立办公室减少至 30 间。

2014 年，美的提出了"智能制造+智慧家居"的"双智战略"。方洪波说，美的会将资金投入到研发和创新领域，大量聘请国内外的科学家和工程师，购买最先进的测试设备和软件平台。这些都属于面向未来的布局，围绕核心技术、围绕面向未来的经营，美的已在全球建立了 20 个研发中心，每年投入数十亿元。在方洪波的带领下，美的开足马力，以"产品领先+效率驱动+全球运营"三大主轴从一个家电集团转型成为一个现代化的科技集团。

迄今为止，美的接班人传承十分成功。有位研究美的传承的学者说："美的的传承到目前为止，不但事业没有滑坡，家族也能够持续幸福，这是我研究的一个例外，一个成功的例外。"

7. 展望未来

7.1　何享健的企业家精神

回顾美的艰辛创业与不断创新改革的历史，其经历了从品牌创立、股份制改造、管理层收购到以事业部制组织结构改造为标志的分权，再到接班人成功传承至今的过程。2017 年，美的的营业收入为 2 419 亿元，2018 年《财富》世界 500 强中国两家家电企业上榜，美的排名第 323 位，海尔排名第 499 位。美的取得卓越业绩，何享健功不可没。

退休前一个多月，2012 年 7 月何享健应邀去了一趟台湾，参观了鸿海集团等企业。回来后，他总结说："我们应该学欧美的管理架构，日本的精益制造，韩国的改革创新，台湾的企业文化。"这正是何享健作为企业家的能力和素质的体现，即善于和能够快速学习其他企业成功的实践经验。

2002 年出版的商业畅销书《从优秀到卓越》中描述了能够实现从优秀到卓越的第五级经理人的特点："与一些个性十足、上头条、做名流的公司领导人相比，实现跨越的公司领导人似乎是从火星上来的，不爱抛头露面、沉默寡言，内向甚至害羞。这些领导人都是矛盾的混合体：个性谦逊，但又表现专业。"始终保持低调的何享健恰恰具有上述第五级经理人的特点。曾有媒体总结说："有人说何享健的事业几乎没有遇到过大的挑战和风险。这种说法其实并不正确，何享健经历过的挑战只多不少……只不过所有问题，都被他静悄悄地化解了。"

7.2　美的的未来

以美的为代表的中国制造产业，未来的出路在于技术创新，实现从传统的家电制造商向新兴的科技创新集团转变。美的集团是中国家电行业唯一在美国硅谷设立人工智能研发中心的企业，也将成为中国家电企业在人工智能时代的佼佼者。对在互联网时代转型为技术创新企业的美的集团来说，创新战略和重点已不再局限于家电，更多是围绕为从家电企业向高科技企业转型提供坚实的技术基础。

以制造为主的工厂首先要实现自动化，然后在自动化的基础上实现数字化。只有在完全自动化和数字化阶段后，才能谈论人工智能化，中国目前真正实现完全自动化的工厂屈指可数。中国工业人工智能化领域真正爆发性增长还远未到来，发展空间将是巨大的，但所有的一切在于人，人才是关键。何享健总结美的用人之道时说："70年代用顺德人，80 年代用广东人，90 年代用中国人，21 世纪用全世界的人才。"

"实现国际化战略，要善于运用全球资源，要走出国门、放眼全球。"方洪波这样描述美的集团的全球布局。美的秉承"要么第一，要么唯一"，持续加强研发投入，布局全球优势研发资源，构建六大研发中心，涵盖 33 个研究领域，形成从共性基础技术到个性化关键技术的技术图谱。近年来，美的通过跨界融合、人工智能、数字仿真上的技术突破，不断创新升级产品，积极推动行业发展。

我国经济已由高速增长阶段转向高质量发展阶段，在此背景下，要推动中国制造向中国创造、中国速度向中国质量的转变。关于未来发展，美的提出三大维度发展思路，第一个维度是现有产业，即进一步深化转型，加大研发投入实现数一数二。第二个维度是全球布局，即布局全球业务，实施收购兼并，推动自有品牌业务增长。第三个维度是布局新产业，包括：智慧家居，强化用户体验，建立人机交互新模式；智能制造，推进工业自动化、信息化；进入机器人产业、大数据平台和云计算产业；发展现代物流产业、金融产业，实现产融结合。美的正逐步从一家传统家电企业向全球经营的科技集团转变。

参考文献

[1] 美的集团官网.[2020-04-02].https://www.midea.com/cn/.

[2] 中国企业家网编辑部.企业家何享健：远见者低调.（2008-01-08）[2020-04-02]. http://www.chinavalue.net/figure/show.aspx?id=341.

[3] 谢韬.360 度美的何享健：后家电时代的增长故事.（2009-07-31）[2020-04-02]. http://jjw.voc.com.cn/view.php?cid-117-tid-25860-page-3.html.

[4] 欧阳梦雪. 美的原董事长何享健：比柳传志交班更彻底.（2012-09-03）[2020-04-02].http://finance.china.com.cn/moneychina/roll/20120903/494531.shtml.

（李晓光　辛本恩）

第四章

乡土为基　根深树大
——温氏食品

温氏食品

漫漫长夜何时旦，纵使身残志未残。他朝柳暗花明日，二千凤愿定可期。——温北英

温氏食品集团随着改革开放应运而生，与国家百姓、与员工伙伴"同呼吸，共命运，齐创美满生活"的企业文化成就了温氏食品集团，也将继续指导公司走向更加辉煌的未来。——温志芬

2015年底，温氏食品集团股份有限公司（简称"温氏"或"温氏食品"）整体上市首日，股价一路攀升，市值一度高达2 000多亿元。人们印象中传统农村鸡屎猪粪遍地、味道浓烈的养殖场景，加之当时温氏并不为大众熟知，与股票备受追捧之间如何关联？背后又有怎样的故事？

温氏最初，是1983年成立的簕竹畜牧联营公司，当时只有7户8人，8 000元股本，到上市前拥有股东6 000多人，是一家少见的大型长期全员持股的公司。

温氏早期公认的管理决策者、业务经营带头人、灵魂人物、精神领袖是温北英。温氏产生发展的最初10年，就是温北英生命的最后10年。虽然到2018年，温氏在温北英之后又经历了一代人大约25年的风风雨雨，然而温北英对温氏的影响却一直延续下来，更深地被人们认识、理解、总结、执行，历久弥新。因此，温氏的故事从温北英开始。

1. 学霸鸡王

1.1 学冠乡里，命运多蹇

1931 年，温北英出生于广东云浮市新兴县簕竹镇石头冲村一户贫苦农民家庭。当时社会动荡，土匪肆虐。解放前夕，温北英被绑架，所幸脱离虎口，其父却最终命丧匪手。

童年的温北英受父亲的传统思想熏陶，后来又接受新式教育，考上师范学校，这使他的世界观、价值观带有强烈的育人济世烙印。后来温北英家里所有的孩子都对母亲很孝顺，家庭很和睦，这都是温北英教导的结果。温北英很强调儒家的哲学思想，包括为人处世的原则、家庭伦理等等。他认为诚信是做人的准则。温北英对《三国演义》等古典小说中的故事倒背如流，对其中的人物往往以诚信为标准进行评判。比如曹操信奉"宁我负天下人，不让天下人负我"，温北英恰好反过来，主张"宁天下人负我，我不负天下人"，他经常给孩子讲这个观点。他说："曹操是个奸雄，按照他的做事方式也能做大事，但是我们做事的方式和目的跟他不一样。"他的思想基础和他对问题的认识、对社会的认识、对世界的认识，影响了他平时的言谈、思维和办事方式，这些都广泛深刻地影响着其家人以及后来企业所做的每一件事。他看事情、做事情很少有短期行为，总是从战略上去长期规划工作，从战术上去积极扎实地落实工作。

即使家遭匪难，但痛定思痛，他仍然心生悲悯。温北英认为，"使天下大同，人人有饭吃、有衣穿，谁愿为匪为贼"。此后虽多经磨难，但大同主义追求贯穿其一生。

青少年时期的温北英聪明过人、勤学上进，在老人们的记忆中，他的考试成绩从来只有第一，没有第二。1951 年温北英与同镇女子梁焕珍结婚，同年考入肇庆师范学校，24 岁以优异的成绩毕业，被分配至四会县一所小学任教。有知识，有公职，吃国家供应粮，在常人眼中，当时的温北英受尊敬、被羡慕，工作和生活已经进入幸福轨道。然而好景不长，在那场政治浩劫中，温北英因为发表了自己的一些看法，被打成"右派"，被迫离开教师岗位。失去了教师身份，失去了自己热爱的事业，从满腔热血的青年变成"阶级敌人"，温北英的人生受到沉重打击。从此温北英对政治非常敏感，并下决心远离政治的是非旋涡。

现在人们常说底线思维，企业经营管理，尤其是投资金融领域，风险管理至关重要。人生与企业其实有相通之处。吃一堑长一智，对风险的理解是智慧的重要内容。把对风险的理解和对机会的识别把握结合起来，明确发展的方向，是人和企业的关键能力。

1.2　与养鸡结缘

据家人回忆，当时下放回乡的温北英角色有两面性，一方面受管制监视，另一方面在群众中很有威信，人们都叫他老师。

落难回到农村的家中，温北英确确实实身无长物。温北英夫人梁焕珍回忆，当时他只是穿着一件布衫、一条短裤，多余的衣服和被褥都没有。问他为什么回家，回答说在那边要死的，回来还是要死的，见到大家，死得安乐点。做了最坏打算，温北英当时心情沉重、情绪低落可想而知。

监管生活在困苦中开始了。返乡那年，温北英的次子温鹏程出生，而失去教师身份的温北英不但被剥夺了国家供应分配的平价粮食指标，在农村早已没有资格参与分配，还不允许待在家里，必须要跟大家一起劳动。政治运动残酷无情，不但温北英本人挨整，家里还要受到牵连，他家门上贴着一副对联，"服从群众监督，接受政府发落"，横批"重新做人"。下放回家，生产队的脏活累活难活经常要派他去做，初期他非常苦闷彷徨，开始重新思考人生。温北英没有力气却比较硬气，生产队给他分配吃的他就吃点，生产队不给他就不吃。让温北英感到温暖的是，周围的乡亲并没有真把他当另类、当阶级敌人看待，工余大家闲聊摆谈，周围一帮年轻人爱听他讲故事，而他最喜欢讲三国演义，大家苦中作乐，听得津津有味。适应一段时间以后，温北英依然是一个乐观主义者，没有自暴自弃，没有被眼前的困难压倒。他认为作为一个人，不能白到世界来一趟，不能一走了之。同时认为这个社会不会长久这样，其终将改变。

在不堪的境遇中温北英没有放低做人的姿态，但现实摆在面前，对未来的向往不能当饭吃，三个孩子穿得破破烂烂，一家人的温饱和生计成为温北英的当务之急。

在当时农村的政治气氛下，农民不能有自留地，但是自己养几只鸡还是被上面允许的。温北英体力弱，下田干活不在行，养鸡还力所能及。他认为当时家里缺食品、缺现金，养鸡是解决问题的好途径。当时当地，人们养鸡一般是鸡生蛋，蛋生鸡，鸡再生蛋这个模式。温北英认为这样不行，应该用更科学的方法养鸡，一定要母鸡独立产蛋才产得多，这样即使不指望能吃肉，至少可以有鸡蛋吃，多余的蛋还可以拿到市场上去卖。梁焕珍娘家也支持温北英养鸡，岳父不但送来鸡苗，还从香港给他带回养鸡的书。

刚开始养鸡很不顺利，温北英养一批死一批，前后养了三批鸡苗结果因鸡瘟死光，温北英抱鸡痛哭。如果当时温北英遇难而退，放弃继续养鸡，很可能就没有今天的温氏。回顾以往，当时温北英养鸡的决心坚定，死一批大不了就再养一批。

食物短缺时代，鸡也没吃的。温北英把家里宝贵的口粮分出一部分作饲料，到河里捕虾给鸡补充营养，冒险上山采集草药给鸡防病治病，又在自家老宅的墙壁上砸了一个窟窿，让鸡群取暖以度过寒冬。幸运的是，妻子梁焕珍始终无怨无悔、无条件地支持他，温北英得以坚持下来。

读过师范当过教师的温北英一门心思养鸡，既是为一家人生计担当分忧，又是权衡自己体力能力财力之后比较现实可行的选择。温北英对养鸡有自己独到的看法和方法，他屡败屡战，并且相信知识的价值，看书养鸡，这已经不是一般人能想到做到并坚持下来的，值得创业者学习。这个时期的经验知识积累，为后来鸡王的诞生奠定了基础。

1.3　鸡王

历经艰辛，饱受挫折，多年坚持下来，温北英不但积累了经验，学到了养鸡技术，还了解到发达国家规模化养鸡的情况，他对养鸡改变了最初的看法，认为这不仅是谋生的权宜之计，不限于小打小闹，更是一项有前途的事业。此时一个小小的政策变化让温北英敏锐地捕捉到信号并想方设法抓住了机会。

温北英自己养的几只鸡，家里舍不得吃，拿去箬竹镇上卖，被告知鸡卖给外贸部门可以出口香港，养殖户可以换得肥料指标，即交售能够出口香港的肉鸡可以换取当时农村紧缺的化肥，1只鸡可以换6千克宝贵的尿素。这时温北英已经恢复了部分人身自由，他感觉到自己的知识技能可能会派上用场。他向生产大队建议规模化养鸡，用养出的鸡换取化肥，提高粮食产量。建议得到队里肯定，温北英自此承担起养鸡责任，在1971—1973年开始了某种意义上的承包，生产队按照温北英交纳的合格活鸡返还他一定量的稻谷。温北英小试牛刀，给生产队第一年养了2 000只鸡，成活率98%，75天上市，轰动当地，全县此后兴起养鸡热。规模化养鸡一炮打响，但在当时的条件下，一批鸡养好已属不易，每批鸡都养好难上加难。最困难的时候，因为出口需求不大了，养大的鸡没人买，断了交易渠道，眼巴巴看着几百只鸡在家里，而家里的粮食喂了鸡，鸡养大了却卖不出去，没粮食只好天天吃鸡肉、喝鸡汤。虽有波折，但温北英却已经从中认定，只要社会条件具备，规模化养鸡是可行之道。1974年温北英成为箓竹食品站技术员，负责下乡指导所属生产队开办的集体养鸡场。后来这项业务改由县外贸局负责，温北英成为外贸局编制外的技术员。箓竹镇100多个生产队，一半有集体小养鸡场，温北英挨个鸡场跑去指导，对农业社会和农民现状有了更深入的了解，隐约感到规模化养鸡可能在不远的未来与一穷二白的农民发生联系，让自己和更多的人通过养鸡改变生活。

环境发生变化，一开始总是模糊的。在第一时间捕捉到信号，抢得先机抓住机会，谈何容易。如何抓住属于自己的机会，如何与集体、与环境互动，获得认同，获得资源匹配相助，是一门大学问。换位思考是一个比较可行的办法。温北英知道在了解出售活鸡换肥料的路子以后，一般人的思路是扩大自己家庭养殖的规模，那样的话养鸡量从几只、十几只扩展到几十上百只已经到了极限。而温北英跳出普通人的思维定式，向生产队提出集体大规模养殖，生产队有充分切实的利益，有场地、资金等资源，而自己养鸡的能力优势也能充分发挥出来，各方资源盘活，成果利益均沾。这种互利合作思维大放异彩，对于以后的温氏领军人物温北英而言，其思维行为方式获得成功反馈，强化其经验认识及价值取向，弥足珍贵。

如果说温北英开始养鸡的年代，限制多、机会少，那么今天可以做的事数不胜数，但是人们可能会因机会太多而无所适从。其实机会少和机会遍地，各有利弊，关键是不能偷懒，要善于感知和识别机会，从中发现适合自己的。

2. 天时地利人和

2.1 农户合作

"文化大革命"结束后，反右及其他政治运动中的冤假错案开始在全国范围得到纠正。1979年，新兴县当地工作组联系到温北英，表示愿意恢复其教师身份。出人意料，年近半百的温北英委婉拒绝了，他对自己的后半生已经另有打算，不愿意回去教学了，继续做养鸡技术员还是可以的。放弃旱涝保收的铁饭碗，在当时是让人无法理解的，温北英却对任教差点被斗送命记忆犹新，主意已定，他觉得以后要少问政治事，多做自己事。温北英认定，整个世界每天要吃肉，养鸡行业注定能兴旺，只要管理好，技术过关，可以保证养殖成效。温北英明白这个决定将让自己彻底失去重温教师旧梦的机会，但他更加清楚这片土地上正在发生的巨大变革，以及这种变革带给自己、带给每个人的前所未有的机会。机不可失，时不再来，自己将以新的角色参与其中。

商业决策里，对于政治、经济、社会文化、科技等宏观环境的 PEST 分析，以及对于综合企业自身优势劣势、外部机会威胁的 SWOT 分析经常被运用。温北英的选择，虽然针对的是个人，但是道理逻辑相通。基本正确地了解环境历史及现状，把握变化发展的方向，分析得出合理结论已经很不容易，面对抉择，结合自己的优势能力潜力，拒绝唾手可得的利益诱惑，坚持自己的追求，更是难上加难。每一步的选择，如果我们不是看热闹一笑了之，而是把自己放到当事人的位置上，普通人可能觉得惊心动魄，一步差步步差，然而温北英能自然而然毫不犹疑，其间差异值得细细品味、体会学习。

改革开放后，国内整个社会经济得到快速发展，广东珠三角地区的食品消费水平迅速提高，而计划经济体制下负责肉食品供应的各级食品公司产量有限。为给市民供应足够的牌价鸡，新兴县食品公司开始尝试推广一种农民代养的合作养鸡方式。推广这种模式的过程中，食品公司看中了温北英的技术和农场工作经验，温北英则看好这种模式的前景，双方一拍即合。温北英为此曾兴奋过一段时间，认为机会到来了，自己有了发挥才能的更大用武之地。但是理想和现实之间有很大差距，结果并未如他所愿，他提出了很好的思路却没有被接受，没有得到落实推动。温北英认为，问题的关键在于，当时国有公司与农户只是松散合作，而想搞好合作需要更加紧密的关系。温北英针对问题，提出了自己的建议，希望改进工作方法，但是国有企业的体制限制难以突破，农民受到损失，他看在眼里急在痛在心里。本来有正确合理的方法，却无法应用，他坚信一定有办法与没有技术、没有市场、缺乏组织的农民依靠信用和利益合作，把养鸡做成规模化的产业，同时改善更多人的生活。崭新变革的时代中大有前景的计划，却因为错误的位置，让温北英如坐针毡。

单纯失败不是成功之母，从以往挫折失败中吸取教训、总结经验、获得正确的方向，迅速改进才是后续成功的关键。劳动人民中绝大多数人的实践，并没有产生认识的飞跃。做个有心人，有强烈的动机、持续的动力，不辞辛劳困苦，当然更高的境界是以此为乐，在深入实践的基础上勤于思考，找到解决问题的关键。这个过程，其间道理其实每一个人从小时候就被反复灌输，但是，听别人说很容易，稍微用点心道理也不难想通，要真正领会并融会贯通，其间任何一个环节，都不可忽略。这些环节环环相扣，都至为关键，都是决定性的。有时感觉成功的人如有神助，实际上他们不过是把上述基本道理都具体落实了。

2.2 承包兴起，温氏初创

温北英为国有食品公司推广的农户养鸡合作无法继续，但时代的大潮已席卷而来。他所有的经历，无论成功赞誉，还是挫折失败，似乎都在为后来的温氏进行铺垫。这些经历，使得温北英的知识能力、经验教训、体会感受得到丰富，并逐步积累沉淀升华。

新兴县城以西十几公里，紧靠道路，曾有一个为集体知青农场所有的养鸡场地。1981 年当地农场开始推行家庭联产承包责任制，政策进一步放开。温北英的次子温鹏程当年高中毕业，回到乡下做个体户，养鸡养猪发展家庭副业。一年后温鹏程有了一定的生产经验，家里的劳动力相对富余，有温鹏程的叔叔、母亲等，再加上高中毕业后到温家一起养鸡养猪的严百草，感觉相对于自己家里分到的责任田，不足以让大家全力以赴投入劳动，于是温鹏程决定承包知青农场的养鸡场地。特别有利的是，该场地离温鹏程家只有两公里，而且温北英曾经在农场工作，熟悉农场情况，知道那里具有发展养鸡生产所需要的条件。

研究温氏，学习温氏，必须在我国改革开放以后的大背景下，对当时当地宏观环境和微观现实充分了解，再结合温氏发展历程，才能获得切实的理解。

1981 年，家庭联产承包责任制在新兴县簕竹镇农村普遍推行以后，立竿见影，改变了"一大二公"吃大锅饭的局面，调动了农民生产的积极性，基本解决了农民的温饱问题。据温鹏程回忆，家庭联产承包后第一年就解决了温饱问题，不但上交了政府公粮，而且还有剩下来的，余粮卖的价格也还可以。但是人不只是需要吃饭，基本温饱满足以后，还需要探索研究，如何进一步发展农业，让农民富起来、生活进一步改善，让农村变得更加美好。温北英认为家庭联产承包责任制解决的只是基本的吃和穿的问题，温饱问题很简单，靠单干是可以解决的，但做大事单干是难有作为的，做大事一定得联合起来、组织起来，要一个团队、一个群体、一帮人共同努力才行。

农业、农村、农民，"三农"问题盘根错节。农业的产、供、销，每一个方面、每一个环节，其基本经营单位、生产过程和形式、组织形式、经营对象和内容、供销模式等，资金、技术、市场、政策、实践、理论等各方面牵一发而动全身。家庭联产承包责任制推行之后，我国农业主体基本上立足于家庭自给自足的小农经济，多数农民缺乏对市场经济的认识经验，加之初期市场建设落后，小农户及其产品面对变幻莫测的市场，预测难、生产周期长、买卖难，增产不一定增收，难以获得规模效益。尤其在人多地少的沿海和经济发达地区，农业从业人口数量庞大，相对于传统农业所需，有大量剩余劳动力。温氏正因为在一定程度上切实可行地解决了这一矛盾，让农民发挥自己的余力发家致富，所以获得了广阔深远的发展机会。互联网时代，有风口之说，实际上风口无处无时不在，传统、落后、似乎一成不变的农村同样有机会，只是能真正身处其中，又能感知辨识，进一步抓住机会，需要长期的经验积累、适当的机缘以及超凡的胆识。

温鹏程承包养鸡场一年以后，1983 年国有企业逐渐开始实行停薪留职政策，年过半百的温北英丝毫没有犹豫，积极主动地回乡，而且已经有了雄心勃勃的计划。温北英回到农村的举动非常另类，当时干大事都是往城里走，他往山里走。温北英认为，在有人有地的农村才能干自己追求的事。温北英心里想的，不是纯粹赚钱做买卖，而是做企业、做事业，他认为好的企业可以有与国家媲美的财力规模。要干企业，需要事先计划盘算，计划好干什么，卖什么，怎么卖，到哪里卖，用什么技术、什么工具，每个问题、每个环节、每个方面，得想明白大致的发展方向和解决办法，看准了就义无反顾地去实施、去实现。

依托一个普通的养鸡场，温北英、温鹏程父子，联合严百草、温金长、温湛、梁洪初、温木桓、温泽星，共8名合伙人，以温鹏程的承包为基础，创办了簕竹畜牧联营公司；第二年，改名簕竹鸡场。除了温北英、温鹏程父子，合伙人里还有乡村干部、食品站长、民兵排长等，大家凭着对温北英的信赖以及对致富的渴望，开始了共同创业。合伙8人每人拿出1 000元作股本，共计8 000元。没有流动资金，又受到贷款政策的限制，成立的民营公司按当时的政策无法获得贷款，只好以温鹏程个人名义从信用社贷款100 005元。

自此，"大同梦"扬帆启航。虽然鸡场规模很小、条件简陋，但温北英从一开始就积极提倡"以仁治场"和"科技兴场"。

与当时流行的民营企业着急挣钱的做法不同，簕竹鸡场承载着温北英半生的追求，即使开始不正规、不完美，但是其形式和理念渗透着温北英的智慧和理想。当时生产经营中流行崇尚责任到人、打破大锅饭，温北英却仍然主张大家共同出资、共同劳动，形式上似乎是要重吃大锅饭，受到很多质疑批评。本来8 000元股本温氏父子完全可以自己拿出，但是温北英却没有这么做。长期的抱负，终于有了实现的机会和条件，温北英想努力实践，因此一开始企业就有全员股份制的味道，承载着温北英大同理想、干大事业大企业的思路以及对技术、管理、制度和市场等全面的思考。

是吃大锅饭导致了温氏后来的成功吗？那"文革"结束前，广大农村集体普遍的大锅饭平均主义怎么又导致了难以为继的结果？其实，都是大锅饭，此大锅饭与彼大锅饭已经有了本质上的不同。一个是自上而下、不由自主的，一个是自主、自愿、平等、符合经济规律的，这导致二者在群众的劳动积极性、主动性、灵活性、创新性、容错纠错自我调节性等方面差异巨大。

簕竹鸡场初期只有几间破旧的猪舍和平房，加之经费不足，设备极其简陋，但这都难不倒温北英。他先把一块闲置荒芜的土地挖开开成鱼塘，在鱼塘上面搭建鸡舍，利用鸡粪养鱼，塘边种果树，由此形成了一个鸡、鱼、果立体式的生态生产系统。一举数得，省时省力又省钱。

但仅凭一些小聪明，温北英难以从根本上弥补簕竹鸡场规模小、资源缺乏的短板。开场两年，簕竹鸡场举步维艰，种鸡饲养规模仍然只有 1 000 只左右，业务开展非常困难，但是这些从来没有影响他对未来该干什么、不该干什么的决心。哪些事情会对未来产生重大影响，哪些事情即使做了也没有任何意义，温北英心中有数。

改革开放初期，国内各地，包括广东还没有形成成熟稳定的市场，活禽供应总是在过剩和不足之间过山车般剧烈上冲下窜。面对市场的压力和自身的不足，初创的簕竹鸡场万事开头难，1984—1985 年没怎么挣钱。整个市场都比较低迷，活鸡需要运到广州去卖，早上两三点起床，四五点出车，人与鸡一起搭乘货车，有时一天卖出不到一半，剩下的只好再运回来。当时鸡苗质量不大理想，活鸡的卖相不好。鸡苗品种和孵化技术都不成熟，鸡苗土法孵化靠人熬夜，整夜整夜守候，一不留神就会报废一整批蛋，损失惨重。养鸡不挣钱，鸡场不得不搞一些其他业务，例如给食品公司炒黄豆，炒 1 吨黄豆有 150 元收入。人均工资由 100 多元降到 30 多元，经营困难，有人动摇退出了。

1985 年底，节日的轻松喜庆与温北英无关，他总结经验教训，决定自主培育种鸡，摆脱对外购买鸡苗的依赖。凭着多年养鸡积累的知识和经验，温北英总结写成 36 条养鸡规则，让每个员工面对养鸡所遇到的问题时都有规可循。这个文件对温氏的重要性在于，是温氏第一个生产技术上的规范性、纲领性文件。以前温氏养鸡全部靠经验，有了 36 条规则以后，温氏养鸡规范化了，温北英多年积累的宝贵经验变成了可学习、可遵循、可操作的条款。1986 年公司第一次赚钱，年终结算时赚了 5 万元，40 名员工第一次可以分红拿奖金。那几年，虽然很艰苦又赚不到钱，但是大家心甘情愿跟着温北英，感觉很开心。所有工作，大家一起做。1983—1993 年温氏内部没有分高低级别，大家一起吃饭，一起干活，特别鼓励夫妻俩一起加入公司，营造一种大家庭的感觉。多年后回顾，大家感觉支撑鸡场渡过难关的不是文件、奖金或者制度之类，而是人的感觉、人的心情，后来人们称之为企业文化。温氏初期的这种企业文化，给当时的员工带去了一种家的感觉。

值得强调的是，1986 年温北英总结 36 条养鸡规则，后来被认为是公司初期发展的标志性事件。从此，鸡王温北英的独门绝技，变得有样有范、有章可循、有规则可依、可学习可推广。

知识就是力量，经验就是财富，企业就是平台，团结合作是其间的黏合剂、倍增器、催化剂。

1986 年开始，簕竹鸡场逐步走上正轨，越办越好。这年"公司＋农户"经营模式成功出现在温氏，对于温氏后来的发展影响深远。当时温氏的鸡苗和饲料除了自给自足，还有富余，而土地设施以及劳动力成为发展的瓶颈。几年前温北英曾经在食品公司推广过与农民合作养鸡的业务，簕竹周边曾有几百户农民参与，虽然最后失败，但是温北英认为那是因为自己正确的思路无法实施，农民其实是有养鸡的强烈欲望的。1986 年何风林承包砖瓦窑失败后，把原址改为鸡舍，成为簕竹鸡场第一个合作养殖户。

此后，"公司＋农户"成为温氏长期的发展模式。把分散且劳动效率低的农民组织起来，公司利用农民的土地、劳动力及资金等，迅速扩大生产规模，农民利用企业的技术服务和销路，抵抗风险的能力大大增强，双方利益互补、各取所需。

这种合作模式固有的缺陷，或者说隐患在于，一旦出现严重行业危机，损失如何分担就会成为难题，如果双方处理不好，原来看似美好的合作关系就会迅速破裂。簕竹鸡场很快就遇到这个问题。1988 年国内经济整体过热，全面通货膨胀，价格闯关受挫，市场表现非常混乱。一开始原料价格高涨，活鸡价格随之高企，突然之间风向大变，形势急转直下，经济大通缩，鸡价大跌，农民养鸡亏损严重，前几年赚的钱还不够一次赔的。思前虑后，温北英决定采取对合作养殖户的保护价收购，这像一颗炸弹爆炸震动了新兴养鸡业。以远高于市场的价格大量收购活鸡，用同行的话来说就是站在马路上给行人发钱。市场形势本来就不好，如此一来，公司资金雪上加霜。同行同事的舆论压力没有让温北英改变决定，他有更深远的考虑。以前历次这样的合作，为什么最终会失败，其原因就是迈不过危机的坎。但是这个项目长远是能挣钱的，不能因为暂时的困难把风险转嫁给合作养殖户，那样人家不敢再跟公司继续合作。因此，特定时期特定地点的亏损，得有人愿意承担，而利润高的时候也不能某环节一家独占，必须有一个合理的分配机制。无论如何要冲过这关。保护价收购使公司与农户的合作完成了由松散到紧密的转变，短期的损失换来合作户的信任和长期继续合作，簕竹鸡场名声大振。其他竞争公司看在眼里，心服口不服，行动却很快跟上。由此 20 世纪 90 年代新兴县先后出现几家大规模养鸡公司，成为全国闻名的养鸡大县。当时，新兴县三温一古旗鼓相当。但温北英在 90 年代初的两个重要决策让簕竹鸡场此后与其他三家养鸡企业拉开差距、命运迥异。

1990 年上海股票证券交易所和深圳股票证券交易所相继成立，股票开始深入经济，影响各行各业的发展。温北英在簕竹鸡场发行了自己的股票。中国很大一部分最早的股份制企业就是从簕竹鸡场这样的乡镇企业成长起来的。早在 1987 年簕竹鸡场就把以户为单位入股改为以劳动力为单位入股，凡是参加鸡场生产的劳动力都可以入股，进一步奠定了全员股份制的基础。1989 年温北英将记账式股份改为有形实体的股票，方便员工进行内部转让和结算，簕竹鸡场成为三温一古中唯一的全员股份制企业。温北英认为需要共同富裕搞生产，必须科学分配，否则企业发展的后劲不强，难以长远。正因为如此，簕竹鸡场，后来的温氏，员工都像对待自己的事业一样，参与生产经营和管理。20 世纪 90 年代三温一古实力相当，各个企业的领导都是农民出身，经历丰富，交游广阔，有胆量，重技术，但除了温氏，其他几家都是私人老板，而温氏全员共同努力，为企业的发展出力出谋。

抓住了有利的市场机遇，企业上下齐心协力，90 年代初期簕竹鸡场的规模每年翻番，企业发展步入快车道。1993 年温氏食品集团成立挂牌，集团当时年收入 8 000 多万元，上市肉鸡 700 万只，联系养户 2 500 名，这些指标暗示着温氏已经摸索出了一条切合我国农村实际的农业产业化道路。当时对外合作，温氏主要是提供一个模式，一种生产管理的模式。此前还没有一家企业或单位可以把种鸡、饲料、饲养、防疫、销售等环节全部集于一身，但是温氏一步一步做到了。从 1985 年温北英自主发展种鸡开始，到开办种鸡场、饲料厂、药品厂，温氏一步步把原先由不同主体分开经营的业务连接在一起成为闭环的一体化养殖食品公司，由此带来巨大的成本和效率优势，使大规模工业化生产肉鸡成为可能，并把这个模式输出到全国各地与当地合作，产生了巨大的竞争力。这种具有高度普适性、可复制性的模式悄无声息地颠覆着中国传统落后的肉鸡生产流程，今天人们称之为温氏模式。

市场化大潮下，新兴县食品公司看到了温氏模式的优势，1992 年食品公司成立了自己的养鸡企业，搞全产业链，然而 1992—1994 年，国有养鸡公司连续亏损严重。

为了摆脱困境，温北英的老同事们建议食品公司直接与温氏合作，1994 年温北英与老东家联合成立了联营公司，当年就实现了盈利。为什么国有企业自己搞业务难以赚钱？后来回顾认为是体制问题，温氏的成功是理念的成功、思维的成功、创新的成功。1994 年联营的成功原因，就是应用了温氏模式，一经应用马上感觉与以前截然不同，原来心中没数的环节，农民一看清清楚楚。民营企业并购国有企业在新兴当时绝无仅有，在全国都很罕见，其影响程度不亚于后来并购一家市值百亿千亿的企业。温北英念念不忘怎样把新兴的畜牧业模式推广到全国，合作并购县食品公司是温氏模式成功的范例，对温氏以后走向全国有很重要的意义，但在当时与国企联营作为前所未有的新生事物，不可避免牵扯诸多问题，双方代表对合作条件曾各持己见，谈判一度陷入僵局。温北英了解情况以后，果断亲自参与并主持谈判，在病床前明确，只要合作达成，不计代价全力推动，双方仅用 12 天就完成了关乎各自前途的谈判。1994 年新年第一天，温北英出席了联营公司成立仪式，与老东家的合作让他格外高兴。

看准的事，着重把握大方向，不在具体细节上纠缠，不计较短时间的得失，是温北英做事的一个特点，这在温氏发展过程中一再出现，甚至成为温氏的一个传统、一种风格。大方向和细节都很重要，大处不糊涂拘泥，小处不疏忽马虎，不同的层面都可以决定成败。

2.3 凝聚企业文化

1992 年温北英已经被诊断为肺癌晚期，他面对办起来的这个迅速成长的企业，凝聚着他的一番心血，帮助很多人改善了生活，他想继续帮更多的人，想要做到这一点，必须让企业长久生存下去，那怎样才能使企业长久健康运作呢？温北英认为与生产技术、经营管理规则同等重要的是，企业及其员工要有理念，要有结实的思想，企业要有使命，干部员工应该有行为准则，并且都要总结明确，企业要按照这些精神理念的规则运行。

"精诚合作，各尽所能。用科学，办实事，争进步，求效益。文明礼貌，胸怀广阔，磊落光明。同呼吸，共命运，齐创美满生活。"这 44 个字经过反复斟酌推敲修改，凝集了温北英的人生理念，以及企业上下创业 10 年最终形成的温氏精神，成为后来影响温氏每一个人、每一件事的基础理念和准则。

温鹏程认为，温北英设计的企业文化可以概括为：强调诚信、技术引领、股份合作制、团队的力量，奉行齐创美满生活的理念。

命运给了温北英磨难，也给了他智慧，没有温北英就没有今天独树一帜的温氏，其心胸眼光令其周围的人敬佩。温北英去世以后，温氏继任者曾被质疑能否搞好企业，但事实证明温北英的理念已经深深扎根温氏，并不断成长壮大、开花结果。

作为全员持股的企业，温北英的家人亲友乡邻长期与其共同劳动、共同生活，受其熏陶感召并相追随。更加重要的是企业文化理念以及价值观的制度化、规范化，使得温氏不是靠某一个人，温北英的企业经营管理理念、人生理念等深入温氏上下人心，包括温北英的子女。对于温氏，温北英个人的作用无疑是巨大而不可替代的，他使一家乡镇鸡场通过生产组织、经营管理、技术、理念和制度的设计规范具备了现代企业的雏形，摆脱了对个人的依赖和局限。

3. 创新发展

3.1 股份引智

20世纪80年代中后期，新兴县养鸡兴起以后，偏僻的新兴县簕竹镇常有专家教授出现，利用周末为企业养殖作服务、作培训，当地人亲切地称之为"星期六工程师"。温北英也利用这种方式，但他很快意识到松散技术合作的局限。1989年华南农业大学的禽病专家岑德光辞职下海，在此之前他作为簕竹鸡场的技术顾问帮温北英解决了很多禽病防治的难题，对此，温北英没有急于寻找接替者，他要从根本上解决当时和未来的问题。这年，温北英的小儿子温志芬报考了华南农业大学，作为石头冲村第一个大学生，被动物科学专业录取。温志芬入学后穿针引线，先后联系计算机中心等部门与温氏进行技术合作。温北英寻求与华南农业大学进行单位之间的正式合作，而不是与学校某个人合作，他认为企业要做大做强，一定要有坚强雄厚的技术依托和靠山。1992年，温北英决定一次性拿出公司多年成果10%的股份，使华南农业大学一举成为簕竹鸡场第一大股东，他又一次不计代价全力以赴的举措，遭到包括温鹏程在内的很多股东的强烈反对。温北英想得更多更远，他强力推动合作达成，表现出胆识、远见和胸怀，逐步全面系统地引进信息、技术及人才。

此后，温氏不但继续与华南农业大学紧密合作，而且进一步扩展合作对象，包括南京农业大学、华中农业大学、中山大学、中国兽药监察所、广东科学院等。

企业，特别是民营企业，在与科研院所合作过程中，目标明确、组织有效、决策行动迅速，希望尽快见到成效。而科研院所，如果个人业余与企业合作，时间精力的投入难以保证；如果组织单位与企业合作，作为传统体制下的组织，其行政官僚色彩比较浓厚，令多数民营企业望而生畏，知难而退。改革开放之初，普通高校办学及科研费用不足，教师普遍收入偏低，某种意义上与石头冲村的村民有相似之处。教师很大程度上依附于学校，时间精力过剩，却没有用武之地。他们办事多没有魄力，总是思前顾后，影响成事效率。但是他们在科研、技术等方面的潜力是巨大的。温北英追求的目标，是把一次一次的交易对象变成同心协力的合作伙伴，通过生产、资金、技术、科研、渠道、市场等资源的整合，形成实体或者虚拟的企业，把通过市场的交换活动转换成内部合作，降低过程成本。需要强调的是，所谓成本，不仅是直接的经济成本，还包括时间成本、合作和协调等过程中产生的成本。

与科研院所成功的长期合作，使温氏获得了强劲的科技引擎，企业进入全面高速发展时期。无论疾病防治、营养技术、育种技术还是日常管理，温氏有了全面系统的进步。步子快了，胆子大了，综合实力产生质变，温氏在生产和管理水平上逐渐与同行拉开差距，随着时间的推移这种差距越拉越大。

3.2　后温北英的温氏

1994 年 3 月，由于长期高负荷工作，温北英积劳成疾去世了，温鹏程继任为董事长。没有了温北英这个公认的掌舵人，在人们的质疑声中，温鹏程带领温氏抓住机遇、克服不利因素，全面快速发展。

20 世纪 90 年代中期我国社会主义市场经济体制确立并逐步建立，民营企业成长速度惊人，那是一个什么都好卖、卖什么都赚钱的时代。初具规模的温氏作为与改革开放同步产生的弄潮儿，要在更广阔的天地里一展身手，就必须面对更大风浪的洗礼。

围绕养殖主业，温氏成立了全国第一家民营家禽育种公司，在华南农业大学雄厚的技术力量的支持下，更优秀的品种从育种场投入生产，成千上万的鸡苗一批批从现代化的孵化设备中诞生，科学配方、质优价低的饲料、疫苗、药物源源不断地供应给各地农户。温氏的肉鸡产量几乎每年呈几何级数增长，集团每年在全国成立四五家新公司。另外，中国的活禽市场增长空间依然广阔，沿着这种模式走下去，似乎没有什么能阻挡温氏的步伐。

然而天有不测风云。农业养殖业与有生命的产品紧密关联，其终究不同于工业制造业，人类还没有完全掌控自然和生物的风险，而这种风险对养殖业的影响往往是致命的。1997 年 8 月，中国香港报告了全球首例人感染 H5N1 流感病毒死亡的病例，后续又有 17 人感染，6 人死亡。这种未知的疾病经过媒体的报道，使公众和市场陷入巨大的恐慌，人们谈禽色变，一时间活禽交易市场被关闭，鸡价暴跌。这给温氏带来了非常不好的后果，用当时董事长温鹏程的话来说，就是在连续几年形势非常好的情况下，突然遭受一棒重击，温氏始料不及。此时温氏体量已经很大，规模越大受冲击越大、亏损越重，眼看温氏每天赔掉几百万元，内部股价大幅缩水，很多农户认为温氏撑不了多久，把自己的鸡卖掉后纷纷提走存在温氏的保证金，终止养鸡合作。各网点负责人面对蜂拥而来的长期合作的农户，坚定执行公司的精神，重合同守信用，保证足额兑现，合作户要提取多少就足额兑现多少，想方设法保证兑现，以免传导负面消息引起更大的连锁反应。另一方面，当时华南农业大学很多畜牧系的教师愿意增加在公司的持股，或者借款给温氏，共渡难关。得到合作者和全体股东的支持，筹集到了宝贵的资金，温氏平息了恐慌。面对大萧条，每个企业都不可能置身事外，谁的资金链能维持更久，谁就更能生存下去。而且，与华南农业大学合作以后，温氏的综合竞争力不知不觉已经遥遥领先，同样生产一只标准体重的肉鸡，温氏的成本比同行平均可以低两元钱，市场比较好的时候，这不过是赚得多与少的区别，到发生市场危机、竞争较劲的关键时刻，两元就是生和死的天差地别。资金和成本的综合优势缓解了温氏减产和销量下降的压力，为疫情之后的复产积蓄了潜力。H5N1 疫情出现 10 个月后，逐渐平息，肉鸡市场反弹，供应又陷入极度短缺，温氏生产机器重新开动，迅速恢复了元气。与温氏形成鲜明对比，曾经辉煌一时的新兴县同行养殖企业，三温一古的其他几家却在此后几年相继倒下，令人不胜唏嘘之余，更有待深入分析思考，找出温氏成功之道，弄清其应对危机的基础和独到之处。

在旁观者看来，温氏在发展过程中，经历一些巨大的困难、挫折或者危机以后，经常因祸得福，反而有新的发展。虽然这些困难、挫折或者危机的确对企业影响巨大，甚至是致命的，但在温氏内部，其管理团队胸有成竹，根本没有任何的动摇畏惧，他们对美好的前景从未抱有怀疑，而是满怀信心去战胜困难，万众一心。温氏对未来和前景没有出现认识上的模糊，方向非常坚定，这源于对温氏雄厚实力的自信，也与温北英养鸡之初屡败屡战的精神一脉相承。

这轮危机及其引发的挤兑可以看作原来保护价收购的升级版。

温氏撑过危机，既是生产经营的成功，也是防疫的成功。1997年禽流感疫情中，温氏分散在各地的养鸡场生产运行正常，肉鸡成活率达95%以上，但几年前情况却并非如此。虽然温氏与农户的合作由来已久，但最初合作农户都是乡亲近邻，环境大同小异，当时还没有一个科学系统全面的生物安全的概念。大范围推广发展之后，各地养殖场及农民养殖条件不一致，人员知识水平及经验不同，难以科学保证生产的稳定，疫情控制不好的话，成活率低，各方利益得不到保障，整个基础就会动摇。对此，温氏组织专家教授到各地去讲课培训，成年累月坚持不懈，让农民有办法、有信心，只要他们按照公司的技术方案养殖，就能保证成功。

到1999年温氏与华南农业大学合作，发展形成家禽生物安全体系，开国内先例，并获得1999年国家级科技攻关成果奖。从最基础的换衣鞋消毒，到复杂的疾病检验检测，农民最关心的养殖安全和稳定性问题通过企业的力量、规范的推广落实得以根本改善。

1986年温北英总结的养鸡36条规则，是源于其个人经验，时隔13年，养鸡规则上升到科学系统全面的生物安全，从朴素的经验到科学的体系，从单打独斗的总结到有组织的集体创新，温氏既传承了精神，又实现了脱胎换骨。

3.3　创新发展

2003年"非典"暴发，举世色变。祸不单行，2004年初禽流感再次来袭，影响东亚整整一年。中国活禽产业格局在此起彼伏中悄然改变。对经济上的挑战温氏轻车熟路能够从容应对，甚至变不利为有利。但是政府关闭活鸡市场的动向让温氏警觉。活禽产业面临巨大风险，必须面对并且降低风险，温氏开始调整产业结构布局。

为应对风险，同时获得新的发展空间，温氏决定开辟新的战场，寻找新的经济增长点。让一艘大船改变航向绝非易事，但既然无论愿意不愿意都要改变，那就不如主动适应环境。1998年温鹏程和同事们尝试进军比活禽更重头的猪肉市场，这是温鹏程继任以来独立做出的最重大决策，一定程度上改变了温氏此后几十年的命运走向。从某种意义上讲，温北英下放回家以后选定养鸡为生，与三十几年后的温氏选择猪肉市场，都是在环境变化逼迫之下人或者组织主动选择的结果，虽然二者的物质经济基础已经有天壤之别，一个是被逼无奈，一个是未雨绸缪，但是面对现实、选择大方向、适应环境、谋得长远出路的内核却是相同的。

猪肉在我国占肉类消费总量的约60%，原来我国农村生猪养殖的典型方式为以家庭为单位，每家一般只养一两头。1998年温氏集中了全国畜牧业十几位资深专家，与温氏高层共同研讨养猪业的发展前景。当时国内最大规模的猪场生猪不过万头，温鹏程立足温氏实力现状，决定养猪，提出近期100万头，未来400万头的计划，众人大吃一惊，认为那是天文数字，温鹏程过于激进。如此大规模的生猪养殖，饲料原料、饲料生产供应、疾病防控等各环节、各方面都充满了未知的挑战。温氏以自己的方式，从品种、养殖规范、疾病防控等各方面系统开展调查研究开发。其中比较关键的一环是育种，猪的育种成本高、周期漫长，养猪团队承担了巨大的压力。开始着手育种的三四年间，养猪投入占整个集团研发开支的1/3以上，甚至接近一半，但养猪利润贡献却很小甚至没有，被批评投入过高，创收遥遥无期。但温氏最终坚持了下来，大量投入、大量实验换来华农温氏1号猪配套系，2006年该品种获得农业部畜禽新品种证书，当年温氏养猪规模达到100万头，巨大的数字背后依然是熟悉的温氏模式支撑集团完成了别人无法想象的成绩。温氏养猪实行产业化全流程闭环经营，而不是传统的分段经营，通过系统配套、繁育、疾病防控、养殖市场等全方位形成合力，获得发展新引擎，温氏高歌猛进。2007年温氏营业额达133亿元，首次跨入百亿级企业之列。

2016年猪价创历史新高，中国养猪企业也赚得盆满钵溢，净利达到史上最高。根据 2016 年全年生猪出栏量统计数据，中国养猪企业排前几名的分别是温氏、正大集团、宝迪、牧原等。其中温氏 2016 年 1—11 月生猪出栏量为 1 500 多万头，当时预计全年将超过 1 700 万头，稳居中国生猪养殖企业第一的位置。2016 年温氏一家出栏量几乎相当于排名 2~10 位 9 家企业的总和，在大型养猪企业中一骑绝尘、遥遥领先。

信息技术应用方面，早在 1991 年，基于 286 电脑温氏即开始了计算机网络应用。2008 年遭遇全球金融危机，中国南方低温寒潮来袭，温氏内部出现机构庞大反应迟缓等迹象。为解决分散的网点的信息孤岛问题，温氏加快了始于 2005 年的集中式信息系统 EAS 的建设，开展 EAS 信息化改造。这让温氏决策经营的每一个环节可控、可追溯，每一只鸡、每一头猪均在掌控中。

在数据上升集中的同时，温氏企业权力适当下放分散。组织结构变革以前，温氏管理架构分为总部、分公司及生产单位三级，分公司不胜重负，总部指挥不畅。成立二级半公司以及后面的事业部改革，使权力整体下移，各级管理者积极性得到显著提高，响应更及时迅速，专业化分工更加明确。

近几年，围绕养殖主业，温氏全面出击，涉足环保技术、自动化设备、互联网技术等领域，并展开更大规模的畜牧业生产，一次前所未有的系统性产业升级浮出水面。温氏上下充满紧迫感，这源于他们对环境变化的敏感、对形势一如既往的准确判断。

2014 年，连任四届全国人大代表的温鹏程又一次参加全国人民代表大会，中央文件对农业现代化的实质问题给出方向化指引，温鹏程的议案准确契合文件精神，家庭农户到家庭农场，促进规模化发展，促进土地流转，底层与高层对中国农业、农村、农民的理解交相辉映。温氏具体提出了合作农户收入"倍增计划"。

温氏的发展历程与时代密不可分，时刻紧跟时代步伐成为企业共识。2014 年，史上最严环保法案公布，引发养殖业震动，大量小型猪场被迫关停，在这几个月前在 H7N9 型禽流感疫情中折损 30 多亿元的温氏被质疑难以经受环保考验。集中养殖的规模化猪场污染问题突出，但是温氏已然针对这一问题布局准备在先，吸引全国优秀的环保人才，开展研发，不但解决了自身环保的问题，还对外提供农业养殖业环保整体解决方案。对温氏来说，环保不是一道坎，而是一块可以借力的跳板。

温氏鼓励创新，鼓励闯荡，认为哪怕中间出现一些问题，也要有雄心壮志去把握机遇、迎难而上。温氏以全产业链经营为看家本领，早在温北英时代就开始探索养殖产业周边业务。2011 年温氏旗下由生物药厂发展而来的动物保健品企业广东大华农动物保健品股份有限公司在深市创业板上市，温氏努力把配套业务做到各自领域的顶尖水平。

温氏把不等不靠作为企业传统，自己不断给自己加码加压。温氏在疾病防控环节一直受到可用药物以及安全药物的严重制约，建立自己的生物药厂成为企业上下的共识，但民营企业在很长时间里无法获得生产资质，只能寻求与国有企业的并购合作。1999 年开始温氏踏上艰难的并购之路，3 年多时间相关人员跑遍了全国各地的兽药厂，却总是阴差阳错，当事人历尽艰辛，直至 2002 年温氏才投产第一家对民营企业开放的 GMP 生物药厂，一年后药厂正式投产，当年实现利润 1 500 万元。2011 年广东大华农动物保健品股份有限公司成为温氏旗下第一家上市公司。

周边产业扩张，不仅是开拓新的发展领域，更为重要的是对于温氏主业的成本贡献及产业链整合，保障整个产业的高效可控。2007 年温氏成立广东南牧机械设备有限公司，2013 年温氏旗下环保设备企业广东益康生环保科技有限公司挂牌成立，这不仅是配套业务探索，而且标志着温氏用自己的方式开始对传统的养殖生产方式进行改革。

3.4 "公司＋农户"的未来

在生产、产品、科技上全面进取、开拓新的市场、进入新的业务领域的同时，温氏不断在组织结构、组织形式、经营管理模式上探索创新，对曾经作为温氏安身立命根本的"公司＋农户"模式进行深入思考研究，立足现在，放眼大环境，着眼于未来长期的可持续发展。

从 1983 年到 21 世纪的最初 10 来年，温氏依靠"公司＋农户"模式，以养鸡养猪为主要业务，兼营饲料加工、生物制药和食品加工等相关行业，跨行业、跨地区发展，成为新型畜牧食品集团。通过"公司＋农户"模式，温氏在华南、华中、华东、西南、华北以及东北等地设立分公司和子公司，与合作养殖户通过资金、场地、技术、管理、劳动力、渠道等生产流通要素实现资源优化组合，公司承担饲料生产供应，养殖技术提供，种苗的研制和生产，防疫药物和技术等方面的研究、组织、推广，以及产品的验收和销售等，合作农户投入场地、资金、设备以及劳动等要素，互利合作，公司、农户以及上下游伙伴均获得了较好的社会经济效益，该模式对于温氏最初十几年的发展起着基础性的作用。此外，该模式兼具对于企业实践和管理理论、农村发展实践和理论、相关行业科学技术研究等方面的意义，成为企业、科研院所、政府重要的借鉴和研究对象。

随着宏观环境的变化，以及温氏自身和合作农户诉求的变化，"公司＋农户"模式遇到挑战。一方面，温氏自身的现状、市场形势、竞争对手、市场空间以及发展目标都提出更全面、更高的发展要求。另一方面，更为头疼的是，原有模式下农户由于资金、场地、劳动力等限制了规模，合作养殖收入增长前景不乐观。随着经济发展与我国人口增长背离、劳动力短缺现象的出现及不断加剧的趋势，劳动力从事养殖之外的务工务农经商收入在相对增加。这一变化，短期看影响不明显，却是温水煮青蛙，如果不未雨绸缪，温氏可能不知不觉陷入前所未有的困境。2011 年有研究认为，如果在不久的将来，农户户均年收入不能从原有的 3 万元左右增长到 5 万元，与温氏合作的农户数量很可能会趋势性减少，温氏的"公司＋农户"模式很大程度将失去吸引力。

实际上，2008—2011 年，温氏合作农户的新增数和退养数相比，虽然相抵后总体还是净增加的，但是净增加的绝对数量已经在下降。需要特别指出的是，农户决定退养，是很慎重的，因为其已投入资产作为沉没成本，要面临较大损失。

还有其他影响因素可能影响"公司＋农户"模式的前景。即使经济上依然合算，传统的养殖业对于新一代的年轻农民的吸引力还是在明显下降。传统人工为主的养鸡养猪模式，苦、累、脏、臭，工作量大，工作环境差。虽然是规模化养殖，但大多依靠人工进行喂料、清粪、免疫操作等，干这些工作，既需要一定的技术，又需要有较强的体力，且工作重复性强，致使养殖人员身心压力大，劳动生产率低。受过教育的年轻人更倾向于工业化、城市化的工作和生活方式。

此外，传统情境下的规模化养殖业，对于养殖场周边环境有比较大的负面影响，其粪便、臭味、噪声等导致环境污染，可能会被当地政府、当地居民抵制限制。

为应对"公司＋农户"模式面临的问题，2010年前后，温氏提出了合作农户的收入"倍增计划"。

该计划的核心目标，是提高单位合作户的规模。温氏提出家庭农场概念并推动实施，使得养殖规模和每年出栏数实现一倍以上增长，从绝对数量上做大共同利益的蛋糕，保证合作农户实现一倍以上的收入增长。

原有"公司＋农户"模式下，以养鸡为例，2010年合作农户的养殖规模约为7 500只/批，人均年收入35 000元。经过调研，基于投入资源要素禀赋的提升目标，通过养殖技术创新以及要素组合优化，提高总体投入产出比，尤其是提高单位人力场地投入产出比，是可行之道。

如前所述，温氏通过与科研院所的紧密合作，引进并自主研发种禽种畜新品种，在优质肉鸡和肉猪方面形成品系，在畜禽养殖疫病防治技术方面，立足各项技术及管理规范，经受住了历次禽流感、传染性囊病、马立克氏病等的侵袭考验，开发了针对不同品种、不同阶段畜禽的优质配方饲料，创新养殖模式，推广扩建鸡舍、设立专门育雏鸡舍、分段养殖等模式。其中，仅分段鸡舍一项，就可使养户每年多出1~2批成品鸡，大大提高养殖收益。

温氏积极探索研发饲养自动化设备。通过先进的自动化机械养殖相关设备，可以大幅度提高生产效率，降低养殖劳动强度。传统的人工喂养，一个5 000~9 000只的普通鸡舍，每天投料3次需要6~8个小时，而自动喂料只需要不到20分钟。与美国养鸡户的养殖规模相比，2011年温氏平均每户仅8 000只左右，而美国养殖户通过自动饲喂、自动清粪、养殖环境自动控制等技术和设备，平均规模达到10万只。实际上1990年以前，簕竹鸡场就曾经尝试自动化投喂送水等技术，但是因为资金、技术等方面的原因，只是在本部尝试，没有向合作户推广。时至今日，一方面"公司＋农户"模式面临诸多潜在问题，另一方面，合作农户，尤其是长期合作的大户，积累了一定的资本，投入机械化、自动化设备和技术替代昂贵的人力，既具有经济上的必要性，同时具有现实可行性。

为解决传统农户养殖过程中散养敞开、随意、卫生防疫难以控制等问题，提高成活率，最终降低养殖风险，温氏从一开始就推行标准化、规范化的现场管理，通过育种公司、饲料公司、动物保健品公司等实现统一进苗、统一品种、统一用料、统一防疫消毒、统一产品上市。温氏各地技术服务部门定期对合作农户的通风保温、饲养密度、饲养周期、药物配比、免疫接种等提供免费上门指导。信息化管理深入公司及合作农户,实现物流、资金流、数据流的联动,实时反映所有部门及分支机构的运营状况。为适应食品安全可追溯体系建设的需要,温氏积极推广应用射频识别(RFID)、掌上电脑(PDA)等技术、设备实时掌握每一批禽畜的入栏(入舍)时间、饲料领取投喂、出栏、疫苗使用等全过程各种信息。

如前所述,簕竹鸡场成立之初,温北英就建成了一个小型鸡、鱼、果立体式的生态系统。一举数得,省时省力省钱。大规模禽畜养殖,环境友好问题更加突出。今天,保护生态环境实现可持续发展已经成为社会共识,企业必须实现与环境的和谐相处。现在很多地方,环保评估可以对养殖项目一票否决,温氏在国内领先的养殖环境管理、粪便处理技术,通过节水环保型禽舍猪栏,以及自动化粪便清理收集、污水处理、堆肥、发酵处理、沼气、鱼塘以及有机肥等配套技术,既解决了养殖环境本身的卫生安全问题,避免了因为环境问题影响发展扩张,还变废为宝,相对于竞争对手占据了先机。

实际上,解决环境问题,大规模养殖相对于传统零星养殖具有巨大的优势。小规模零星养殖,主要依赖于人工劳动,不具有规模经济效应,各家各户分散养殖使得各种技术设备的使用相对于产出成本太高。而规模化养殖达到一定体量,就可以比较经济可行地推广各种处理技术和设备。

为保证养户收入"倍增计划"顺利实施,温氏多管齐下。

首先是组织保证。集团成立收入"倍增计划"项目领导小组,总裁担任组长,副总裁级领导担任副组长,各二级公司总经理担任组员,负责项目政策研究及计划。各二级公司成立"倍增计划"推进小组,而各二级半公司则成立"倍增计划"执行小组,层层落实到位。

其次是设立"倍增计划"专项基金,鼓励养户扩建养殖场地或购买自动化设备。各二级半公司按照上年上市禽畜数量提取"倍增计划"专项经费,专门补贴给养户,解决其扩大规模、提升生产自动化过程中所遇到的资金短缺问题。

再次是加强服务辅助,成立养户辅助专业队,承担种苗饲料配送、疫苗免疫、断喙等业务,减轻养户劳动强度,提高养户养殖热情。

最后是建立"倍增计划"激励机制，促进各项工作落实到位。将该工作进度纳入年度考核体系，责任到人，提高各级人员的责任心和积极性。

3.5 新的征程

2018 年 8 月 15 日，温氏取得广东省云浮市工商行政管理局换发的《营业执照》，广东温氏食品集团股份有限公司正式更名为温氏食品集团股份有限公司。

2019 年 6 月 20 日，农业农村部、财政部公布了 2019 年国家现代农业产业园创建名单，由温氏股份牵头建设的"广东省新兴县现代农业产业园"成为全国首个获批建设的畜禽种业国家现代农业产业园。

2020 年 7 月 27 日，《财富》中国 500 强排行榜发布，温氏凭借营业收入 731.44 亿元入选，位列第 138 名，较 2019 年榜单上升 17 名。

2020 年 12 月，温氏被授予"农业产业化国家重点龙头企业"。

2021 年 2 月，温氏获得"全国脱贫攻坚先进集体"荣誉称号。

2021 年 10 月，MSCI 将温氏 ESG 评级由 B 级上调至 BB 级，成为国内"农、林、牧、渔"之"畜牧业"中首家达到 BB 级评级的上市公司。

截至 2021 年底，温氏已在全国 20 多个省（自治区、直辖市）拥有控股企业 402 家，合作农户约 4.54 万户，员工约 4.4 万名。

温氏踏上新的征程，面对新的挑战。

参考文献

[1] 温氏食品集团股份有限公司官网.[2022-01-26].https://www.wens.com.cn/index.aspx.

[2] 胡浩民，张乐柱.30 年温氏发展轨迹制度性解析.北京：中国农业出版社，2013.

（陈智勇）

第五章

追求阳光下的利润
——万科

vanke

我们最初靠贸易起家，往往需要搞关系、倒批文，钻政策和法律的空子。公司要发展，成就一番事业，不能走老路，要规范。中国要进入市场经济，规范是必不可少的前提。我们力图按照国际上通行的惯例来做。从谋求股份制改造开始，我们就需要把规范化放在核心地位，要做中国最规范的企业。——王石

1. 引言

万科的前身是成立于 1984 年的深圳现代科教仪器展销中心。这是一家贸易公司，隶属于深圳国资委管辖下的深圳经济特区发展公司（简称"深特发"）。1988 年，在王石的坚持和运作下，公司争取到股份制改造的机会，并更名为"深圳万科企业股份有限公司"，成为深圳乃至全国股份制改革的先行者。股份制改革，让万科摆脱了母公司深特发的直接控制，获得了难得的自由。就在同一年，党的十三届三中全会把"加快出售公房，逐步实现住房私有化"作为治理经济环境、整顿经济秩序、全面深化改革的主要内容之一。"春江水暖鸭先知"的万科，抓住千载难逢的机遇进入房地产行业，登上了中国房地产改革的首班车。在王石的带领下，万科在房地产行业迅速崛起，成为中国房地产行业的领导者。

万科崛起的时候，恰逢中国从计划经济向社会主义市场经济转轨，原来的行政管制松动了，新的产权和法制又尚未建立，在亦此亦彼、非此非彼之间，机会巨大，诱

惑甚多。万科从事的房地产行业，更是一个极度缺乏约束规则、野蛮生长的行业。在人们的印象中，房地产业经常是和"贪婪""暴利""驱逐市民""破坏城市记忆""不守规则"等词联系在一起的。但王石和他的万科，用个人和企业的不懈努力，与这种"刻板印象"相抗争，最终成就了今日的万科。

30多年后的今天，王石和他的万科，不仅因为是中国房地产行业的领先者而受到人们的赞扬，更因为他们在国家政治、经济制度的变革中，能够坚守"正道"、坚守规则而受到人们的尊敬。

2. 命运的招呼

命运，总是在不经意间，把人引向他该去的地方。

1968年，初中还没毕业的王石应征入伍，成为空军某汽车团的驾驶兵。5年的军营生活，弥漫的戈壁风沙，磨炼了王石的意志。为了调剂漫漫黄沙中的单调生活，王石常常在响熄灯号后蒙在被窝里自学数理化，还阅读《红与黑》《十日谈》《神曲》《红楼梦》等中外名著。

1973年，王石复员回到郑州。为了获得上大学的机会，他放弃开车的工作，到一家铁路工厂做了一名锅炉维修工。一年后，王石被选送到兰州铁道学院，分到他并不喜欢的给排水专业学习。在学校，王石在课余时间自学了政治经济学和英语。大学毕业时，他已经能够阅读狄更斯的《大卫·科波菲尔》等原著了。

1977年大学毕业后，王石被分配到广州铁路局工程五段做技术员。工程五段主要负责北至广东、湖南交界的坪石，南至深圳罗湖桥头路段的土建工程项目。

1978年4月，公司接手深圳笋岗北站消毒库项目，27岁的王石随同施工队第一次来到深圳。那时的深圳，只是一个偏僻渔村，而且还属于边防禁区，不是随便什么人都能去。施工之余，王石去了一趟沙头角，还通过熟人的安排，去了一趟罗湖桥边检口岸。在罗湖桥头的那边，就是与深圳一河之隔的香港。河对岸，香港的山影清晰可见。当时无人料知，一场巨大的变革将在中国内地发生，而这场变革的中心，就是深圳这个小小的渔村。

1978 年底，具有历史转折意义的中国共产党十一届三中全会在北京召开。在这次大会上，形成了以邓小平同志为核心的党的第二代中央领导集体，全会做出将全党的工作重点转移到社会主义现代化建设上来的决定。中国的历史即将发生重大的变化。

1979 年夏季，深圳西部的蛇口在香港招商局的主持下投入大规模开发。一时间，全国各地的精英云集海湾，开发速度惊人。仅仅一年多的时间，一个生气勃勃、环境优美、交通便利的现代化海滨新城就呈现在人们面前。一切简直快得像一个神话，而这个神话就是蕴含着新的管理理念和做法的"蛇口模式"。

1980 年 8 月 26 日，五届全国人大常委会第十五次会议批准了《广东省经济特区条例》。这一天，也是深圳经济特区的成立日。

就在这一年，王石通过招聘，脱离铁路系统，进入广东省外经委，做招商引资工作。王石活跃在春秋两季的"广交会"上，每天早出晚归，努力工作，感觉一切都是新课题，一切都那么新鲜刺激。就在满怀激情的忘我工作中，问题出现了。在当时机关论资排辈的传统氛围中，王石因自我实现、自我追求的工作表现而受到批评。自此，王石萌生了离开的念头。

转眼到了 1983 年春天。深圳来的一位朋友告诉王石：在短短 3 年的时间里，深圳发生了翻天覆地的变化。现在，整个深圳都成了大工地，罗湖区的两座山头都被铲平了。那位朋友还说：现在一些年轻人都从香港来深圳，赚的钱比在香港还多。

听了朋友的话，5 年的兵役生活浮现在王石脑海中，一股英雄主义的豪迈气概从胸中升起。王石豁然开朗：应该去深圳特区施展个人才干，实现个人抱负。

就这样，已经 33 岁，当过兵、做过工人，在政府机关工作了 3 年的王石，不甘于平庸，凭着拼搏奋斗的雄心，毅然放弃在广东省外经委的工作，只身从广州来到深圳，在时代的浪潮中追逐自己的梦想。

3. 商海中的历练（1983—1987 年）

3.1 倒卖玉米挖到第一桶金

1983 年 5 月，王石乘坐广深铁路列车抵达热浪滚滚的深圳。

在来深圳之前，王石已经打定主意，到深圳当时最有影响力的公司——深特发谋求发展。这是一家特别的企业，其前身是深圳经济特区管理委员会，在初期的引资中，许多项目都是管委会负责谈判并签合同具体实施。这家公司还行使特区政府职能。

带着广东省外经委的介绍信，王石找到深特发的掌舵人。通过会面，双方达成一个还算令人满意的结果：王石作为省外经委派出人员，同深特发合作做生意。简单地讲，广东省外经委不提供资金，只提供一个人挂靠在深特发，合作双方各拿一半的盈利。

第二天，王石到深特发贸易部报到，被分配到贸易一科。贸易部没有现成的业务，全凭个人关系或送上门的机会做进出口买卖。走访了深圳的几家进出口公司后，王石发现深圳最畅销的进口产品竟然是台湾生产的折叠伞和日本制造的味精。这么做，转手赚几万、几十万没有问题，但王石没有跟风。他想，现在申请批文、订货，等交货时，说不定市场已经过剩，供过于求了。

一天，王石乘小巴去蛇口，望见路北一侧耸立着几个高大的白铁皮金属罐。他向周围的人打听，得知是饲料厂的玉米储存罐。"玉米？广东不生产玉米啊，这些玉米哪里来的？"王石问。对方回答说："香港。"可香港也不生产玉米啊？再仔细打听，王石才得知这些玉米来自美国、泰国和中国东北，出口到香港后，再进入深圳。王石带着疑问，直接找到饲料进口商，询问为何不直接从东北采购。对方回答说："我们也想从东北直接采购，以降低原料成本，只是解决不了运输问题。"王石立刻意识到这是一笔大生意。尽管并不清楚东北到深圳的运输情况，但在巨大商机的驱动下，王石决定硬着头皮往前闯。几经打探，王石和广州海运局总部联系，对方答复可以运输。王石从居住的招待所聘请了一个帮手。就这样，第一单 30 吨的玉米生意做成了。通过倒卖玉米，王石在商海挖到了第一桶金。

赚了钱，买了一辆丰田小卡车，王石一人多职：组长、推销员、货场搬运工、司机……忙得不可开交。陆陆续续地，饲料贸易组的人手增加到 7 人。随着时间的推移，饲料贸易组专项账户上的资金越滚越多，业务运行得十分顺利。

然而，天有不测风云。1983 年 8 月，香港媒体报道：鸡饲料中发现致癌物质。一夜间，香港人不再吃鸡肉，鸡饲料瞬间失去市场。王石饲料贸易组的畅销玉米也成了滞销货。无奈之下，王石只好低价拍卖。一役下来，赔了 110 万，除了把白手起家的 40 万搭进去，还有 70 万的负债。只要供货方催逼货款，王石随时可能破产。

王石不相信香港人从此之后不再吃鸡。他打点行装，找到大连粮油进出口公司，把对方的库存玉米全部买了下来。第二站天津，第三站青岛，一共购买了 7 000 吨玉米。真是天助王石，就在这些玉米要停靠蛇口赤湾码头的前两天，香港报纸刊登了一条消息：之前的报道有误，饲料中不存在致癌物质。一瞬间，玉米又变成了金豆子。第二役，王石不仅赚回赔掉的钱，而且净盈利 300 多万。

此时的王石，则心生退意。在他看来，饲料行业在中国不可能成为一个有前途的行业，他准备见好就收。

3.2　辞职下海

1984 年 1 月，邓小平视察深圳，并写下："深圳的发展和经验证明，我们建立经济特区的政策是正确的。"在邓小平离开广东后的第二个月，中共中央做出重大决定，宣布"向外国投资者开放 14 个沿海城市和海南岛"。中国的对外开放由点及面，最终形成了沿海全境开放的格局。

这一年 5 月，深特发筹建深圳现代科教仪器展销中心（以下简称"展销中心"，这就是万科的前身），希望王石担任总经理一职。深特发开出的条件是：广东省外经委不用投一分钱，利润三七分，但亏损也要按比例分担。

王石上报省外经委的主管领导，主管领导认为不能接受承担亏损的风险，并提出终止与深特发的饲料业务合作，让王石尽快返回广州上班。王石面临着返回省外经委上班，还是脱离外经委留在深特发的选择。他无意走回头路。随着一张 85 万的支票汇回省外经委指定的账号作为双方合作一年的分成，王石终于结束了"一仆两主"的尴尬角色，随即走马上任展销中心总经理一职。

1984 年秋天，十二届三中全会通过了《中共中央关于经济体制改革的决定》，"商品经济"首次写入了这一纲领性文件中。商品经济大潮如惊涛拍岸，势不可挡。

这一年9月，展销中心正式营业。按照特区政策，特区进口的国外产品不能销售到特区外，但不限制特区外客户在特区内购买商品运出特区。因此，展销中心的经营手法与倒卖玉米的没有太大区别：先收内地购货企业货款的25%作为定金，然后向港商订货，按同样比例付款给港商，等货到深圳后，买方付清余款提货，展销中心收到款后再付给供货商。展销中心的营业厅每天挤满交款的客户，生意非常火爆。

进入1985年，国务院对计划外调汇和机电产品进行全面清理，银行也收紧银根，进口电子产品市场出现萎缩端倪。就在此时，深特发要无偿调拨展销中心800万美元额度，这对于已经陷入困难的展销中心来说，无疑是雪上加霜。王石拒绝了深特发的要求，由此激化了与深特发的矛盾。为了防止类似变故，王石决定创建一家新公司——新一代企业有限公司（以下简称"新一代"），展销中心在行政上归属于新一代。这在一定程度上隔离了深特发对展销中心的影响。

1986年10月，深圳市政府颁布了《深圳经济特区国营企业股份化试点暂行规定》，鼓励深圳大型国营企业进行股份制改造。将展销中心改制成一家符合现代企业规范的股份公司这一想法，首次出现在王石脑海中。

1987年6月，公司的名字变更为"深圳现代科仪中心"（以下简称"科仪中心"）。这一年，为了扶植民族机电产业，国务院机电进口管理办公室改整机进口为散件进口，规定不可直接进口整机，只能进口散件，再在国内组装、销售。科仪中心分别与日本索尼等厂家达成协议，进口散件，国内组装，改变了之前直接进口整机销售的情况。

由于索尼在中国大陆建立了7家维修站，王石也有了在深圳建立一家新的索尼设备维修站的想法，以扩大市场影响。几经周折，王石最终在深圳建立了索尼设备维修站。这次经历对王石有很深的启发。他第一次感受到什么是售后服务，感受到索尼对客户负责的鲜明态度。原来他只知道索尼的设备技术含量高、质量一流，这时才体会到：在一流设备的后面，还有一个为客户着想的精益求精的售后服务的技术保障体系。

两年以后，万科投资的一个房地产项目——深圳天景花园交付使用。那时，虽然不大懂什么是物业管理，但索尼的"售后服务意识"已植入公司的经营理念，为此，万科建立了深圳第一家业主管理委员会，并制定了服务业主的管理章程。不经意中，优秀物业管理成为万科地产品牌的内涵之一。

4. 第一次扩张（1988—1992 年）

4.1 股改风云

1987 年 11 月，公司更名为"深圳现代企业有限公司"，全力以赴进行股份制筹备的推进工作。然而，作为特区辖下的国营公司，员工不愿意放弃旱涝保收的"大锅饭"和"铁饭碗"。通过轰炸式宣讲、恳谈会等形式进行解释说服后，大多数人同意公司进行股改。

在顾问公司香港新鸿基证券的指导下，公司反复斟酌，经过 17 次修改，招股通函最终定稿。在招股通函上公司制定了要遵循"规范、透明、守法"的条款，管理层对此进行了热烈的争论。多数人认为：在当时的市场环境下，大多数企业运作不规范，万科的规范无疑会束缚自己的手脚，死路一条。所以，不能一味书呆子气地对规范化动真格。作为少数派，王石则坚持："我们最初靠贸易起家，往往需要搞关系、倒批文，钻政策和法律的空子。公司要发展，成就一番事业，不能走老路，要规范。中国要进入市场经济，规范是必不可少的前提。我们力图按照国际上通行的惯例来做。从谋求股份制改造开始，我们就需要把规范化放在核心地位，要做中国最规范的企业。"在王石看来，同过去决裂，走规范化的道路，可能有走不通的风险，但将来市场规范了，公司不仅能继续生存下去，还会处在一个制高点，走在前头成为标兵榜样。

接下来，公司向深圳市体改办公室提交了股改报告。经过与主管体制改革的副市长朱悦宁讨价还价，公司 1 300 万的净资产四六分成，国家占六成，公司占四成。第二天上午，王石望眼欲穿地等着办公厅的红头文件，却被电话告知深特发副总经理正带领一帮人在市政府请愿，要求撤回批准公司股份制改造的文件。公司股改计划只能暂停。这对王石来说，犹如当头泼了一盆冷水。

几番周折，1988 年 11 月 21 日，深圳市政府批准了公司的股改方案，公司更名为"深圳万科企业股份有限公司"。原公司以净资产 1 324 万元折合 1 324 万股入股，国家占60%，员工占 40%，公开募集社会资金 2 800 万元，其中 1 000 万元为特别人民币股，由境外投资者购买。深特发从上级主管部门，变为万科的第一大股东，持股 30%。万科员工的股份数为 500 多万股，其中 10% 允许量化到个人头上，其余 40% 由集体持有。王石希望两袖清风实现一番事业，主动放弃了自己的股份。

1988 年 12 月 28 日，万科股票公开发行。那一年，深圳市证券交易所尚未建立。尽管是公募，特区党报也帮忙摇旗呐喊，但股票当时还是一种新生事物，人们的反应更多的是怀疑和不信任，企业、市民不愿意购买。无奈之下，王石不得不担任总指挥，亲自带领团队向一些机构、企业推销公司股票。① 1989 年，在一些朋友的帮助下，招股工作顺利完成。

股份制改造及公开发行股票之后，万科的股权进一步分散，第一大股东持股比例不到 10%，是名副其实的公众股份公司。自此之后，万科的企业性质不再是国有企业了，上级领导再也无法干涉公司经营。借助股份制改革，王石让万科拥有了类似于民营企业的超稳定的人事结构。在之后的几次股改中，大股东深特发的持股比例一降再降，王石与曾经的"东家"深特发的人事关系也无足轻重了，这也为王石长期控制万科打下了坚实的基础。②

4.2　进入房地产领域

早在 1987 年 7 月，深圳市就出台了土地管理改革方案，到年底，通过拍卖等不同形式有偿转让了三块土地。之后，广东省人大常委会通过了《深圳经济特区土地管理条例》，规定土地使用权可以有偿出让、转让。其后，全国许多城市参照深圳的做法，实行国有土地使用权有偿转让制度。国有土地使用权有偿转让，昭示着中国城市化的未来发展方向。

1988 年 9 月，党的十三届三中全会把"加快出售公房，逐步实现住房私有化"作为治理经济环境、整顿经济秩序、全面深化改革的主要内容之一。那时，深圳开发房地产的门槛很高：非建筑行业的企业，必须通过招投标，拿到土地才批给开发权。11 月，万科参加了深圳威登别墅地块的土地拍卖。竞标开始，价格一路飙升。最后，只剩下万科与另外一家企业轮流叫价，互不相让。万科一个跳升，以 2 000 万元的

① 深圳证券交易所成立于 1990 年 12 月 1 日。1991 年 1 月 29 日，万科股票正式在深圳证券交易所挂牌交易，股票代码 000002。

② 在万科完成股份制改造 10 年后，《万科周刊》在回顾这段历史时，做了如下评价："股份制改革是一个打开鸟笼子的过程。"从这一点来说，王石和他的万科是幸运的。

高价，拿到了进入房地产行业的入场券。

在一段时期里，万科团队的主流派视这张入场券为"烫手山芋"，建议毁约。王石则认为，不仅不能毁约，还要继续竞标拿第二块地。一个月后，深圳天景地块推出，万科通过投标再次夺得该地块。深圳同行再也不敢轻视万科这只不怕虎的初生牛犊。就这样，万科进入房地产行业。

1989 年，万科地产有限公司成立。在开发"威登别墅""天景花园""荔景大厦"等项目时，万科坚持"高来高走"的原则，即建高档房、定高售价，精心策划、精心设计、精心施工、精心经营。万科地产高档化的特点，得到社会各界的公认。

1991 年，万科意识到深圳之外的地产有良好的发展机会，迅速与外商合作，拍得上海的一块住宅用地，进入上海房地产市场。夺标后开发的高档别墅区"西郊花园"，获得业界的盛誉。

1992 年，万科实施东南沿海开发计划，陆续在上海、青岛、天津、广州等地取得多块土地的开发权，多数项目都顺利完成。

4.3 多元化战略

在房地产项目大张旗鼓进行之时，万科的多元化经营也持续发展。1989 年招股工作顺利完成后，所募集的资金除投向房地产开发外，还投向进出口贸易、工业生产等领域。公司与香港地区以及意大利、美国多家公司创办了合资企业，涉及电子分色制版、首饰制造、精品模型车、遥控电气开关等多项业务。万科还成立了影视部，开始拍摄电视剧；成立了工业供电服务公司，为小型工业区配套供电。到 1990 年，公司初步形成商贸、工业、房地产和文化传播四大业务为主的经营架构。

1991 年初，万科确定集信息、交易、融资、制造于一体的"综合商社"发展模式。为满足业务扩张需要，1991 年 6 月，公司进行增资扩股，所募资金主要投向房地产开发、工业生产、进出口贸易及连锁商贸、影视文化等领域。1992 年，在贸易方面，公司成立贸易经营本部，旗下万佳在武汉和乌鲁木齐开办商场，并增设大连公司、珠海公司、武汉公司、新疆公司和北海公司；在地产方面，香港银都置业、青岛银都花园、天津万兴和万华、上海万科房地产、北海万科地产等公司相继成立；成立万科文化传播有限公司，开展电影、广告、卡拉 OK 影碟等制作和发行业务；成立万科服装厂、万科足球队，收购怡宝饮料公司 51% 的股权。除此之外，还对国内 13 家企业进行股权投资。这些投资项目大多采用"0.4 投资法"，即公司参股 40%，但不控股。这种投资策略使万科迅速发展到 12 个城市、5 大行业，拥有 55 家控股、参股企业。

5. 走向专业化（1993—2002 年）

5.1 收缩与专业化

1992 年，邓小平南方谈话发表以后，国务院在 11 月发布《关于发展房地产业若干问题的通知》，明确指出："房地产业在我国是一个新兴产业，是第三产业的重要组成部分，随着城镇国有土地有偿使用和房屋商品化的推进，将成为国民经济发展的支柱产业之一。"在文件精神的刺激下，全国绝大多数地区出现了房地产急速膨胀的现象：房地产开发投资、土地批租量和开发量大幅增长，房地产公司数量迅速增加，商品房销售面积和价格快速上涨。

1993 年，万科把握机遇，决定放弃"综合商社"发展模式，明确了以房地产开发为主导业务的发展思路。在对贸易等非房地产业务进行重大调整、逐步压缩布局的同时，万科在房地产行业中进行跨地域快速拓展，项目遍及华南经济圈，长江三角洲经济圈以及山东半岛、京津地区和辽东半岛组成的渤海经济圈。然而，由于资金和人力资源的紧张，出现建设改工、过程延期、房屋质量参差不齐等许多问题，带来与客户之间的大量矛盾。其中，客户的投诉主要集中在房屋的建造质量上。在 1993 年的公司年会上，王石提出"质量是万科地产的生命线"，希望万科在质量管理方面学习行业中的佼佼者，提高对房地产行业流程的把握和控制。公司也提出"物业管理是万科最后防线"的口号，希望通过物业管理弥补在工程和销售方面出现的问题。在以后三年的时间里，万科在物业管理方面的投入不惜血本。

1993 年 4 月，万科成功发行 B 股，筹集 4.5 亿港元。发行 B 股，不仅让公司获得资金，还让万科从国际成熟投资人的角度审视自身的业务框架是否合理。1995 年下半年，公司决定在房地产业务方面"重返深圳"。一年半后，公司成功完成战略调整，由 12 个城市"遍地开花"转向重点经营深、沪、京、津四大城市，重点放在深圳。开发重点也从写字楼、商场向普通住宅转移。1995 年，普通住宅占万科在建项目的 21.23%，1996 年则上升至 75.75%。

与此同时，万科对贸易业务进行结构调整和资源整合，并转让工业项目，实施"收缩"战略。万科的收缩是通过两种方式实现的。一是卖掉公司。比如万科原来拥有的银都系列，它在成都、石家庄等地都有项目。在收缩的过程中，就把股权转让给合作方。二是进行留守，但是不再开发新的项目。到 1997 年，万科基本完成对房地产以外非核心业务的调整，专业化战略完成。

5.2 在房地产领域的扩张

1998 年可谓风云变幻：亚洲金融风暴波及俄罗斯、拉美，有蔓延全球之势，香港股市、楼市崩溃，仅次于中信的中国第二大信托投资公司广国投破产。

在国际环境风云变幻的背景下，中国房地产行业却不断迎来重大政策利好。1998 年 4 月，中国人民银行发布《关于加大住房信贷投入，支持住房建设与消费的通知》，标志着中央"适度从紧的货币政策"终于向住宅产业网开一面。7 月，国务院发布《关于进一步深化城镇住房制度改革加快住房建设的通知》，明确提出"停止住房实物分配，逐步实行住房分配货币化；建立和完善以经济适用住房为主的多层次城镇住房供应体系；发展住房金融，培育和规范住房交易市场"。随着这些政策的出台，沿袭了约 40 年的住房实物分配制度终止。

王石敏锐地意识到，中国房地产行业将迎来百年不遇的发展机遇。然而，房地产开发是资金密集型行业，没有大股东支持的万科，获得资金的渠道只有两个，一是银行贷款，一是扩股融资。受资产负债率所限，从银行获得的贷款远远满足不了万科的发展需要。因此，扩股融资成为万科的头等大事。从 1991 年上市到 2000 年，万科扩股 4 次，融资 17 亿元。但是，深特发不愿意扩股，它虽然还是第一大股东，但股权比例已经很小，再加上国有股不能在二级市场上流通，所以更不愿意增加投入。但是不增加投入就有可能失去大股东的位置，它又不甘心，所以干脆反对万科扩股。1997 年，大股东深特发进行了业务调整，确定以旅游、科技为主，万科被列入"编外"，要想获得第一大股东的支持已经不可能了。王石萌生出替万科另找婆家的念头，新婆家不仅要支持万科的房地产开发主营业务方向，还要为万科在国内外的融资渠道提供支持。此时，华润进入万科的视野。华润成立于 1948 年。在新中国成立后的相当长一段时期内，香港华润作为国有资本成为中国对外的重要窗口，在对外贸易方面扮演着举足轻重的角色。改革开放以来，由国家绝对控制的香港华润发生了翻天覆地的变化，由外经贸部在香港的窗口公司，转变为中央直属的 45 家特大型企业之一，旗下拥有 5 家上市公司，这些上市公司的资本已经国际化，在香港证券交易所挂牌上市的资本额已经占到华润集团的 70% 以上。

经过艰难的沟通和谈判，2000 年 3 月 8 日，深特发将所持股份转让给华润，后者及其关联企业合计持有万科 15.08% 的股份，成为万科的第一大股东。至此，万科与深特发磕磕碰碰维持了将近 17 年的关系终于结束。

华润入主之后，在不到三年的时间里，万科两次顺利融资。与此同时，万科开始增加土地储备，先后签约上海、深圳、北京等地的项目，并进入南京、武汉、长春等城市，在房地产领域迅速扩张。

5.3　以主题年提升公司管理

早在 1995 年，王石就要求公司每年在纷繁复杂的管理中，找出万科最需要解决的问题，用主题年的形式表达出来，将公司的管理重点通过潜移默化的方式传递给全体员工，作为本年实施的一项管理举措。1998 年，万科推出"职业经理年""专业追求、永无止境"的主题。1999 年提出"团队精神年""配合默契，梦幻组合"的主题。2000 年，万科又提出"职业精神年"，意在以"心存梦想，创新更和谐；以人为尊，与环境共生"为主旨，继续强调职业精神的重要性。2000 年和 2001 年，万科凭借良好的业绩和未来发展潜质，两度入选《福布斯》杂志"全球最佳小企业"排行榜。2002 年，万科以 112 万平方米的年结算面积和 45.74 亿元的主营业务收入在全国 69 家上市房地产公司中排名第一。

时光之河缓缓流过。到 2002 年，万科已经航行了 20 个年头了。最初的 10 年里，万科解决了生存问题，并尝试进行多元化发展。第二个 10 年，万科实现了由多元化向专业化的转变，并在国内房地产行业占领了一席之地。2002 年，万科全年营业额达到 63 亿元，占全国份额约 1%，资产总值 105 亿元，净资产 47 亿元。与资产动辄数百亿的国内其他行业领袖相比，万科正从一家中型企业逐渐向大企业迈进。在这 20 年，日本索尼和香港新鸿基地产都曾是万科成长过程中很好的老师。万科从前者那里学会了服务，从后者那里则学会了房地产开发和营销的专业知识和技能。

6. 精细化管理（2003—2008 年）

2003 年，当万科走过跌跌撞撞的头 20 年，即将迈进第三个 10 年的时候，"未来 5 至 10 年万科将何处去"这一严峻话题摆在了全体万科人的面前。显然，对于万科来说，在公司基本完成珠江三角洲和长江三角洲的战略布局，并开始积极拓展环渤海区域后，单一的规模化并不是主要的追求目标，而以精细化为特征，全面提升经营管理质量，才是万科迫切需要做的。所谓精细化，体现在业务的标准化、部品化和产业化方面，就是要在专注的住宅领域做到更专业、更优秀、更卓越。

6.1 寻找新标杆

此时的万科，需要确定一个更具全球视野的全新参照系，以树立一个更切合企业所处市场环境及长远战略目标的榜样。

2003 年 12 月的一次内部会议上，万科提出以美国最优秀的房地产开发商之一——帕尔迪房屋公司作为标杆企业，理由是两国地域同样辽阔、市场同样高度分散（前 5 位房地产开发商只占全美房屋销售总额的 13%）。与中国香港、新加坡和日本等海岛型经济体相比，美国很多方面都与中国内地市场特点更为贴近，而帕尔迪房屋公司在扩地域经营、土地储备方式、持续盈利能力、市场占有率、客户细分及关系维护等诸多方面都有良好表现，堪称万科今后发展的楷模。

万科企划部派出学员远赴美国登门求教，随后请来帕尔迪前任资深副总裁到万科授课。首先，万科学到了对投资者的关注。尽管自 1997 年以来，万科累计分红派发现金额是国内所有上市房地产企业中最高的，2002 年每股收益也在同行中位列前位，但与当年汽车、银行、钢铁等最活跃板块中最优秀的企业相比，万科的成长性还存在一定差距，而且公司的盈利水平也不突出。鉴于这种情况，万科提出投资者关系管理四个基本做法：第一，保持持续良好的增长性；第二，给投资者长期稳定的回报；第三，在资本市场运作及公司融资策略制定时充分听取中小股东的意见；第四，重视投资者关系。2004 年下半年，万科发行 19.9 亿元可转换公司债券。在敲定有关发行方案时，万科从维护中小股东利益的角度出发，对原方案中的发行规模、转股溢价幅度、向下修正条款、回售条款和提前购买条款等都进行了重新修改，使董事会最后通过了被认为是"迄今为止市场上最有利于中小股东的发行方案"的方案。实际上，万科稳定的分红派息政策，向老股东倾斜的低价策略，向老股东优先配售的可转债方案及较高的利率，从细微之处体现了"善待股东"的理念。

其次，万科学到了提升客户满意度的理念和流程。在细化工作流程的基础上，万科积累经验，推出了自己的客户服务"6+2"步法。在此之前，尽管万科客服部已经成立多年，主要任务仍是处理投诉，四处救火。"6+2"步法使万科客服部变成一个有方法论、工具、标准、检查方法和共同语言的专业系统，提升了专业能力。"6+2"步法推行 5 年之后，已经变成万科每家一线公司的标准动作———一个项目开盘，新公司的同事知道哪些事情必须做；一个客服团队新组建的时候，也知道应该从何处入手。

6.2　重新定义客户价值

在一个竞争和开放的市场中，企业持续的竞争优势，只有一个来源，那就是客户价值。随着中国经济的发展和人民生活水平的提高，消费者的需求正由满足基本生存需要，转变为全面追求美好生活，他们的权益诉求也从单一的产品质量变为对居住体验的整体要求。没有对客户价值的精准理解和把握，就不可能形成企业的核心竞争力。因此，在提高客户忠诚度的基础上，深入客户细分市场，是万科向帕尔迪学习到的另一个重要理念。在这种理念指引下，万科从原来以项目为核心的运营方式，转向以客户价值为核心的运营方式。在客户细分策略下，万科不再局限于以职业、收入、年龄等方式把握客户，而是从客户的内在价值出发，按客户的不同生命周期，建立梯度产品体系，通过为客户创造价值，实现客户的终身锁定。在变化的市场环境中，从粗放走向精细，走到市场前面把握客户价值，建立自己的核心能力，这是万科精细化战略的关键所在。万科希望在细分客户价值的基础上，形成住宅产品体系，建立万科住宅标准。

6.3 打造品牌

对企业而言，一个强有力的品牌可以为企业带来更高的消费者忠诚度，排除竞争对手价格下降或新产品上市带来的压力，带来更高的利润，支持产品延伸，同时使产品占据市场优势。房地产行业也不例外。随着行业集约化程度越来越高，房地产行业同样存在产品同质化的趋势。独特的品牌个性，可以让房地产开发产品在同类竞争对手中脱颖而出，形成强大的品牌诉求点。

万科自 1988 年进入房地产开发领域，经过十几年的发展，已经创立了一系列地产开发项目品牌以及物业管理品牌，在文化品位、物业管理、企业形象、售前售后服务、社区规划、环境景观等方面形成了较为突出的优势。无论是制度规范还是产品、服务，万科在业内和消费者心目中，都有良好的口碑。但是，口碑不等于品牌。万科在异地扩张的过程中，逐渐体会到品牌的真正价值。

2000 年开始，万科开始实施新城市扩张战略，营造公司品牌。2001 年，万科与国际著名广告公司合作，对中国重点城市的房地产商品牌现状、消费者偏好以及万科现有企业资源等进行深入研究。在此基础上，万科融合"客户是我们永远的伙伴"的核心价值观，从原有的地产、物业品牌概念中提炼出"以您的生活为本"作为企业品牌的核心理念。在万科看来，在当今消费者的心目中，住宅不仅是遮风避雨的场所，或是与亲戚朋友欢聚的乐园，更是一个充满生活情趣，能让他们尽情展现自我的理想生活空间。基于这样的懂得、尊重和认同，万科提出"万科提供一个展现自我的理想生活"的品牌主张，并进而推出"建筑无形生活"的品牌口号。2002 年 5 月，万科在北京举行了名为"倾心体验无限生活"的企业形象推广会，正式启动全新的全国性品牌形象推广。之后，作为行业内第一批全国驰名品牌，万科旗下"四季花城""城市花园""金色家园"等品牌得到各地消费者的喜爱。

6.4 探索住宅产业化

"住宅产业化"的概念起源于日本。所谓住宅产业化,是一个综合性概念,它是金融、建筑、建材、轻工等 50 多个与住宅建设有关的产业未来发展趋势的总称。住宅产业化可以提高施工质量,降低生产成本,还可以使住宅施工现场垃圾减少 83%,材料损耗减少 60%,可回收材料减少 66%,建筑节能 50% 以上,符合环保节能的世界潮流。许多发达国家房地产行业产业化程度超过 50%,日本达到 70% 以上。相较于上述国家,中国住宅产业化当时尚未起步。

1986 年王石去日本考察,日本的住宅产业化就给他留下了深刻印象,他萌生了推动住宅产业化变革的想法。2003 年 10 月,万科在 15 个城市进行住宅项目的开发。在这样的规模下,传统的手工业化生产方式已经成为万科进一步发展的瓶颈,万科必须重新选择新的生产方式以适应大规模发展的需要。在这一年,万科提出"要像生产汽车一样生产房子"的理念,开始住宅产业化的探索。

经过对国际上各种产业化住宅体系的调研对比,再结合国内实际情况,万科决定从轻钢结构、木结构、预制混凝土结构三种体系中,选择第三种作为研究对象。在考察了香港工业化程度最高的一个住宅项目——虎地住宅后,2005 年 10 月,万科 1 号实验楼动工。4 个月后,万科 1 号实验楼竣工。此后,万科的学习对象从香港转到了日本。与香港大多数建筑仅使用预制混凝土外墙相比,日本的产业化住宅发展史更加完整,底层、中层和高层建筑中均有相适宜的成熟技术和产品体系,以及与之配套的供应体系。更重要的是,香港的预制技术缺乏结构抗震规范,而作为地震高发国家的日本,整体式预制混凝土高层住宅仍能大行其道,正是依赖于他们高超的抗震技术。2006 年底,万科 2 号实验楼在"全面学习日本"的思路下开工。那么 2 号实验楼建成后,部分技术可以到第一线推广了。如果说 1 号实验楼还处于概念车阶段,那么 2 号实验楼则像一部上市前的样车,已经从实验室走向车间,具备了可量产的基础。

2007 年,南昌四季花城杜鹃苑、荷花苑作为首批实践项目,实现了产业化。公司对这两个项目从住宅设计、部品设计到新技术使用、智能化系统的设置等五大方面进行全面规范,然后从建筑结构体系、建筑构造做法、建筑平面、立体设计到底层花园、顶层阁楼利用等数十个细节进行精心设计。在此基础上，对外墙孔洞、铝合金门窗、玻璃窗无框转角以及栏杆等数以百计的细节进行订做，统一安装，实现了住宅产业化。

2007年，万科住宅销售套数位居世界首位，跃升为全球最大的住宅开发企业。2008年，尽管经受着世界性的金融危机，以及中国内地房地产行业的深层次调整，万科依然实现了409亿的营业额，占全国市场的份额提高到2.34%。万科在其进入的主要城市如深圳、上海、厦门等，市场占有率已排在首位。进入房地产市场20年，万科已经成为中国房地产行业的龙头企业。

7. 永远的领跑者（2009年至今）

7.1 宜居建筑的倡导者

早期，万科将更多的精力放在建筑本身的功能和设计上，研发重点是住宅产业化和建筑的减震技术。2010年，王石在美国游学期间意识到，建筑与环境密不可分。当时，对于园艺的营造，中国同发达国家相比差距比较大，还停留在制造营销氛围的阶段。如何营造宜居环境，利用花花草草建造绿色建筑，给业主设计赏心悦目的绿化景观，实现环保和可持续性，自此之后成为万科的研发重点。

后期，"环境保护、人文延承、建筑原生、造就差异化品质感召力"作为万科的建筑理念，使得万科楼盘每到一处，几乎都能提高区域的居住品质和建筑品位，构建独特的人居文化氛围，打造高品质、高档次的居住模式和生活质量。

7.2 垃圾分类的引领者

2004年，我国城市垃圾生产量超过美国成为世界第一，各地纷纷发生垃圾围城的危机，如何有效处理城市垃圾成为中国城市管理的头等难题。在巨大压力下，中国开始了庞大的焚烧炉建设计划。垃圾焚烧法比起填埋法，效率高，占面积地少，一度被视为"减量快"的好方法。然而，垃圾焚烧法一直不能被民众接受，不是因为它耗资巨大、操作复杂、浪费资源，而是因为它的潜伏污染更重，每吨垃圾焚烧后会产生大约5 000立方米废气，还会留下原有体积一半左右的灰渣。即使是先进的焚烧设备，在运转正常的情况下，也会释放数十种有害物质，仅通过过滤、水洗和吸附很难全部净化。在有害物质中，最主要成分二噁英是国际公认的一级致癌物。处理垃圾的有效做法其实早已存在：通过提倡循环再用和减少包装来减少生活垃圾的产量。即使没有得到循环利用，仅仅是有效地对垃圾进行分类，都能使焚化炉的排放更容易达到标准。这也是垃圾管理一直遵循的优先次序原则：减量、再使用、再循环。重要的是在源头减量，实行垃圾分类。

2009 年，王石在台北考察城市垃圾分类的情况，了解到台北通过市民自发性的垃圾分类，大大改善了城市环境，民众意识也有很大提升，从而催生了在万科社区推动垃圾分类的想法。同年，作为"零公里行动"的一部分，万科在自己服务的社区发起垃圾分类行动。北京万科西山庭院成为示范小区，分类后垃圾量减少 46%。万科希望在全国 29 个城市的 100 多个万科社区中推广西山庭院的垃圾分类经验。

7.3　企业公民的践行者

2009 年，"企业公民"这个词对许多人而言还很陌生时，万科就将这四个字写进了公司的发展规划中。世界经济论坛认为，企业公民的标准包括：好的公司治理和道德评价、对人的责任、对环境的责任，以及对社会发展的广义贡献等。做企业公民，就是重视道德伦理重于商业利益，就是对人的尊重。万科认为，在探索中国现代企业社会责任的过程中，一座建筑无论如何华丽，总有褪色的一天，而一种道德、一种精神，可以永久流传。凭借公司治理和道德上的表现，万科连续 4 年入选"中国最受尊敬企业"，连续 3 年获得"中国最佳企业公民"称号。

8. 万科的创新之处

8.1　视房屋质量为生命线

王石深知，质量是房地产公司安身立命的根本，是房地产企业的生命线。在王石的带领下，万科始终以质量为导向进行房地产开发。1995 年，王石发表题为《质量是万科地产的生命线》的文章，该文章在万科内部被广为传阅，成为万科在建筑质量方面的"纲领性文件"。1996 年，万科的管理主题是"质量管理年"。2003 年，万科又推出"磐石新行动"，全面提升房屋质量。同年，万科启动"珊瑚虫计划"，确定要建高于国家质量标准的房屋，又启动"比目鱼计划"对建房质量进行战略监理。2012 年，万科实施"千亿计划"，用 1 亿元人民币的预算，派出 1 000 位工程师到日本工地学习，希望用几年甚至十几年的时间，在工地全面取消湿作业，把万科住宅的建筑误差从厘米级提升到毫米级，追赶上日本建筑施工质量的平均水平。

8.2 全面服务温暖客户

1991 年，万科在开发第一个住宅项目天景花园时，就提出"优质服务"的口号。在天景花园一直流传着这样一个故事：第一任物业管理处经理陈之平，总是怀揣抹布走在小区里，随时清洁小区。万科还在天景花园首创了业主委员会参与小区事务的共管模式，充分尊重住户的权利。1997 年，万科的管理主题是"客户年"，要求各级管理人员善待客户，尊敬客户，让客户满意。1998 年，万科成立中国房地产行业首个客户俱乐部——万客会，为新老业主及潜在客户提供一个与万科沟通交流的平台。2001 年，万科建立客户服务中心，设立客户大使，以客户在公司内部的代言人为客户提供全方位服务。万科还创立了对外完全公开的 BBS 投诉论坛，接受客户网上匿名投诉。2002 年，万科将年度主题定为"客户微笑年"，让客户微笑，是每个万科人的追求。

8.3 真心关注客户诉求

真心关注客户诉求，是万科建立口碑的法宝。2001 年 4 月，中南巴士在深圳万科四季花城开通。然而，巴士的开通并没有让业主们兴奋，反而让他们心怀怨言，因为巴士的发车时间、车次安排不合理，还常常中途拉客，不但车票贵，而且服务态度很恶劣。2001 年 8 月 17 日，中南巴士的调度再次出现问题，造成交通拥堵，业主与司机发生冲突。2001 年 8 月 21 日晚，数百名业主聚集在四季花城中心广场，声讨开发商及物业管理公司，抗议巴士公司的司乘人员殴打业主。之后，王石出面与巴士公司及业主充分沟通，最终使问题得到圆满解决。2002 年，万科在武汉的四季花城项目开售。小区附近有个垃圾场，距离最近住户的距离仅有 800 米，最远的才 1 100 米，入住业主随时可以闻到垃圾的臭味，还有严重的蚊蝇问题。入住业主向万科武汉分公司进行投诉，但公司在处理投诉时采取了回避的态度，认为投诉在红线之外，法律上同开发商的关系不大。公司重视不够，引起业主对万科的不满。王石知道此事后，带领武汉分公司全面检讨，形成了新的认识：只要业主感到不适，即使法律上与万科没有关系，也要积极协调解决，因为这会间接影响万科的品牌形象。之后，万科武汉分公司一边安抚入住业主，一边动用资金寻求合适的垃圾转运站选址，同时在垃圾场治理上投入更多资金。王石还专门赶赴武汉，就垃圾场搬迁问题与业主代表对话。做好这些工作之后，万科开始与政府接触，协商尽早关闭垃圾场。在万科的不懈努力下，垃圾场于 2004 年 6 月 30 日关闭，垃圾场内的垃圾全部进行覆盖。最后，万科又派人在关闭的垃圾场上种植约 5 亩的"万科林"。这起万科投诉事件至此得到圆满解决。

8.4　建立规范的公司制度

王石深知，作为万科的创始人，建立规范的公司制度比什么都重要。在万科早期的生存和发展中，创始人的能量和影响起关键作用，依靠个人威望就能维持企业的运作。但是，成熟企业依靠的是企业的文化和机制，而不是领导者个人，因此必须弱化个人的作用。1999 年，当公司已经建立起规范的制度后，48 岁的王石急流勇退，辞去总经理一职，只担任董事长。王石自己也表示："我今天登山，明天飞伞，后天航海，但万科的发展却越来越好。"这种良好态势的形成，证明了王石和万科在企业制度探索过程中的收获。2004 年，在万科 20 周年新闻发布会上，王石宣布今后不会过多干涉管理，把管理大权交给郁亮，这预示着万科从第一代管理者到第二代管理者的权力交接基本完成。这一次权力交接，对万科来说，具有深远的意义。职业经理人文化是万科坚持的文化传承模式。王石一直在完善万科职业经理人队伍建设，经过不断的探索和努力，建立了一支作风优良、素质技能过硬的职业经理人队伍，而郁亮就是优秀的职业经理人之一。

8.5 追求阳光下的利润

由于存在许多潜规则，中国的房地产行业一直被人诟病，原因之一就是向政府官员贿赂的问题。但万科一直坚持不贿赂的原则，追求阳光下的利润。早期，由于不贿赂，万科拿到的土地大部分在城乡接合部，是其他开发商不要的，而万科在市区繁华地带屈指可数的几块土地，也都是几经转手后以高价购得的。正是由于坚持不贿赂的原则，在因土地批租而暴露的众多腐败案中，万科作为中国最大的房地产开发商，从未牵涉任何丑闻。这与其坚持规范运作，拒绝以台下交易获得土地有很大关系。万科的固执使它失去了许多机会，很多人为万科遗憾，但万科人并不这么认为，在他们看来，遵守规则的人最轻松。用王石的话来说就是："规范做事，睡得着觉。"规范自身，才能让企业产生更高的效率，让企业摆脱对环境的依赖，获得一个健康的成长环境。

8.6 不追求暴利

在商业社会，追求利润最大化是企业的天性。处在中国房地产这样一个暴利行业中，万科却提出："超过 25% 利润的项目不做。"万科不追求暴利，是因为公司决策层清醒地认识到，任何暴利的东西都不会长久，暴利并不能成为一个企业未来的竞争优势。在中国，当大部分企业在追求高额利润，甚至不惜为牟取暴利铤而走险的时候，万科能保持这样一种理性的态度看待暴利，坚持稳步发展的思想，不仅需要勇气，更需要智慧。

9. 结语

有人称万科是"中国房地产行业的'活化石'"。当然，没有王石，就没有今日的万科。

王石是将"职业经理人"概念引入国内的第一人。1994 年，王石首次提出"职业经理人"概念，明确了万科全面培养职业经理人的思想。随着万科一步步壮大，"职业经理人"不仅越来越得到房地产企业的重视，而且成为国内其他公司的模板。王石提出的专业化和精细化管理，更是风靡企业界，引领了企业界的变革。2007年，管理学家评选出"影响中国管理的10大职业经理人"，由于在管理领域的深刻领悟，以及实践中的创造性运用，万科的创始人王石位居10大职业经理人之首。

职业经理人这一身份，使王石比拥有上市公司的富豪们多了一些透明度和自由。在当今以财富论英雄的时代，当王石的同行被宣布进入中国富豪排行榜的前几位时，王石的个人财富却被远远甩在后面，这与万科的如日中天形成了巨大反差。但是，人各有志，王石的理想不在于拥有巨额个人财富，而是希望通过万科的创立与发展，为社会创造价值，并培养出一批适应市场运作的职业经理人。在这方面，他做到了。

作为改革开放后的第一代企业家，在万科的成长过程中，王石也与其他企业家一样，面临过一些困惑和迷惘，也面临过社会的曲解和丑化。但王石没有抱怨，没有消极，而是以一个企业家应有的责任和担当，让万科从乱象丛生的房地产行业中脱颖而出，成为中国房地产行业的领跑者。

2018年，在经历了长达3年的宝万股权之争后，硬汉王石彻底退出了自己亲手创办的万科。回首一望，30多年悄然而逝，王石不仅将万科打造成为中国房地产企业的一个标杆，自己也理所当然成为这个标杆上最耀眼的一面旗帜。

随着王石的退出，万科历史翻开新的一页，进入了没有王石的后万科时代。

2018年万科将企业定位迭代升级为"城乡建设与生活服务商"，并具体细化为四个角色：美好生活场景师，实体经济生力军，创新探索试验田，和谐生态建设者。

目前，万科所搭建的生态体系已初具规模：在住房领域，始终坚持住房的居住属性，坚持"为普通人盖好房子，盖有人用的房子"，在巩固住宅开发和物业服务固有优势的基础上，业务已延伸至商业、长租公寓、物流仓储、冰雪度假、教育等领域，为更好地服务人民美好生活需要、实现可持续发展奠定了良好基础。未来，万科将始终坚持"大道当然，合伙奋斗"，以"人民的美好生活需要"为中心，以现金流为基础，深入践行"城乡建设与生活服务商"战略，持续创造真实价值，力争成为无愧于伟大新时代的好企业。

参考文献

[1] 王石，缪川. 道路与梦想：我与万科 20 年. 北京：中信出版社，2006.

[2] 王石. 大道当然：我与万科（2000—2013）. 北京：中信出版社，2014.

[3] 魏昕. 万科真相：中国第一地产背后的秘密. 北京：中央编译出版社，2009.

[4] 熊金福，张晓光. 万科之巅. 深圳：海天出版社，2008.

（许艳芳）

第六章

开放创新　打造国家名片
——中国中车

中国中车
CRRC

　　用户不能分为贫和富，大和小，对于中车而言，一辆车和一千辆车的订单要同等对待。——刘化龙

1. 引言

　　2015年6月8日，中国中车在上海证券交易所和香港联交所成功上市。恰逢中共中央、国务院关于深化国有企业改革的指导意见隆重出台之际，由中国南车股份有限公司（简称"中国南车"）和中国北车股份有限公司（简称"中国北车"）重组合并而成的中国中车股份有限公司（简称"中国中车"），于9月28日正式宣告成立。

　　中国南车与中国北车的重组合并备受瞩目。尤其是两个经营状况良好、实力业绩相当的"A+H"股上市公司之间的重组合并，在国内尚无先例。为此，南北车重组合并在现行法律和政策框架下创造性地提出了"对等合并"方式，并采取了先合并股份公司、后合并集团公司的重组步骤。

　　中国中车的成立，标志着历时将近一年的南北车重组工程圆满竣工。中国中车的成立，是落实制造强国战略、加快高端装备"走出去"的重大部署；是积极应对全球竞

争、打造世界一流跨国企业的重要举措；是优化资源配置、促进轨道交通装备行业健康发展的必然要求；是提高企业自主创新能力、增强我国高端装备核心竞争力的根本途径；也是深化国有企业改革、优化国有经济布局结构的重要实践。中国中车的成立，为深化国有企业改革提供了借鉴、积累了经验，创造了可复制可推广的改革模式。

2. 中国中车简介

中国中车现有 46 家全资及控股子公司，员工 17 万余人，总部设在北京。

中国中车承继了中国北车、中国南车的全部业务和资产，是全球规模领先、品种齐全、技术一流的轨道交通装备供应商。一直以来，中国中车坚持自主创新、协同创新和开放创新，持续完善技术创新体系，不断提升技术创新能力，建设了世界领先的轨道交通装备产品技术平台和制造基地，以高速动车组、大功率机车、铁路货车、城市轨道车辆为代表的系列产品，已经全面达到世界先进水平，能够适应各种复杂的地理环境，满足多样化的市场需求。中国中车制造的高速动车组系列产品，已经成为中国向世界展示发展成就的重要名片。产品现已出口全球六大洲近百个国家和地区，并逐步从产品出口向技术输出、资本输出和全球化经营转变。

面向未来，中国中车将以融合全球、超越期待为己任，紧紧抓住"一带一路"和全球轨道交通装备产业大发展等战略性机遇，大力实施国际化、多元化、协同化发展战略，全面推进以"转型升级、跨国经营"为主要特征的全球化战略，努力做"中国制造 2025"和"互联网＋"的创新排头兵，努力把自己建设成为以轨道交通装备为核心，跨国经营、全球领先的高端装备系统解决方案供应商。

3. 中国中车业务

经过多年发展，中国中车业务涉及四大主要领域，分别为铁路装备业务 (46.53%)、城轨与城市基础设施业务 (11.81%)、新产业业务 (25.23%) 和现代服务业务 (16.43%)。另外，公司在海外市场也不断取得新突破。

3.1 铁路装备业务

铁路装备业务为中国中车之本，主要包括机车、动车组、客车、货车及轨道工程机械的生产、销售及维修。

2017 年 6 月 26 日，我国具有完全自主知识产权、达到世界先进水平的中国标准动车组"复兴号"正式通车，标志着我国已全面系统掌握高铁核心技术。"复兴号"具有"纯中国血统"，被誉为新时代的国家名片，体现了以中国中车为代表的中国装备制造、技术研发力量的崛起。"复兴号奔驰在祖国广袤的大地上"，习近平总书记在 2018 年新年贺词中的这句诗意表达，是对每一位中国中车人在中国高速铁路成就上的充分肯定。

随着国内铁路运输体制机制改革不断深入，铁路装备市场日趋稳定，中国中车加快供给侧结构改革、加快海外市场开发，深化与中国铁路总公司的战略合作，时速 350 公里"复兴号"高速动车组批量投入运行，时速 250 公里标准动车组、长编组时速 350 公里标准动车组、时速 160 公里动力集中动车组、3 000 马力调车机车、时速 160~200 公里系列快捷货车、驮背运输车等新产品研制取得积极进展。并且，公司持续推进内部业务重组，发展高级修能力，推进服务化转型，铁路装备业务实现稳定增长。

3.2 城轨与城市基础设施业务

城轨与城市基础设施业务主要包括：(1) 城市轨道车辆；(2) 城轨工程总包；(3) 其他工程总包。

2000 年以来的 15 年，是中国城市轨道交通大发展的 15 年，也是车辆装备国产化、自主化逐步深入的 15 年。不仅有地铁、轻轨列车，还有市域列车、现代有轨电车、跨座单轨、中低速磁浮等多种制式的城市轨道交通，为建造遍布城市地上、地下、地面空间的轨道交通立体网络提供了丰富多样而又经济适用的车辆选择，将更多的居民更快捷、更方便地连接在了一起。2015 年末，中国大陆地区共 26 座城市开通城市轨道交通运营，中国中车已交付以及待交付的各型城市轨道交通车辆总数已达到 32 000 余辆。

3.3　新产业业务

中国中车新产业业务定位于顺应经济及技术发展趋势的前沿领域，经多年研发培育现已成为公司的第二大业务板块，2016年实现营业收入579.54亿元，维持近10%的增速水平。

秉承自身发展战略，依托核心技术与装备制造优势，中国中车一直致力于轨道交通以外产业的延伸与发展，已拓展并形成九个新产业板块，分别是风电装备、高分子复合材料、新能源汽车、环保装备、船舶与海工装备、光伏发电、智能装备（含工业机器人）、重型工程机械及矿山机械、信息及软件技术等产业板块。其中风电装备、高分子复合材料、新能源汽车以及环保装备为重点发展领域。同时，公司通过加强对国家产业政策、行业发展环境和发展趋势的研究，大力推进新产业发展规划，引领产业稳健发展。

3.3.1　风电装备

风电装备板块产品包括风电叶片、多个功率等级和多种风轮直径的风力发电机组及其配件等。风电装备产业中风电叶片已进入国内前三；兆瓦级风力发电机出口德国，是中国风力发电机产品首次进入代表顶级工业水平的欧盟市场，在国内占据行业龙头地位；高原型风力发电机组在国内市场中拥有良好的口碑，业已成为客户首选。中国中车具备成熟完整的风力发电装备产业链，拥有2 000台套/年的风电整机制造能力，大功率风电机组具备发电效率高、节省场地等优点，受到越来越多客户的青睐。2016年，中国中车风电装备收入约30亿元，占新产业板块总收入的5%。

3.3.2　高分子复合材料

公司子公司时代新材主营高分子复合材料业务，产品包括高分子减振降噪弹性元件、复合材料制品、绝缘结构制品、特种工程塑料制品等，2015年高分子复合材料业务收入21.83亿元，约占新产业板块总收入的20%。公司已在高分子复合材料行业树立起以技术领先的领导者形象，成为全球唯一一家同时为美国通用电气、庞巴迪、阿尔斯通等世界知名机车车辆制造商提供弹性元件的供应商；2014年进入了全球非轮胎橡胶制品行业前30强，拥有中国橡胶协会副会长单位及橡胶制品分会理事长单位头

衔，实力稳居相关领域国内第一。2014 年成功并购德国博戈公司，使得该产业板块成
为中国中车旗下国际化程度最高的产业板块之一。

3.3.3　新能源汽车

在新能源汽车业务领域中国中车是国内少数几家从部件、系统到整车兼备的完整
方案提供商之一，也是全球唯一一家超级电容储能式电动汽车企业，其插电式混合动
力汽车成为客户首选。从 2002 年起，中国中车依托在轨道交通领域积累的资源优势、
技术优势，承担并完成国家相关部委 20 余项新能源汽车重大攻关项目，10 多年来，
见证并推动了中国新能源汽车技术和产业的高速发展。2017 年以来，公司新能源客车
电驱动系统市场占有率处于领先地位，成功跻身行业四强，该系统成为国内行业的领
导品牌之一。在我国节能与新能源汽车科技攻关中，中车时代电动是公认的主力军。
中车时代电动通过承担 20 多项"863 计划"节能与新能源汽车重大项目，在一体化电
机及其驱动控制系统、整车电子控制系统、客车工程集成技术以及试验检测平台等方
面取得了领先同行的重大成果，成为我国节能与新能源汽车技术进步的推动者、领跑
者。公司在节能与新能源汽车领域，拥有专利 219 项，主持和参与制定国家及行业相
关标准 21 项，获得国家级及省部级科技进步奖励 7 项。

3.3.4　环保装备

公司环保装备集中于活性炭材料、海水淡化设备、污水处理系统三个方向，主要
产品包括城市综合便民服务岛、市政应急及建筑真空排水系统、移动卫生间、村镇分
散式污水治理系统、集便器系统及配套设施等，在环保水处理板块成为国内村镇污水
治理领域首选供应商。

3.4　现代服务业务

现代服务业务主要包括：(1) 金融类业务；(2) 物流、贸易类业务；(3) 其他业务。
中国中车以金融、类金融和物流服务为重点，加强内部金融服务，以融促产，拓
展金融服务业务，推进制造业和服务业融合；积极探索"互联网＋高端装备＋制造
服务"业务，稳步推进"数字化中车"建设；积极稳妥开展现代物流贸易，以强化

集中采购为基础，加快"中车购"电子商务平台业务发展，促进现代服务业务稳步发展。

2016 年 1 月，中国中车收购中华联合保险 13.06% 的股份。此项并购为双方未来在 PPP 项目投融资等方面的合作奠定了基础。2015 年 8 月，提供集采购、销售、物流、金融服务于一体的一站式供应链解决方案的轨道交通装备电商平台"中车购"上线试运营。目前该平台已吸引 2 136 家企业进驻，累计交易额达 579.73 亿元。

在工程建设、金融服务、智慧物流、智能服务等领域，中国中车均形成了较为完整的产业链。这些产业链的形成，能够完美契合城市发展的各种需求，使中国中车进一步创新商业模式，为未来城市发展提供系统解决方案成为可能。

3.5　海外业务：中国列车开向世界

在"一带一路"背景下，公司在海外市场不断取得新突破。各类轨道交通设备实现全面出口。截止到 2017 年，出口产品覆盖全球 104 个国家和地区，出口产品实现从中低端到高端的转变，出口市场实现从亚非拉传统市场到欧美澳高端市场的飞跃，出口形式实现从单一产品出口到产品、资本、技术、服务等多种形式的组合出口的转变，出口理念实现从产品"走出去"到产能"走进去"、品牌"走上去"的转变。

2014 年 10 月 22 日，美国马萨诸塞州交通局正式批准，将向中国采购 284 辆地铁车辆，装备波士顿红线和橙线地铁。迟到了 100 多年的中国地铁，终于要开进美国了。世界上第一条地铁于 1863 年开始运营，100 多年后（1965 年）中国的第一条地铁——北京 1 号线才开始动工。此后的几十年间，中国城市轨道交通发生了翻天覆地的变化，今天，具有完全自主知识产权、符合"美国标准"的地铁列车已登陆美国。

拿下波士顿项目后，中国中车在美拓展业务愈加顺利。2016 年 3 月 10 日，美国芝加哥交通管理局正式宣布，中国中车获芝加哥 846 辆地铁订单，将在当地建厂。2017 年 1 月美国马萨诸塞州交通局决定，将就波士顿地铁项目向中国中车增购 134 辆新地铁列车。

在其他国家和地区，中国中车产品同样获得了高度认可，相继获得巴基斯坦、泰国、澳大利亚、马来西亚等国家的订单。2016年6月，中车株洲电力机车与中铁国际等公司组成联合体，成功中标巴基斯坦拉合尔轨道交通橙线项目地铁车辆销售合同，合同额约9.7亿元，这是在"一带一路"倡议下，中巴经济走廊签约的首个基础设施项目；随后，长客股份与曼谷捷运公司签订了约12.2亿元的地铁车辆销售合同；12月，中车长春轨道客车股份有限公司与澳大利亚签订了约25.4亿元的地铁车辆销售合同；2017年4月，中车株洲电力机车与马来西亚交通部签订了约13.2亿元的动车组销售合同。

中国中车的海外业务，实现了从单一产品出口到产品、资本、技术、服务等多种形式的组合出口的转变。中国中车表示，在"一带一路"建设推进过程中，一定要结合当地的实际情况，为当地经济社会发展服务。

经过多年的尝试和努力，中国中车逐步探索出一条本土化之路。通过深入推进"本土化制造、本土化采购、本土化用工、本土化维保、本土化管理"为特色的"五本"模式，中国中车在马来西亚、土耳其、印度等国建立本土化的制造基地，就地招聘和培训员工，带动了当地就业并完善了产业链，提升了轨道交通装备产业水平。马来西亚基地从施工建设到基地投产，从员工聘用到日常经营，从产品制造到维修服务，本土化资源都得到了最大限度的利用。尤其是本土化员工在基地的占比已经超过80%，远期规划的占比将超过95%。中国中车在美国波士顿和芝加哥的制造基地，为当地创造了就业岗位，拉动了当地经济发展。中国中车与当地企业共享机遇，成为合作伙伴；与客户共享理念，为客户创造价值；与当地政府和民众共享发展成果，努力创造就业和税收。在"五本"模式的基础上，中国中车人做到了：

提供中车方案，系统周密让人省心。面对"一带一路"沿线各国对轨道交通发展的不同关注和需求，中国中车坚持主动贴近用户，因"国"施策，致力于提供优质的系统解决方案。在南非，中国中车建造了其在南半球最大的制造基地，实现了产品、技术、服务、产业链的整体输出；中国中车与中国交建、中国铁建、铁总公司开展合作，"借船出海"，在墨尔本、巴基斯坦等地实现了政府、民众、当地企业、金融机构的多方共赢；在欧洲，中国中车"邀请"博戈、SMD等优秀企业，共享中国经济高速发展的新成就；中国中车还通过总包、租赁、技术支持等多种合作方式，与沿线各国构建新的合作关系，提供性价比更高的产品，充分实现资源共享、互利共赢。

展示中国中车文化，正心正道与人交心。中国中车文化"走出去"，两根钢轨延伸的，是中国中车与沿线各国民众民心相通的感情纽带。中国中车文化"走出去"，要去适应"水土不服"，在新的地方扎根发芽，开花结果。在马来西亚的动车组上，专门设置了女性车厢、祈祷室，充分尊重当地文化；在南非，推出了帮助当地孤残儿童、帮助社区、帮助工人、帮助当地警察、帮助当地妇女高管的"五帮行动"，积极履行了一个大国企业的社会责任；在马来西亚、土耳其等海外的子公司，邀请海外员工甚至员工家属来中国，了解中车文化、产业文化及中国文化，促进文化认同感；在巴西里约的奥运会、马来西亚的斋月等重大活动中，积极融入当地文化，为客户做好服务工作。中国中车在与"一带一路"沿线各国的合作中，不断展现中国的文化自信，展示中车的优秀文化，希望与各国形成文化相融、情感相通、力量相聚的良好合作氛围。

提供中国中车理念，共建共享让人安心。中国中车始终秉承共建共享理念，积极推动"一带一路"建设与实施。一方面，原来的南北车通过整合成新中车，进行了组织和治理结构调整，形成了技术、管理、资源及市场等多方面的合力，以更有力的方式、更有序的状态参与到市场的竞争中，参与到产品研发中，参与到项目的建设中，实现了利益最大化；另一方面，结合轨道交通行业领域的丰富经验，积极推动共建共享。中国中车充分利用"一带一路"沿线国家的人力资源、优惠政策，与沿线多国共建海外研发中心，与沿线多国大学和科研机构共享知识，与国内研发力量形成优势互补，既满足国内市场的需要，也为"一带一路"建设释放创新力量，全力提供定制化系统解决方案和装备制造以外的增值服务，让客户安心。

4. 国企改革第一步：政企分开

4.1　1949—1985 年：铁道部总管

中华人民共和国成立后，铁道部成立了厂务局管理铁路工厂业务，我国的机车车辆行业由修配转向全面发展，开始自主研制产品，生产客车和货车。1952 年分设机车车辆修理局和机车车辆制造局分别管理修理工厂和制造工厂，共辖 20 家工厂。1953

年开始设计制造 21 型客车。同年，由齐齐哈尔铁路工厂自行设计制造的 P1 型 30 吨全钢棚车在莱比锡国际博览会上向世界展示了新中国铁路工业的风采。1956 年，中国第一台和平型干线蒸汽机车自行设计制造成功。1958 年，中国第一台巨龙型内燃机车自行设计制造成功。这标志着我国机车车辆行业开始走上了自主研发之路。1958 年，机车车辆制造局和修理局合并，成立了铁道部机车车辆工厂管理总局，负责统管机车车辆修理工厂和制造工厂。1966 年改组为铁道部工厂总局，下辖 27 家工厂。1964 年东风型中等功率内燃机车研制成功。1967 年，我国第一辆地铁客车制造成功。1969 年，东风 4 型大功率内燃机车研制成功。

从这时起，我国能够生产制造机、客、货三大系列的铁路机车车辆产品。从铁道部厂务局，到机车车辆制造局、修理局，之后又经几次调整，1975—1985 年为铁道部工业总局，行使政企合一职能，成为代部全面管理机车车辆生产的职权单位，对所属工厂和研究所实行统一领导和全面管理，对外仍为部的职能部门。1979 年 5 月 1 日起，铁道部决定对工业总局实行"一个机构，两块牌子"，对外名称为中国铁路技术装备总公司。

这一阶段，根据国民经济的需要，公司先后对所属工厂进行了组织结构、生产结构和产品结构的调整，并先后进行了老厂改造和新厂建设。不仅大大地提高了机车车辆工业的生产能力，使这些厂中的大多数成为机车车辆工业的骨干企业，而且为机车车辆工业形成机、客、货造修并举，内部协调配套的生产体系打下了坚实的基础。在对老厂进行改造和扩建的同时，"七五"期间，国家还分三批进行了新厂建设，填补了机车车辆工业的空白，标志着我国机车车辆工业已经形成了一个能力较强、布局合理、系统配套、修造并举、专业定点、生产科研结合、协作较为稳定、具备中国铁路特点的比较完整的行业体系。

4.2 1986—1995 年：政企分开

随着中国推行改革开放政策，经国务院批准，铁道部于 1986 年 2 月 7 日下发《关于成立铁道部机车车辆工业总公司的决定》，工业总局改组为企业性质的"铁道部机车车辆工业总公司"，为铁道部直接领导下的具有生产和经营自主权的国营企业，对

34 个机车车辆、机械、电机工厂和 4 个机车车辆专业研究所实行统一领导和全面管理。

1989 年，根据国家机构编制委员会批准的铁道部"三定"方案，铁道部决定自 1989 年 9 月 1 日起将铁道部机车车辆工业总公司的名称更改为"中国铁路机车车辆工业总公司"，为铁道部领导下的自主经营、独立核算、自负盈亏、具有法人资格的国营企业，实行总经理负责制，对当时下属的 35 个机车车辆、机械、电机工厂和 4 个机车车辆研究所等单位实行统一领导和全面管理，同时统一了对内和对外名称。

这一阶段，公司进一步转变职能，弱化行政管理，增强对企业的宏观调控、组织协调、政策指导和信息服务。10 年间，坚持"三上、两提、一服务"的方针，打响了机车车辆工业的翻身仗。同时，通过技贸结合、技术合作、合作生产等方式，从欧美国家和日本引进技术和设备，使机车车辆的生产能力大大增强，产品质量也有显著提高。1988 年，研制生产出 C64 型敞车。1988 年 12 月，机车车辆工业系统唯一生产大功率货运蒸汽机车的大同机车厂停止蒸汽机车制造，转产内燃机车和电力机车，标志着中国机车制造进入了内燃、电力的新时期，铁路牵引动力改革出现了一次重大飞跃。1989 年，研制开发出 4 000 马力微机控制的东风 6 型货运内燃机车。1993 年，制造出 25Z 型准高速客车。机车、货车、客车不断推出新品种，初步形成系列化。

4.3 1996—2000 年：改组为控股公司

1996 年 5 月，中国铁路机车车辆工业总公司按照现代企业制度改组为控股（集团）公司，进行资产经营。此后，在完善控股公司规范化运作的同时，对所属企业进行结构调整、资产重组和组织重构。随着 20 世纪 90 年代末中国政府开始对铁路、民航、电信、烟草、军工等国营产业部署系统脱钩工作，为改变财产边界不清、生产效率低下的状况，中国铁道部进行了打破政企合一、行业垄断的铁路运输行业体制的改革研究，于 1998 年底开始了对直属企业改组、调整、清理、规范的工作。1998 年底，按照铁道部《关于五大公司结构性调整的实施意见》，中国铁路机车车辆工业总公司与铁道部所属的其他四大公司，初步实现与铁路运输系统的结构性分离。铁道部对中国铁路机车车辆工业总公司的生产经营不再进行直接管理，该公司真正成为独立法人实体和市场竞争主体。

截至 1999 年底，中国铁路机车车辆工业总公司下属 2 个集团公司、33 个工厂、4 个研究所、4 个办事处(国外 2 个)、4 个经营销售中心和 3 个培训部以及 2 所中专学校、17 所技工学校，总资产 258.7 亿元，土地 4 902 公顷，房屋建筑物 1 857 万平方米，机器设备 85 701 台 / 套。年生产能力为电力机车 350 台、内燃机车 700 台、客车 2 900 辆、货车 40 000 辆和各种机车车辆配件 300 万件，工业总产值逾 200 亿元。

中国铁路机车车辆工业总公司按照铁道部的要求，及时把发展机车车辆工业的指导思想由上能力转到上质量和上品种上来，进行产品结构调整，着力进行提速机车、提速客车、重载货车的研究开发。1996 年，为"提速"开发出 4 000 马力东风4D 和东风 10F 型客运内燃机车。同年，研制出第一台采用变频变压调速交直交传动的 AC4000 型原型电力机车，开创了我国机车采用交流传动技术的新纪元。1997 年研制成 25K 型快速空调客车。1998 年研制成双层内燃动车组和 D38 型 32 轴 380 吨钳夹车。围绕 1997 年 4 月 1 日和 1998 年 10 月 1 日铁路旅客列车两次大提速，公司所属企业依靠多年来的产品和技术储备，在很短的时间内就完成了提速生产任务，保证了铁路运输结构调整的急需。

5. 南北车拆分

2000 年 9 月，经国务院批准，根据构建竞争主体、避免重复建设的精神，中国铁路机车车辆工业总公司分拆为中国北方机车车辆工业集团公司和中国南方机车车辆工业集团公司两家国有独资大型集团公司，从铁道部归口管理划归为中央政府国资委管理。2000 年 9 月 28 日，铁道部印发《关于向中央企业工委移交中国铁路工程总公司等企业领导班子管理职责的通知》，依法规范了铁道部与五大公司间的相互关系，标志着铁道部与五大公司正式实现政企分开。

南北车的拆分过程并非一帆风顺。截止到 1999 年底，中国铁路机车车辆工业总公司共 258.7 亿元的资产如何分配，领导团队如何规划，都是十分关键的问题。最终的方案是初步以长江为界划分，原则为保证两家实力相当、品种齐全，但也出现了地属长江以北的工厂划归南车的现象。可以说，半年多的拆分时间内，南北车在资产和人才的争夺上非常激烈。

经过了一年多的试运行后，到 2002 年 2 月，《国务院关于组建中国南方机车车辆工业集团公司有关问题的批复》发布，3 月《国务院关于组建中国北方机车车辆工业集团公司有关问题的批复》发布，才正式宣告南北两车的拆分。

中国南车成员单位包括原中国铁路机车车辆工业总公司所属 19 个机车车辆制造企业、4 个研究所（改制为科技型企业）、1 个工贸公司、1 个上市公司、1 个进出口公司，注册资本为人民币 45 亿元。中国北车成员单位包括原中国铁路机车车辆工业总公司所属 19 个机车车辆制造企业、4 个研究所（改制为科技型企业）、1 个工贸公司、1 个进出口公司，注册资本为人民币 45 亿元。

2007 年 12 月 27 日，中国南车股份有限公司成立，2008 年 8 月 18 日和 8 月 21 日分别在上海证券交易所和香港联交所上市；2008 年 6 月 26 日，中国北车股份有限公司成立，2009 年 12 月 29 日在上海证券交易所上市。

经过 10 多年的发展，南北两车从科研技术、市场反馈等各方面来看都不相上下，中国铁路机车车辆装备产业发展形成了南北车双寡头的形势。

6. 重大举措：两车合并

6.1 过程

国有企业改革一直是社会关注的焦点。《中共中央国务院关于深化国有企业改革的指导意见》的正式颁布实施，为深化国有企业改革指明了方向，对于推进国有企业转型升级、促进经济发展提质增效具有重大意义。中国南车、中国北车作为深化国有企业改革的先行者、探路者和实践者，在国务院国资委的正确领导下，遵循社会主义市场经济改革方向，进行重组整合工作（见表 6-1）。

表 6-1　南北车合并历程

时间	详情
2014 年 10 月 27 日	中国南车和中国北车发布公告称，因拟筹划重大事项，经申请，公司股票开始停牌
2014 年 12 月 30 日	中国南车和中国北车发布重组公告，采取中国南车吸收合并中国北车方式进行合并
2015 年 3 月 6 日	中国南车和中国北车公告称，合并方案已获国资委批准
2015 年 3 月 9 日	中国南车和中国北车公告称，公司股东大会已通过南北车合并的议案，3 月 10 日起复牌
2015 年 6 月 2 日	中国南车公告称，与中国北车 A、H 股合并均已实施完成，合并后新公司名称为"中国中车股份有限公司"，简称"中国中车"
2015 年 6 月 8 日	股票复牌
2015 年 9 月 28 日	中国中车股份有限公司正式宣告成立

南北车重组整合，恰逢国资国企改革的重要关头，是强化轨道交通装备领域国有经济控制力和影响力的重要实践，也是探索国有资本投资公司管理体制的有益尝试，更是推进我国装备制造业大重组、大整合的难得机遇。2015 年 3 月 25 日，李克强总理主持召开国务院常务会议，专门听取南北车重组进展情况汇报，强调以国资国企改革优化资源配置，推动中国装备"走出去"，打造面向全球的竞争新优势。南北车重组整合工作横跨沪港两个资本市场，涉及资产量大，风险因素较多，决策程序复杂，能够在不到 10 个月时间内顺利完成，为深化国有企业改革积累了成功经验。

经过大量艰苦细致的工作，南北车重组整合在现行法律和政策框架下创造性提出了"对等合并"方式：在技术操作路径上，上市公司层面由南车股份吸收合并北车股份；集团公司层面则由北车集团吸收合并南车集团。在总部人员安置上，同样遵循"交叉对等"原则，确保了员工队伍稳定、人员到位迅速。采用"对等合并"方式不仅为两公司重组整合扫清了政策障碍，也为实力相当企业间的重组合并提供了操作示范。

6.2　意义

（1）南北车重组整合是落实制造强国战略、加快高端装备"走出去"的重大部署。2008 年国际金融危机以来，发达国家纷纷实施"再工业化"战略，重塑制造业竞争新优势，一些发展中国家也在加快参与全球产业再分工，承接产业及资本转移，我国制造业面临发达国家和其他发展中国家的"双向压力"。党中央、国务院高瞻远瞩，适时提出"中国制造 2025"战略，大力发展高端装备制造业。以高铁为代表的中国轨道交通装备制造业，已经全面达到世界先进水平，成为我国少数几个掌握国际话语权的产业。中国中车成立前后，习近平总书记、李克强总理分别到中国中车考察。习近平总书记希望中国中车再接再厉，能够继续领先、领跑，继续勇攀高峰，同时带动整个装备制造业形成"比、学、赶、帮、超"的良好局面。李克强总理希望中国中车担当起国家责任，打造吹不皱、淋不湿的金牌名片。国务院常务会议也多次部署高铁、核电等具有竞争优势的产业加快"走出去"。实施南北车重组整合，有利于集中优势，固本培元，抢占装备制造业新一轮竞争制高点，提升中国制造业的核心竞争力，大力推动高铁"走出去"，带动相关产业链整体素质的提升，推进中国由"制造大国"向"制造强国"迈进。

（2）南北车重组整合是积极应对全球竞争、打造世界一流跨国企业的重要举措。打造世界一流企业，赶超国际一流轨道交通装备跨国公司，是原来南北车的共同愿景。经过近 10 年的发展，我国轨道交通装备产业已成为最接近世界先进水平的高端装备制造产业之一。但放眼全球竞争大格局，与西门子、庞巴迪、阿尔斯通、美国通用电气等国际一流轨道交通装备跨国公司比较，南北车仍然存在一定差距。实施南北车重组整合，实现了强强联合，优势互补，开启了中国轨道交通装备国际化的新征程。中国中车经营规模成倍增长，整体实力迅速提升，为加快建设世界一流跨国企业奠定了更加坚实的基础。在准确把握国家战略、深入分析全球竞争环境的基础上，中国中车锁定了未来发展目标：以"融合全球，超越期待"为己任，全面推进以"转型升级、跨国经营"为主要特征的全球化战略，努力建设世界一流跨国企业，构建由我国主导的全球轨道交通装备产业新格局。

（3）南北车重组整合，是优化资源配置、促进国内轨道交通装备行业持续健康发展的必然要求。由于历史原因，南北车产品高度同质化，市场开拓方式相近，竞争优劣势趋同。近年来，随着经济全球化进程的不断加快，市场竞争日趋激烈，南北车竞争同样不断加剧。在海外市场，为取得订单，竞相杀价，低价出口，导致竞争无序，既损失了经济利益，又影响了国家形象。在国内市场，尤其是城轨地铁项目领域，以投资换市场现象普遍,导致重复投资、重复建设等问题日益突出。实施南北车重组整合,可以有效遏制重复开发、重复建设、恶性竞争等问题,提高资产效率,降低投资风险;可以促进内部结构调整和流程再造,加快建立专业化与区域化相结合的组织结构,提高管控水平,降低组织内耗;可以促进整个产业链的标准化、信息化、集约化、国际化发展,打造全球品牌,提升国家形象。中国中车把规范市场竞争秩序作为新公司成立后的当务之急,成立仅半个月,就推出了关于规范市场行为的一系列措施。在国内城轨市场方面,以投资换市场的情况基本杜绝,重复投资得到有效控制。近期几次城轨车辆招标结果显示,产品价格逐步回归理性。国际市场规则初步建立,秩序逐步规范,品牌逐步统一,恶性竞争的趋势得到有效遏制。

(4)实施南北车重组整合,是提高企业自主创新能力、增强我国高端装备核心竞争力的重要途径。轨道交通装备产业属于高技术产业,自主创新能力是企业应对国际竞争、立足国际市场的基础。南北车原来研发资源比较分散,重复开发、重复投入现象比较严重。南北车重组整合后,中国庞大的市场空间在引进国际先进技术过程中的作用将会得到最大程度的发挥,避免重复开发、重复投资、重复建设等问题,更好地集中优势力量,集中行业技术、人才、资本等各类资源,发挥协同效应,重点突破核心关键技术,增强原始创新能力,提升研发实力,瞄准全球行业制高点,深化自主创新,向前瞻性、共性、基础性研究拓展,推动技术、品牌、服务全面升级,牢牢掌握竞争与发展的主动权,真正从"跟随者"转变为"引领者",不仅在业务规模上持续保持全球领先,还要努力为行业技术创新和商业模式、管理模式的变革做出显著贡献,实现由"中国制造"向"中国创造"的转变。

7. 合并之后:中国中车的创新之路

7.1 自主创新:牢牢掌握核心技术

自主化的技术创新是企业发展的主线和灵魂。在中国中车,"创新"不是一个空泛的口号,而是实实在在的行动。

7.1.1 技术知识保障创新速度

中国中车加强轨道交通装备基础技术、核心技术、共性技术研发。围绕重要系统、关键部件产品，在高端轨道交通移动装备系统集成技术、牵引传动技术、网络控制技术、转向架关键技术、车体关键技术、制动关键技术、柴油机关键技术、齿轮传动系统关键技术、弓网受流技术、振动噪声控制技术、工程机械电气传动与控制技术、永磁电机、电力电子器件等方面取得重大突破，达到国际先进水平。在基础材料应用研究方面，轮轨关系研究、高寒高速动车组关键技术研究、车体疲劳试验研究、服役性能研究、谱系化头型、重载快捷货车核心技术基础理论研究、仿真验证技术及可靠性技术研究等取得了一批基础性应用研究成果。基于互联网的轨道交通旅客信息服务系统、电力电子变压器、永磁牵引传动系统等的一批前瞻性技术研究取得了阶段性成果。中国轨道交通装备国际竞争力极大提升。

同时，中国中车也十分重视技术的应用研究。中国中车建立了先进的轨道交通装备、重要系统和核心部件三级产品技术平台。形成了拥有自主知识产权、具有国际先进水平、融合世界不同标准体系的高速动车组和交流传动大功率电力、内燃机车产品技术平台，具有国际先进水平部分达到领先水平的、拥有完全自主知识产权的铁路重载及快捷货运产品技术平台，以及可以满足不同客户需要的城市轨道交通及地铁车辆产品技术平台；形成了牵引与控制系统、网络控制系统、制动系统、走行系统、连接系统、旅客信息系统等重要系统产品技术平台；形成了 IGBT、电机、柴油机、功率模块、网关等产品技术平台。基于这些平台，中国中车快速开发了列车化轨道交通装备产品。中国中车新产品产值率达 59.85%，很好地满足了中国轨道交通的发展需求和全球不同客户的需要。

通过持续的技术改造和技术升级，中国中车建设了全球领先的高速动车组、大功率电力及内燃机车、先进铁路客车产品、先进铁路货车产品、先进城轨交通及地铁产品等轨道交通装备制造基地，形成了国际领先的轨道交通装备产品制造能力，并在此基础上，建设了完善的质量保证、安全保障、全球供应商等体系，形成了先进的轨道交通装备生产制造系统，有能力满足世界任何轨道交通装备市场需要。

中国中车拥有以高速列车系统集成国家工程实验室、动车组和机车牵引与控制国家重点实验室、国家重载快捷铁路货车工程技术研究中心、国家轨道客车系统集成工程技术研究中心等 11 个国家级研发机构和覆盖主机制造企业的 20 个国家级企业技术中心为主体的产品与技术研发体系，奠定了轨道交通装备行业国家技术与产品创新体系的基础，形成了强劲的国际竞争力。13 家海外研发中心、50 个省部级研发机构、一批专项技术研发中心充分发挥作用，在轨道交通装备核心技术突破、产品技术开发等方面取得了丰硕成果。

中国中车产品技术研发体系基本涵盖了从嵌入式底层软件技术到应用级控制软件技术，从基础技术、行业共性技术到产品关键技术，从系统集成技术到产品工程化实现技术的全技术链，从芯片到板卡，从零件到模块、部件，从系统到整机整车的全产品链，基本形成了能够满足中国轨道交通装备制造行业技术产品发展需要的，包括设计分析、计算仿真、试验验证、检验测试、信息情报、创新管理等在内的技术创新保障能力。

2016 年 9 月 5 日，国家科技体制改革试点国家高速列车技术创新中心正式注册运行，其牵头实施的国家重点研发计划先进轨道交通重点专项进展顺利。时速 350 公里"复兴号"高速动车组批量投入运行，标准动车组研制达到全面自主化、标准化新高度。时速 250 公里标准动车组、时速 160 公里快捷货车、驮背运输车等各种高端铁路装备研制取得积极进展，无人驾驶技术、城镇水处理技术等重大专项取得突破。中国中车还主持和参与制定 IEC 国际标准、国家以及行业标准，发明专利金奖、国家科技成果奖硕果累累。在科技研发投入费用方面，据欧盟委员会发布的"2016 全球企业研发投入排行榜"，中国中车位列榜单第 96 位，位居中国制造业第 1 位。

7.1.2 知识思维引领创新步伐

中国中车初步建设了相对完善、覆盖技术创新工作全过程的技术创新管理体系，保障充足的资金、物质投入和满足要求的创新人才。3 年来，中国中车年度研发经费保持 8% 左右的快速增长，技术投入比例保持在 5.6% 以上，保证了公司技术创新能力的持续快速提升。长期坚持建设与完善高效实用的规则制度与理念文化体系，保证技术创新工作的良好秩序。坚持建设和完善科技项目、科技成果、产品技术、知识管理、科技信息等管理体系，保证技术创新工作高效开展，保证技术创新储备与发展潜力。

中国中车形成了由中国工程院院士领衔、"中车科学家"担纲的高级人才队伍。2017 年中车获得中国发明专利金奖 20 项中的 2 项；获外观设计专利金奖 5 项中的 1 项。有两项成果荣获国家科学技术进步奖二等奖。过去的 5 年科技投入 584 亿元，科技投入比例超过 5%。拥有中国工程院院士 2 人、"百千万人才工程"国家级人选 8 人、国务院政府特殊津贴专家 350 余人，拥有获詹天佑科技奖、茅以升铁道工程师奖等荣誉的专家 160 余人。这个阵容强大的人才队伍为中国中车的发展奠定了坚实基础。

7.2　开放创新：整合资源，扩展市场

7.2.1　"产学研"打造创新联盟

中国中车技术创新工作服从和服务于公司跨国经营、全球领先战略目标，坚持"国家需要至上、行业发展至上"原则，坚持自主创新、开放创新和协同创新，坚持正向设计方向，建立与完善适应国际化发展需要的技术创新体系，建设具有国际竞争力的系列化产品体系、国际先进的轨道交通装备知识体系、完善的国际化轨道交通装备技术支撑体系，全面提升技术创新能力，推动中国轨道交通装备产业向产业链、价值链高端攀升，实现"中车创造"与"中国创造"，为公司持续快速发展提供强劲动力。不断优化资源配置，拥有一批具有国际先进水平的轨道交通装备制造基地、研究基地，具备以主机企业为核心、配套企业为骨干，辐射全国的完整产业链和生产体系；国际产能合作不断深入，位于南非、马来西亚、美国等的海外制造基地建设进展顺利，中国中车作为全球最大轨道交通装备供应商的地位更加巩固。

在新能源汽车领域，中国中车已与 100 余家国内外高校、科研院所建立了紧密合作关系。与中科院微电子所等 9 家科研单位或企业建立中国 IGBT 技术创新产业联盟，与清华大学建立联合创新平台，与湖南大学成立"电动汽车研究中心"，与同济大学共建"创新研究中心"，与英国谢菲尔德大学成立"电传动技术研究中心"，初步形成了覆盖器件、部件、系统到整车的技术创新体系。

依赖大学的研究成果、试验设备、训练有素的人力资本和研究经验，通过产学研合作创新，企业与大学或科研机构利用各自的要素占有优势，分工协作共同完

成一项技术创新的行为。以技术转移合约为纽带，在共同投入、资源共享、优势互补、风险共担的条件下，将高技术成果转化为现实生产力。通过产学研合作，企业获得研究专家的技术支持，了解技术发展趋势，获取前沿科技知识，促进技术创新所需的各种要素有效组合，可以促使企业新产品开发取得突破性创新成果，获得市场上全新的产品。

早在 CRH380A 高速动车组研制期间，科技部和铁道部共同签署并共同组织实施《中国高速列车自主创新联合行动计划合作协议》。在政府主导下，中车四方股份联合国内相关领域优势高校、研究机构和国家级创新平台，组成了世界规模最大的高速列车技术创新"联合舰队"。

"这种创新体系打破了部门、行业、院校、企业的壁垒，使我们可以把国内的创新资源整合在一起，既降低了创新的风险与成本，又加快了创新效率。"中车四方股份副总经理、总工程师梁建英说。CRH380A 的研制，汇集了国内 50 余家企业、30 余家科研院所与高校共同参与。

通过打造开放式创新平台，聚合创新资源。2012 年，在科技部的主导下，中车四方股份作为主发起单位，联合 16 家科研院所和企业，成立了中国高速列车产业技术创新联盟。之后，又发起成立了中国创新设计产业战略联盟。中国标准动车组，同样是协同创新结出的"果实"。在中国铁路总公司的主导下，中车四方股份联合国内近 30 家单位参与研制，形成了产学研用紧密结合的创新组织构架，从启动研发到产品下线，中国标准动车组仅用了短短两年多的时间。与此同时，"中国高铁的扩展和复杂的地理地质气候环境，也给了高铁装备企业旺盛的需求驱动"，梁建英说。在中国铁路总公司的主导下，"研发"与"应用"协同展开，"企业"与"用户"持续互动，创新成果得到了迅速转化。高铁这种持续、互动创新的过程，也是中国特有的优势。

7.2.2 高度整合，开拓创新空间

中国中车在轨道交通装备技术标准体系建设中积极发挥作用，初步形成了国际先进的轨道交通装备技术标准体系。合并三年来，中国中车主持或参与起草或制修订 70 余项国际标准，主持或参与起草国家标准 200 余项、行业标准近 1 000 项。中国中车积极参加建设有国际公信力的中国轨道交通行业认证认可体系，加强与欧美等先进

地区轨道交通行业互认互信工作，保证中国轨道交通行业企业国际竞争力。

中国中车加强以专利为重点的知识产权工作，拥有专利量以 26%/ 年的速度快速增长，专利质量持续提升。截至 2017 年 6 月，其已累计提交专利申请 3.2 万件，包括发明专利申请 1.38 万件、实用新型专利申请 1.64 万件、外观设计专利申请 1 234 件，其中已有 2.15 余万件专利申请获得授权。值得注意的是，据 2016 年中国专利技术开发公司发布的《中国企业专利奖排行榜》，中国中车以荣获 38 件奖项位列全国第二。

高铁产业链涉及前期建筑施工，中期轨道装备、通信信号，后期耗材更换、运营维护等。公司目前仍主要集中在轨道交通装备的整车市场，随着市场规模的逐步扩大，公司不排除向上下游产业链如信号系统、通信系统及零部件拓展的可能。

同时，公司还可从新造市场向维修维护市场扩张：2015 年维修维护占比仅为 15%，随着市场存量的增大，维修维护收入规模有望快速成长，预计有望达到 1 000 亿元。

7.2.3　放眼国际，走向世界

合并后的中国中车是全球最大的轨道交通装备制造商，体量规模无人能及。2015 年收入超过 170 亿欧元，新车辆的收入比排在其后的五家公司加起来都多。然而，2014 年公司海外收入 160 亿元，占比仅为 7%。随着"一带一路"倡议的积极推进，公司作为中国轨道交通装备制造企业的龙头，不断扩展海外市场，海外收入也不断提升。

（1）不断斩获海外订单。

2016 年中国中车海外业务订单额突破 80 亿美元，同比增长 40% 以上。公司凭借成本低廉、技术领先等优势，不断在全球范围内斩获订单。2016 年 3 月，公司中标美国芝加哥 846 辆、金额总计约 85 亿元人民币的地铁车辆项目。这不仅是芝加哥历史上规模最大的一次轨道车辆采购，也是迄今为止我国向发达国家出口的最大地铁车辆项目。2016 年 11 月，公司获得南非最大的机车维保合同，合同金额 141.4 亿元，这是中国中车史上最大的维保合同。此外，在澳大利亚还获得首个 PPP 项目，订单总额达 101 亿元人民币。

出口产品升级，全球化经营战略初见成效。纵向来看，公司出口产品实现从中低端到高端的升级，出口市场实现从亚非拉到欧美市场的飞跃，出口形式实现从产品出口到产品、资本、技术、服务等多种形式的组合出口。预计随着芝加哥地铁等项目的落地，公司在国际市场上的影响力和话语权将有一定提升，全球化运营战略有望进一步突破。与此同时，中国中车正逐步从出口产品过渡到出口标准。目前我国已打破了之前高铁对外只单方面负责基建或设计的单一输出模式，实现了技术标准、勘察设计、工程施工、装备制造，还有物资供应、运营管理和人才培训等多方面的全产业链输出。中国中车用了10年的时间，实现了从技术吸纳向赶超对手的突破，高铁动车组也势必成为我国少数可以输出标准的高端装备产品之一。

（2）兼并收购，风生水起。

"一带一路"是中国政府的伟大倡议，高铁出海势在必行。中国中车的产品目前已经广泛出口到马来西亚、新加坡、南非、美国等多个国家和地区，产品质量得到市场认可。为积极拓展海外市场，中国中车不断收购当地企业，以进入当地市场，不断完善海外经营网络布局。

2015年南北车合并前，中车就开始了海外兼并收购之路。自2008年开始，公司先后收购澳大利亚代尔克、斯柯达等多家海外标的，业务范围涉及铁路扣件及弹性元件和全套轨道交通设备，实现全球范围内产业链的全方位延伸。2009年，收购英国IGBT制造商Dynex，开始拓展牵引控制系统核心原件IGBT产品，目前已成为国内IGBT制造领域的绝对龙头；2011年收购澳大利亚铁路扣件分销商代尔克公司；2013年收购德国E+M Drilling公司，进入钻井工程及钻井机械领域；2014年收购德国采埃孚集团旗下的橡胶金融业务板块BOGE，布局橡胶金属领域，进一步增强市场竞争能力；2015年收购全球第二大深海机器人制造商SMD公司，实现核心技术同心多元化。

南北车合并后，中国中车更是加大海外扩张力度。2016年，公司收购斯柯达交通技术公司。斯柯达目标客户集中于欧洲，主营产品是包括机车、地铁车辆、火车等在内的全套铁路设备。据德国SCI Verkehr统计，2020年欧洲轨道交通市场车辆订单额将达到444亿元，是仅次于亚洲的全球第二大市场。通过收购斯柯达，公司将全面进入欧洲市场，进一步提升全球范围内的竞争力。2019年，中国中车收购德国福斯罗公司（Vossloh AG）的机车业务。福斯罗公司拥有几十年积累起来的专业经验，是铁路基础建设和价值维护方面领先的供应商。在轨道扣件系统赫尔道岔系统方面，福斯罗公司是全球市场领先的生产厂家之一。

（3）海外研发持续推进。

本土化战略持续推进，统筹全球技术资源能力增强。2013年以来，公司中德、中英、中美联合研发中心相继成立，海外研发中心达13个。2015年，公司出口的美国波士顿地铁项目在春田市成功奠基；中国铁路装备首个海外制造基地在马来西亚建成投产，成为"国际产能合作"的新亮点；与美国合资成立的货车公司开始首批样车生产，北美市场本土化翻开新的一页。2016年，美国基地主体工程完工、南亚首个基地印度基地正式投产、土耳其本土化列车下线、欧洲首个维保中心白俄罗斯基地挂牌，中国中车的本土化创造了最快"加速度"，其正在加速融入世界。

通过产品及标准输出、本土化战略及外延扩张，公司有望实现内部资源整合和全产业链的延伸。内部资源整合方面，首先，可通过集体采购实现规模效应，降低成本；其次，上下游企业之间联系更加紧密，减少信息不对称，促进产品研发和重点技术攻关；最后，内部整合可提高生产效率，降低期间费用，提升净利率。全产业链延伸方面，首先，通过外延扩张可以向通号系统、机电设备等领域纵向延伸，进一步扩大产品辐射范围；其次，通过横向收购同类型企业，有利于降低公司的竞争压力，并提高市场议价能力和话语权；最后，积极布局IGBT、深海机器人等领域，新兴业务收入增速显著。多元化的跨国并购为公司业绩贡献新的增量，降低了市场单一可能带来的风险，更促进了公司产业链的全方位延伸。

8. 中车发展与企业家精神

在中国中车集团董事长刘化龙看来，企业家在企业中拥有独特地位，对企业有着至关重要的作用。一个优秀的企业家，需具备战略思维和全球视野，具备远见卓识和魄力。对于中国中车来说，企业家需要确保公司的战略布局和目标始终沿着正确的方向，发展公司在市场洞察、资源整合等方面的能力；同时，企业家要牢记南北车重组整合承载的使命，推动企业的变革和发展，推动组织协同整合、发挥资源的最大效应。

创新一直以来根植在中国中车的基因中。几十年来，创新作为企业家精神的核心，帮助中车企业家创造了价值。可以说，中车企业家是新技术、新产业、新模式的倡导者和推动者，他们身上不仅有"产业报国、勇于创新、为中国梦提速"的高铁工人精神，更有国有企业家坚守事业、装备强国的情怀和使命。

中国中车结合企业实际，探索提出了符合中央要求、体现新时代特征、具有中车特色、以领导力模型为基础的企业家培育系统。正是因为培养出了良好的企业家精神，我们今天看到的中国中车，不断在实现突破，改革发展也迈向"新阶段"。依靠着中车企业家的不断努力，我们才能看到中国中车今天的成绩。

8.1　中车战略与企业家精神

中车企业家精神中的创新精神，引领着公司用坚定鲜明的战略思路向前发展，积极探索从中低端制造向中高端制造迈进。依靠一代代中车人的努力，中国中车确定的企业发展战略有三大核心内容：一是快速提升核心技术能力。公司搭建起产、学、研联盟的自主创新技术体系，迅速掌握了行业的核心技术，快速实现了生产工艺流程再造和核心技术自主化。二是加速形成完整产业链。高铁是当今世界高新技术的集成，涉及机械、冶金、建筑、高分子材料、合成材料、电力、信息、计算机、精密仪器等一系列相关产业。公司积极进行关键零部件的自主化替代，建立起从基础材料、核心部件、关键系统到整机产品的制造以及运营维护的完整产业链，在高铁装备上跨越式发展，对包括钢铁、铝型材、机械、电子在内的我国基础工业产生了强大的拉动作用。三是高度重视人才对战略的支撑作用。公司奉行"人才第一"和"工匠精神"的理念，创新构建具有中国中车特色的全球一体化人才管理体系，聚集了一大批立志产业报国的中坚人才。很多国外公司到中国中车参观，感慨顶大梁的都是30多岁生龙活虎的年轻人，认为这是企业最宝贵的财富，也是企业最强大的竞争力。

中国中车的战略规划是面向新时代、新环境建立的，其战略重点包括以下几个方面：一是发力国际化经营。努力在落实"中国制造2025"战略、"一带一路"倡议以及推进国际产能和装备制造合作中发挥更加积极的作用，不断提升国际化经营水平。

二是发力内部深化改革。南北车的成功重组,为中央企业改革探索了先行经验、提供了有益借鉴。之后,按照国资国企改革精神,中国中车迅速出台了《中国中车集团公司深化改革指导意见》和19个专项推进计划。认真落实"三去一降一补"五大任务,大力解决集团发展中存在的新旧发展动能转换不畅、新发展动能不足等不平衡、不协调、不可持续的问题,着力瘦身健体提质增效。中国中车改革的做法和经验得到了中央深改办、国务院督查组和国资委的高度肯定。三是发力体制机制创新。瞄准国际国内市场的广阔空间,持续推进技术创新、管理创新、经营模式创新,着力优化产业结构、延伸产业链条。中国中车正在推进八大转变:从制造向"制造+服务"转变,从"本土企业"向"国际化企业"转变,从单一轨道交通装备供应商向综合价值创造者转变,从产品经营向品牌经营转变,从产品制造平台向产业投资平台转变,从高度关注利润向关注竞争优势转变,从追求规模向提升效益转变,从创新跟随者向创新引领者转变。这些转变,对中国中车提升整合全球资源、应对全球竞争、满足全球需求的能力,十分重要。四是发力供给侧改革。目前,中国中车正在按照高端、智能、绿色、服务的产业发展方向,发力供给端,积极探索"互联网+高端装备+制造服务",建设"数字化中车",产生嫁接动力,抢占未来竞争制高点。中国中车智能制造的重点,就是为人们提供更加完美的交通出行体验。

8.2　中车品质与企业家精神

在中车企业家的引领下,公司坚守实业,打造高端装备国家名片,为国家实体经济竞争力提升贡献力量。实体经济的基石是产品品质。这些年,中国中车始终把追求高端高质作为企业振兴之道,着力塑造高端高质的企业形象。

高铁作为"国家名片",其核心基因就是高端高质。高铁十年,在全社会经历过一段从非议到赞扬的过程。扭转人们认识的根本,还是高铁过硬的品质。2016年,我国动车组旅客发送量首次超过旅客总发送量的51%,乘坐高铁出行方式受到普遍欢迎。截至2016年底,中国高铁运营里程超过2.2万公里,占全球高铁运营里程的65%以上;中国中车共生产各型动车组2 586列,累计运行里程已超过28亿公里。从速度等级、在线数量、行车密度、运营能耗、平稳舒适度等方面衡量,中国高铁各项指标均已跨入世界先进行列。锻造高铁这张名片，依靠的就是创新精神与工匠精神的合力。坚持自主创新，中国中车攻克了一系列新材料、新工艺、新技术方面的难关，如高速动车组铝合金型材、IGBT 器件等。坚持匠心营造，中国中车把每道工序、每个零件都干成了精品。

实业之路漫长而艰辛，没有快钱与暴利。凭着这份清醒和执着，中国中车把眼光放得比较长远。中国中车企业家的目标，就是要把中国中车打造成受人尊敬的国际化公司，不仅追求产品的高品质，同时也追求企业的高品质。中车人希望中国中车大而强、富而善、新而美，能经得起历史检验，能承担更多社会责任，能持续为民族、国家和人类社会发展做出积极贡献。为此，中国中车将牢固树立并自觉践行五大发展理念，努力推动自身实现创新发展、协同发展、绿色发展、智能发展、全球发展、开放发展、共享发展、多元发展。不断聚焦未来高端制造的发展态势，努力做到"全球行业引领、国企改革先锋、高端装备典范、走向世界名片"。不断培育核心能力，突破改革发展瓶颈，加速培育战略谋划能力、科技创新能力、资源调配能力、全球经营能力、公司治理能力、凝才聚智能力、公共关系能力、风险防范能力，提高中国中车做强做优做大实力。不断提升品牌文化价值，扩大中国中车的政策影响力、产业影响力、品牌影响力、文化影响力。以"大国重器、产业引擎"为己任，立足高端装备，大力发展战略性新兴产业和现代服务业，努力成为以轨道交通装备为核心、多元发展、跨国经营的世界一流企业集团，带动我国高端装备走向世界，力争率先实现"中国制造2025"战略目标。

8.3　中车品牌与企业家精神

中国中车正在努力转型升级。习近平总书记关于制造业的"三个转变"的指示里，其中一条就是要推动"中国产品向中国品牌转变"。我们面临的已经是品牌竞争的时代。特别是互联网的兴起，进一步加大了品牌竞争的分量。企业追求卓越品质，一个显著标志就是形成具有自主知识产权的名牌产品，不断提升企业核心价值和整体实力。

中国中车在品牌建设方面开展了大量工作。着力打造高端品牌形象，突出综合性品牌竞争优势，利用新一轮科技革命的契机，不断丰富中车品牌价值观，不断赋予品牌发展新空间。产品全、技术强、品质高、价格优、交付快、服务好已成为中车品牌的显著特点。2016 年，中国中车成为我国仅有的品牌价值超千亿的 6 家企业之一；在英国咨询机构的评估中，位居世界品牌 500 强第 179 位。

中国中车在国内外拥有较高知名度，但相比知名度，中车品牌在社会公众的美誉度还有待提高。海外客户对中国中车中高端品牌定位的认知程度较低，国际化品牌形象尚未获得国际主流市场的广泛认可，品牌溢价难以实现，品牌理想与营销现实之间存在差距。为此，中国中车提出目标，要持续进行品牌建设，2020 年将"中国中车"品牌建设成为国内一流品牌、国际行业领先品牌，再用 5 年乃至更长的时间，将"中国中车"品牌打造成为享誉全球的品牌。

为了建立一套世界一流的品牌战略体系，进一步提升在全球品牌价值排行榜中的排名，中国中车做了如下工作：一是找准品牌定位。在国内打造"创新引领者"的品牌形象；在国外打造"创新推动者"的品牌形象。二是提升外部受众对品牌价值的认知。在设计、制造、营销、服务、传播、社会责任等与外部受众密切接触的各个环节，让客户、政府、媒体、公众等外部受众真正感知到中车品牌的核心价值。三是统一集团内部品牌认知。推动品牌"内化于心"行动，将品牌理念植入员工心里，体现到行动当中。四是优化品牌形象载体。从现代感、整体性和统一性等方面持续优化品牌形象设计，高标准实施 VI 应用工作，树立国际化的一流品牌形象。五是加快品牌国际化传播步伐。结合中车国际化战略和区域发展策略的实施，有计划、有步骤地开展海外品牌传播工作，积极参与当地公益、慈善、公共事务等社会活动，主动承担社会责任，当好企业社会公民。

自主创新、协同创新和开放创新相结合，实施体系创新、能力创新，中国中车在产品技术能力上不断提升，企业经营更是获得了极大的认可；中国中车不断在自身资源的基础上开展资本经营的探索，在坚守实业的同时，发展新产业，更为提升集团的综合能力提供了新的力量；中国中车在市场化改革方向的指引下，保证落实重点改革措施，加强供给侧结构型改革，为适应新的市场环境而努力。

习近平总书记指出，市场活力来自于人，特别是来自于企业家，来自于企业家精神。作为中国中车的董事长，刘化龙强调，发扬企业家精神，中车企业家需要坚守实业，打造高端装备国家名片，为国家实体经济竞争力提升贡献力量。

9. 面向未来

9.1 市场环境

近年来，轨道交通行业格局发生巨大变化，重大重组持续发生，行业集中度提高，对行业格局产生了巨大冲击。轨道交通产业链价值结构发生变化，轨道交通装备后市场规模扩大速度明显加快。国内铁路装备市场，既面临市场增长趋缓，又面临市场需求结构发生变化，铁路客运、货运持续改革，对铁路装备产品的适用性、安全性、可靠性、舒适性等提出了更高的要求。同时，随着铁路体制改革的深入和基础设施领域引入 PPP 模式，行业投资主体日趋多元化，轨道交通市场竞争愈加激烈。

在可以预见的未来 10 年之内，中国轨道交通市场都将凭借其万亿级的市场规模，长期占据全球最大轨道交通市场地位，其巨大的市场机遇也必将继续吸引来自全球的轨道交通业内人士高度关注并参与其中。

9.1.1 城市轨道交通快速发展

城市轨道交通行业的快速发展离不开装备的有力支撑，党中央、国务院一直高度重视轨道交通装备产业，将先进轨道交通装备列为"中国制造 2025"的十大重点领域，加快突破发展。过去的 10 多年，中国经历了大规模、快速的铁路与城市轨道交通发展进程，近年来中国城市轨道交通正在向着规模化、结构网络化、制式多样化、装备智能化方向发展。在超大城市、特大城市的中心区域采用大运量的地铁；在中心城区与卫星城之间、卫星城相互之间以及郊区和旅游区采用中运量的单轨、磁悬浮和现代有轨电车等制式；在城市群中的中心城市与卫星城之间以及各卫星城之间，采用市域铁路及城际铁路，在全国各中心城市以及各城市群之间通过高速铁路网络连接，多层级、大规模的网络化轨道交通系统正在中国快速建立。

9.1.2 轨道交通装备智能化

按照"中国制造 2025"的五大工程的部署，中国中车组织实施了智能制造专项，针对装备工业、消费品工业等传统制造业推进智能化改造，推广数字化技术、系统集成技术、智能制造成套装备开展新模式试点示范，提高传统制造业设计、制造、工艺、管理的水平，推动生产方式向柔性、智能、精细化的转变。

同时，近年中运量轨道交通系统的制式多样化成为新的趋势，涌现出了"云轨""智轨""空轨""中低速磁浮"等多种新的轨道交通制式，并且出现多家新进入轨道交通领域的参与者。

目前，我国轨道交通装备制造业已经形成了配套完整、规模经营的集研发、设计、制造、试验和服务于一体的产业体系，取得可喜的发展成效。但是我们也应清醒地看到，我们与世界先进水平在某些方面还存在差距。比如基础技术的研发仍需加强，产品性能与可靠性亟待提高，关键系统和零部件有待突破，我们还需要进一步深化国际合作，围绕产业链部署创新链，大力推动轨道交通装备向绿色、智能方向发展。

另外，我国轨道交通领域也正在迎来一波信息化、智能化的浪潮，除了传统的参与者比如中兴、华为等在通信领域的更新换代之外，阿里巴巴、百度、腾讯等网络科技公司凭借其大数据和互联网金融方面的优势，积极进入轨道交通领域，手机扫描支付、人脸识别等新技术已经开始在国内多个城市迅速铺开，这些高科技企业对轨道交通行业的颠覆和重塑，是我们无法想象的。

9.1.3 轨道交通装备绿色化

目前我国经济已由高速增长阶段转向高质量发展阶段，正处在转变发展方式、优化经济结构、转换增长动力的攻关期，下一步国家有关部门将把提高轨道交通装备供给体系质量作为主攻方向，合理规划产业布局，进一步推动建设轨道交通装备创新中心，不断提高装备的绿色化、智能化、服务化水平。

以"绿色、环保、节能"等为核心的可持续发展理念已成为国际社会的共识，轨道交通装备特别是高铁装备作为方便快捷、绿色环保的产品，越来越受到世界各国的青睐。未来几年，全球轨道交通车辆市场容量预计年均增长约2.2%。我国高速铁路飞速发展，高铁外交以及"一带一路"倡议等，使世界对中国铁路产品的认可度大大提升，为我国轨道交通装备"走出去"、加快国际化经营提供了重要发展时机。

9.2 国家政策指引

我国交通运输发展处于支撑全面建成小康社会的攻坚期、优化网络布局的关键期、提质增效升级的转型期。国家颁布实施的《中长期铁路网规划》提出，要完善普速铁路网，建成高速铁路网，构建现代综合交通运输体系。《"十三五"现代综合交通运输体系发展规划》指出，到 2020 年，城市轨道交通运营里程比 2015 年增长近一倍，城市轨道交通成为国民经济新的增长点。大力实施交通基础设施重大工程建设三年行动计划，获得国家批复的全国各地城市轨道交通建设规划累计里程超过一万公里，轨道交通行业市场发展空间巨大。

以信息化、生态化和全球化为特征的新一轮科技革命迅猛发展，跨界技术交叉融合，颠覆性技术创新大量涌现；新技术革命不断演进和经济全球化持续深入，新的全球价值链将得到发展，新产业、新业态、新商务模式层出不穷，企业创新发展前景广阔。深入实施"互联网+""双创""中国制造 2025"等系列创新行动，贯彻落实"十三五"战略性新兴产业发展规划、科技创新规划以及增强制造业核心竞争能力三年行动计划等，为中国中车深化科技体制改革，实施技术创新、产业创新，发展壮大以新能源装备、新材料、环保水处理等为重点的新产业，提供了良好的政策环境和广阔的发展空间。

9.3 中车特色

中国中车放眼国际，走向世界，不断提升自己在国际市场上的竞争力。

在技术创新方面：中国中车坚持自主创新、开放创新和协同创新，建立了政府推动、市场拉动、企业主体、万众创新的创新机制。中国中车有效联合了清华、北大、西南交大、北京交大等诸多一流高校，中科院、铁科院等一流科研院所，众多国家级研究实验室、院士、研究员、教授与工程技术人员携手攻关。这种创新机制，充分体现了中国特色社会主义制度"集中力量办大事"的独特优势。

在系统解决方案方面：我国建立了完善而强大的轨道交通产业体系。从整个铁路行业来讲，中国中车的装备制造、通信信号、工程建设、运营管理以及金融企业，更容易组建"联合舰队"，实现协同出海。从轨道交通装备来讲，目前中国中车产品已经服务全球 100 余个国家和地区，不仅输出产品，还输出服务、技术、管理、资本、标准，能够为不同国家、不同城市的轨道交通发展提供系统解决方案。

在统筹全球资源方面：借势"一带一路"，中国中车出口产品实现了由"价值链低端"向"价值链高端"的转变，出口市场实现了由亚非拉传统市场向欧美澳高端市场的转变。截至 2021 年 8 月，中国中车已在国外建有 18 个联合研发中心，特别是在"一带一路"沿线国家，帮助当地建立研发中心，并帮助当地培训、提升技术，坚持本地化制造、本地化用工、本地化采购、本地化服务、本地化管理的"五本"原则。

在核心产业链方面：中国中车积极倡导共建共享共赢理念，不断深化产业链合作，建立了核心产业链优势。比如一组"复兴号"动车组，涉及不同制式的世界领先技术，有 8 万多个零部件，集合了电子、信息、机械、材料等众多产业，涉及国内外供应商 1 000 多家，在这样多边复杂的供应链条合作中，中国中车能够掌握核心和主动，国际大公司与其合作的愿望也很迫切。

在运维服务方面：截至 2021 年 8 月，中国中车已累计交付高速列车 3 375 列，高速列车保有量占世界高速列车总保有量的 2/3。而且，中国中车能够开展产品全寿命周期服务，为用户创造最大价值。这种运维经验，打出了运维服务的优势。

中国中车持续完善技术创新体系，不断提升技术创新能力，建设了世界领先的轨道交通装备产品技术平台和制造基地，以高速动车组、大功率机车、铁路货车、城市轨道车辆为代表的系列产品，已经全面达到世界先进水平，能够适应各种复杂的地理环境，满足多样化的市场需求。中国中车制造的高速动车组系列产品，已经成为中国向世界展示发展成就的重要名片。产品现已出口全球六大洲近百个国家和地区，并逐步从产品出口向技术输出、资本输出和全球化经营转变。

面向未来，中国中车将以融合全球、超越期待为己任，紧紧抓住"一带一路"和全球轨道交通装备产业大发展等战略机遇，大力实施国际化、多元化、协同化发展战略，全面推进以"转型升级、跨国经营"为主要特征的全球化战略，努力做"中国制造 2025"和"互联网＋"的创新排头兵，努力把中国中车建设成为以轨道交通装备为核心，跨国经营、全球领先的高端装备系统解决方案供应商。

附录 中国中车发展历程

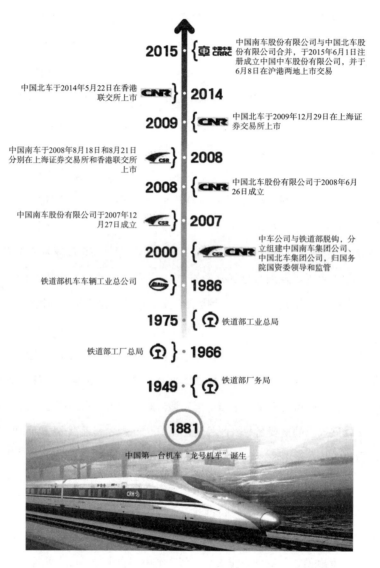

2015 中国南车股份有限公司与中国北车股份有限公司合并，于2015年6月1日注册成立中国中车股份有限公司，并于6月8日在沪港两地上市交易

中国北车于2014年5月22日在香港联交所上市 **2014**

2009 中国北车于2009年12月29日在上海证券交易所上市

中国南车于2008年8月18日和8月21日分别在上海证券交易所和香港联交所上市 **2008**

2008 中国北车股份有限公司于2008年6月26日成立

中国南车股份有限公司于2007年12月27日成立 **2007**

2000 中车公司与铁道部脱钩，分立组建中国南车集团公司、中国北车集团公司，归国务院国资委领导和监管

铁道部机车车辆工业总公司 **1986**

1975 铁道部工业总局

铁道部工厂总局 **1966**

1949 铁道部厂务局

1881

中国第一台机车"龙号机车"诞生

资料来源：中国中车官网.[2021-04-02].https://www.crrcgc.cc/g5081.aspx.

（刘彧彧 翟羽佳）

第七章

高科技行业的领跑者
——华为

HUAWEI

深圳经历了两个泡沫经济时代，一个是房地产，一个是股票。华为公司在这两个领域都没有卷进去，倒不是什么出污泥而不染，而是我们始终认认真真地搞技术。房地产和股票起来的时候，我们也有机会，但是我们认为未来的世界是知识的世界，不可能是这种泡沫的世界，所以我们不为所动。——任正非

1. 引言

1987年，华为科技有限公司（简称"华为"）在深圳成立。创立之初的华为，是一家没有身份的个体户，靠代理进口电话机维持生存。在赚得第一桶金之后，华为毅然进入通信设备行业，开始自主研发交换机设备。当时的通信设备行业，是一个新兴的市场，有着无限广阔的发展前景。但是，由于国内企业在通信行业刚刚起步，市场几乎被外资企业垄断。华为与巨龙、大唐、中兴三家国有企业，一同向跨国巨头发起了挑战。[①] 20年后，先是巨龙衰落了、消失了，大唐也被远远甩在后面。2018年，中兴也因美国政府的制裁而大伤元气。只有华为这家既无身份、资本，又无政府资源的民营小企业，在受国家政策严格管控的通信行业，经过30余年饱含血泪的艰苦打拼，从外资企业、国有企业的包围中脱颖而出，冲出中国，走向世界，成为全世界通信行业的领导者，造就了华为神话。

---

① 华为与这三家国有企业一起被业界称为"巨大中华"。

今天的华为，几乎无人不知、无人不晓。在华为的身上，笼罩着太多的神秘感、太多的传奇，甚至太多的光环。许多人试图破解华为的成功秘笈。有人认为，华为的成功在于机遇，华为赶上了中国改革开放的好时机，充分享受了改革红利、区域红利（地处深圳）、市场红利、人口红利、政策红利。[①] 也有人认为，华为的成功在于企业家任正非的独特性、在于"中学为体、西学为用"的组织能力、在于对人才的独特管理模式。[②]

但是，成功从来就不是一帆风顺的，也不是可以轻轻松松获得的。华为的成功，在于华为人有高远的理想，这一理想是与国家、民族的命运紧紧联系在一起的；华为的成功，在于华为人在对理想的追求中，艰苦奋斗，勇敢无畏，不惜洒下汗水、泪水甚至鲜血，鞠躬尽瘁；华为的成功，在于借鉴西方企业先进管理制度和经验的同时，把中国传统文化思想作为管理的灵魂和统帅。

在改革开放后荆棘丛生的中国商业界，需要雄心勃勃的开拓者和奋斗者，而华为与任正非无疑是中国高科技行业最典型的代表。

2. 孤独的奋斗者（1987—1996 年）

从 1987 年成立到 1996 年自主研发出 10 万门交换机，是华为的第一个 10 年。在第一个 10 年里，华为从代理业务起步进入电信设备市场领域，再到自主研发交换机，在恶劣的环境中度过了危机四伏的创业生存期。在这 10 年中，尽管华为的产品质量不尽如人意，也没有多少资源可以利用，但华为人凭借出色的服务和售后技术支持，凭借不怕流泪、流汗的艰苦奋斗精神，使华为由一家默默无闻的民间小企业，崛起为一家国内知名的电信设备厂家，为公司未来发展铺平了道路。

2.1　创业之初的梦想

华为成立于 1987 年。这一年，中国的改革开放进入了第一个 10 年的尾声。从 1978 年到 1987 年，10 年的时间里，中国的经济与社会生活发生了巨大变化。商人作

---

① 参见 2018 年 6 月 30 日中国管理模式全球论坛（2018）吴春波发言。
② 参见 2018 年 6 月 30 日中国管理模式全球论坛（2018）彭剑锋发言。

为一个阶层，正在中国取得自己的独立地位，这在中国几千年历史上是前所未有的现象。步鑫生等"承包人物"，成为步履艰难的中小国营企业改革的救命稻草；张瑞敏等"改革人物"，也以不同方式在集体企业中实践着自己的管理理念；鲁冠球等地方企业家，则引领乡镇企业迅速崛起；年广九等个体户依然是体制外冒险的活跃分子。

在中国轰轰烈烈地进行改革开放之时，43 岁的任正非却跌落到命运的低谷：由于没有商业经验，在工作中遭遇 200 万骗局的任正非，不得不离开自己转业后的第一个老东家——深圳南油集团。就这样，大学毕业后在军队工作 14 年、接受过中央领导接见、转业后在深圳一家电子公司担任副总经理的任正非，在不惑之年，在中国改革开放的最前沿深圳，不得不面对无处就业的残酷现实。

深圳不相信眼泪。作为一个在中国变革初期被命运彻底边缘化的退伍军人，任正非将过去的一切荣誉清零，毅然接受挑战，从零开始。1987 年 9 月，他拿出自己仅有的 3 000 元钱，找了五个志同道合的朋友，在深圳南山区租了一间民居，以"民间科技企业"的身份，注册了一家企业，做了一个"个体户商人"。[①] 当时，国有企业依然是国民经济的主体，外资企业享受着"超国民待遇"，依附于乡镇的集体企业在一定程度上获得了合法性，而个体经济则在夹缝中艰难生长。

创业之初的华为，面临的第一个现实问题是：如何生存下去？刚开始，公司也没有什么方向，什么赚钱做什么。一个偶然的机会，任正非经人介绍，开始代理香港鸿年公司的电话交换机产品，走上了销售通信设备的道路。那时，内地通信市场刚刚起步，对交换机的需求量很大，但内地产品质量不稳定，产量又少，远远不能满足市场需求。华为作为倒买倒卖交换机设备的"二道贩子"，从香港鸿年公司买来交换机，再卖给内地县级邮电局和乡镇、矿山等。由于华为代理的是香港交换机，质量比内地产品好，价格比进口的便宜，很有竞争优势。一名参与当年创业的老员工说："那时，只要能搞到进口货，有多少要多少，不用发愁卖不动。"在短短两三年时间里，公司就积累了几百万元的资金，很快掘得第一桶金。

当时，中国有数百家从事代理业务的"皮包公司"。凭借极高的毛利，这些先富

---

① 直到 1988 年，"私营经济"才被写进宪法，受到保护，确定了私营经济的法律地位。同年，北京市第一批私营企业注册。

起来的公司老板，过着"早上皮包水（喝早茶），晚上水包皮（泡澡堂）"的悠闲日子。然而，这并非任正非的人生追求。在他心中，始终有一个梦想——使自己的公司成为世界级的电信制造企业。在许多人看来，这一梦想无异于痴人说梦。一方面，经过10年的改革开放，中国经济建设呈现出一派生机勃勃的景象，速度与效率成为10亿多中国人的主旋律。由于电力、交通、通信等基础设施远远滞后于发展的节拍，大规模、快节奏地推进通信设施建设，成为中国最紧迫的战略。另一方面，中国在通信领域几乎是空白，没有一家像样的电信设备企业。政府"以市场换技术"的决策，让西方公司大举进入中国市场。全国上下，从农话到国家骨干电话网用的全是国外进口的设备。行业内流传着"七国八制"①的说法。这些跨国巨头以傲慢的姿态，用高价格、低服务甚至无服务垄断着中国的通信产品市场。在这些国际企业面前，华为如同大象面前的一只蚂蚁。华为这只小小的蚂蚁，想要挑战大象般的国际巨头，成为世界级的电信制造企业，谈何容易。在某种意义上讲，此时的任正非，就像那个手持长矛、大战风车的骑士堂吉诃德，勇敢地向巨人发起挑战。

当然，激励任正非这一梦想的，不是金钱，不是个人声誉，而是一种深深的爱国情怀。这种爱国情怀，在后来的《华为基本法》中表露无遗："华为以产业报国和科教兴国为己任，以公司的发展为所在社区作出贡献。为伟大祖国的繁荣昌盛，为中华民族的振兴，为自己和家人的幸福而不懈努力。"

2.2　让梦想扬帆起航

1989年，深知做代理不能长久的华为，走上自主生产之路。可是，公司没有技术、没有人才，从哪里入手呢？华为采取了从国营单位购买散件自行组装的方式，生产出第一款产品BH01。当时，邮电部辖下好几家国营单位都在生产34口和48口的单位用小型交换机。华为的这款交换机只有24口，属于低端机。但是，由于华为的产品价格低、服务好，在市场上供不应求。

然而，天有不测风云。1990年，提供散件的厂家为了自己销售，中断了对华为的

---

① 当时的中国通信市场上总共有8种制式的机型（其中日本的NEC和富士通分别占据了两种制式），分别来自以下公司：日本的NEC和富士通、美国的朗讯、加拿大的北电、瑞典的爱立信、德国的西门子、比利时的BTM和法国的阿尔卡特。这8家公司，绝大部分是百年老店。

散件供应。华为被"逼上梁山",必须在最短的时间内自主研发,否则就会面临资金断流甚至公司倒闭的危险。"奋斗者才能生存",秉持这样一种理念,华为研发人员开始了艰辛的研发工作。所有员工包括公司领导,通宵达旦地工作,累了就趴在桌上或在地上找张泡沫板睡一下,醒来接着干。有位工程师,累得连眼角膜都掉了,不得不住院手术,才保住了视力。

经过近一年的努力,华为终于研发出自己的第一款产品——BH03 小型交换机,并通过了邮电部的验收,取得了正式的入网许可证。此时,华为的账面上已经没有资金,产品要是还研发不出来,公司就要破产了。

产品有了,如何为产品寻找市场又成为一个难题。当时,外资巨头把握国内市场,再加上国家政策向国有企业倾斜,华为产品又没有知名度,市场开拓十分困难。然而,由于农村市场线路条件差、利润薄,国外厂商没有精力或者不愿意去拓展。在这种情况下,华为运用"农村包围城市"的战略,占领被国际巨头们忽略的农村市场。华为的销售员全部深入到县乡,每个县电信局的本地网项目都寸土必争。仅黑龙江的本地网,华为就派出 200 多人常年驻守,而爱立信只有三四个人负责盯守。在轮番轰炸下,首批价值数十万元的 3 台交换机发货出厂。1992 年,公司产品大批进入农村市场,销售额突破亿元大关,利润过千万元,员工超过 100 名,公司终于起航了。

开发并成功销售 BH03 小型交换机,是华为首次背水一战的胜利。华为的创业者从中体悟到一个真理:要生存和发展,没有灵丹妙药,只能用在别人看来很土、很傻的办法,那就是"艰苦奋斗"。

2.3 浮躁中的坚守

1992 年前后,知识无用论盛行,房地产、股票泡沫正浓。在海南、北海、惠州,上千亿资金"飞蛾扑火"般投向这些地区,迅速掀起一场房地产狂潮。到处都在开工,房子还没有盖,甚至还是一张图纸时就进行转让,项目转让了一手、二手甚至三手。开发的人还没有炒作的人赚钱快。在深圳,则上演着另外一种疯狂。1992 年 8 月 8 日,有超过 100 万全国各地的准股民涌入深圳,在全市 302 个发售点排起长龙,准备购买次日发售的认股抽签表。其间,百元一张的抽签表被炒至上千元。很多人一夜暴富，更多的人沉浸在发横财的梦想之中。社会上弥漫着浮躁、投机取巧之风，真正做实业、做研发的企业却受到了很大的冲击。于是，大量企业转做赚钱快的行业。

这一年，华为凭借自己开发的单位用交换机，销售额首次突破1亿元。此时的任正非，却做出一个出人意料的决定：拿出早期积累的全部资金，投资亿元研制2 000门网用大型交换机。这是一种局用交换机。当时，同处深圳的中兴通信和长虹通信先后研制出局用交换机。华为虽然小有成就，但与这些企业比，实力十分弱小，无论技术、经验、资金，还是研发方法和设备都十分落后，任正非的这个决定风险很大。以前，华为做代理的产品以及自主研制的交换机都是单位用交换机，客户主要是各种事业单位、企业等个体单位，销售分布较广，单次销售数量小。局用交换机的客户是各级电信运营商，客户数量少但销售大。因此，进军局用交换机领域，不仅面临技术上的挑战，更面临客户关系另起炉灶的难题。任正非清楚地知道，这是华为孤注一掷的大冒险，这一役只能胜不能败，否则华为将从此一蹶不振。在动员大会上，任正非站在5楼会议室的窗边，沉静地对全体干部说："如果这次研发失败了，我只有从楼上跳下去，你们可以另谋出路。"言语间充满悲壮。

事后，任正非回忆当时的情形说："大家知道，深圳经历了两个泡沫经济时代，一个是房地产，一个是股票。华为公司在这两个领域都没有卷进去，倒不是什么出污泥而不染，而是我们始终认认真真地搞技术。房地产和股票起来的时候，我们也有机会，但是我们认为未来的世界是知识的世界，不可能是这种泡沫的世界，所以我们不为所动。"

在任正非的带领下，研发部开发人员刻苦攻关，夜以继日钻研技术方案，开发、验证、测试产品。经过一年的艰辛奋斗，在经历无数次的失败后（曾经的一次失误导致6 000万元至1亿元的损失），终于在1993年初自主研发出JK1000局用交换机，并在5月获得邮电部的入网证书。这次研发成功，实现了华为在通信设备核心技术方面的第一次突破，其与国内100多家小型交换机厂拉开了差距。

任正非为何不惜血本、孤注一掷地投入JK1000局用交换机的研制？除了对泡沫经济的深恶痛绝之外，还有一个重要原因，那就是他对于"技术自立"理念的孜孜追求。任正非曾经说："外国人到中国来是为赚钱的，他们不肯把家底交给中国人，而指望我们引进、引进、再引进，我们以市场换技术，市场丢了，却没有哪样技术能真正掌握"；"技术自立是根本，没有自己的科技支撑体系，工业独立是一句空话。没有独立的民族工业，就没有民族的独立。只有自己才能救自己，从来就没有什么救世主，也没有神仙。中国要发展，就必须靠自强。"

JK1000局用交换机研制出来了。当时的华为，不过是国内200多家电话交换机生产企业之一，而且是民营企业，没有知名度，没有品牌效应，也没有打广告的经济实力。用惯了进口设备的用户对国产设备存在严重的不信任，华为人在开拓市场时遭受了很多白眼，受尽了冷落，遇到的艰辛、误解、委屈难以言表。一次，为挽救一个地方市场，华为某高层管理人员亲自赶往沈阳。当知道客户要在一个宾馆与爱立信洽谈业务时，刚赶到沈阳的他，没顾上喝一口水，就立刻赶到宾馆大堂里守候。由于不知道客户什么时候谈完，他一直守在那里不敢离开，饭也没顾上吃。直到深夜一点半，客户出来了。他立即上前搭话，但对方只说了一句"没有时间"就走了。

为了能够拿下广大的农村市场，华为的销售人员每人都有一片固定的区域，天天去当地邮电局和电信局，帮助他们解决一些技术上的难题，给领导和员工提供各种帮助，并借机宣传自己的产品和低廉的价格。靠着这种执着，华为的产品终于在国内外竞争对手的围剿中撕开一个口子，将产品打入县级邮电部门。初战告捷，不仅为华为的市场开拓开了一个好头，更宣告了国产设备可以取代昂贵的进口设备。在华为推出局用交换机之前，国内电信局采用的主要是国外厂家的设备。这些国外厂家的设备在软件升级、设备备件以及维护等服务上收费高昂。华为则承诺，只要是华为的设备，不管时间多长，软件升级全部免费提供。

1993年，华为装机员不辞辛苦，走遍大江南北，开通了200多台JK1000局用交换机。当时，华为的交换机大多在县级邮电部门使用，产品稳定性差，经常出问题。华为组织了一支技术力量、责任心都很强的装机队伍，直接面对用户，跟进服务做得好，24小时随叫随到。邮电部门的职工比较强势，动不动就把华为的员工包括任正非训斥一顿，他们不仅没有任何辩驳，而且总是诚恳检讨，马上改正。与西方公司习惯把责任推给客户、反应迟钝相比，华为人给客户留下了良好印象。正是这些员工，初步打造出华为人吃苦耐劳的服务形象：无论塞外高原、边防海岛，还是山区小镇、革命老区，市场部把战火点到哪里，哪里就有他们忙碌的身影。他们常年奔波，居无定所，忍受了寂寞，克服了饮食上的不习惯与语言上的障碍，让那些沉寂了千年的乡村第一次响起了电话铃声。

在20世纪90年代，"服务"在中国尚属于稀缺产品，华为却把它做到极致。正是凭借这种"服务"理念，华为在中国农村市场站稳脚跟，为进入城市和国际企业角逐打下了坚实的基础。

2.4　国内群雄逐鹿

新技术的发展是任何人都无法阻挡的。到1993年，数字交换机取代了模拟交换机。华为开发的JK1000局用交换机属于模拟交换机，该产品还没来得及改进和稳定就被淘汰了，这给年轻的华为上了沉重的一课。[①]

在这一艰难时刻，华为没有因为JK1000局用交换机的惨痛失败而止步不前，反而背水一战，将全部资金和人员投入到2 000门C&C08数字交换机的研发上。华为的销售人员甚至在数字交换机还没有研发出来的时候，就已经为第一台数字交换机找好了开局的地方——浙江义乌。这笔订单，是销售员利用以前销售模拟交换机时和当地主管领导建立的关系获得的。业务到手了，但是属于赊销，先给客户装机器，运行正常后才分批付款。然而，原计划开局的时间过去5个月了，却因产品没有研发出来一拖再拖。后来，项目组人员实在等不住了，尽管产品性能尚不稳定，还是将第一台2 000门C&C08数字交换机搬到义乌开局了。在义乌，交换机只有一台，又要测试，又要调试，时间特别紧张，项目组人员只好24小时分两班工作。那时正好是冬天，义乌天气很冷，凌晨时气温不到零度，机房里没有任何取暖设备，许多工程师就穿两层袜子、两件夹克。有时候，烧水的电水壶坏了，项目组的人连一杯热开水都喝不上。有的工程师实在累得顶不住了，就在机房地板上躺一躺。就这样，负责开局的华为人带着全体华为人的希望，背负巨大的压力，在整整4个月的时间里，与机器住在一起，

---

① 从那时起，华为逐渐了解和学会了掌握市场规律，而不是简单地做市场以及推出一款自己认为合适的产品。华为还去掉了侥幸心理，专门组织优秀的研发骨干成立了相应的部门，时刻追踪最新的技术发展做产品规划，并采取拉式市场推广策略，为客户铺就一条技术发展道路，而不是孤零零地销售当前的产品。

经过多次调试，终于完成了第一项业务。

华为研发的 2 000 门 C&C08 数字交换机，不仅技术上定位高，领先于上海贝尔推出的设备，而且在附属功能上满足了中国电信局在话务统计、终端操作、计费等方面的特殊要求。因此，一经推出，就受到市场的欢迎。

2 000 门交换机对华为来说，绝不是一款简单的产品，它是华为未来发展的基石，是华为首款里程碑式的产品。华为后来的一切，都是从这里发展起来的。同年，华为决定在 2 000 门交换机的基础上，研制万门交换机。当时，国内生产的交换机主要用于农村市场，国内多数厂家认为，2 000 门交换机的容量已经足够。因此，中兴通信、巨龙公司、长虹通信等中国企业都把重点放在 2 000 门交换机的研发和推广上。华为则认为，万门交换机是国内厂商从农村走向城市战略的需求。为此，华为进一步加大研发，并推出拥有自主知识产权的万门交换机，一举超越国内主要的电信设备制造商中兴、巨龙，成为国内行业中的佼佼者。

1994 年夏，全国各地的电信局高层会议在上海召开。华为决定立即将万门交换机设备运到会议所在处，在现场搭建一个展示平台。但是，会期只有短短几日，留给华为的时间并不多。公司上下全部动员起来，在不到 5 天的时间里，硬是完成了从设备运输、环境搭建、设备调试到机器开通的全部工作。现场会那天，观摩华为产品的专家、政府领导都被华为自主开发的产品震惊了。他们几乎无法相信，这台性能优良的设备，竟然是一家小小的国内民营企业研发、生产的。华为第一次充分展示了国产技术的实力。11 月，首届中国国际通信设备技术展览会在北京举行。华为首次参加展览，万门交换机在会上亮相，获得很大反响。

1994 年 10 月，华为第一台万门程控机在江苏邳州试用，标志着华为进入新的发展阶段。1995 年，随着万门数字交换机在技术和市场上的重大突破，华为彻底改变了与国内另一通信巨头中兴的竞争态势 ①，并开始从农村市场向城市市场的转型。

但是，市场开拓依然是艰巨的任务。1995 年，华为开拓福建市场，福建省的交换机市场已经被外资企业垄断，华为面临的市场压力很大。当时，邮电部规定，为维护

---

① 中兴从 1993 年底开始启动万门机的研发，比华为的启动时间晚了整整半年，1995 年 3 月才开始投放市场，7 月通过邮电部的评审，比华为晚了一年。

方便，一个网上最多只能使用两种机型。各个省市主要采用日本和上海贝尔生产的机型，华为已经失去进入市场的机会。华为人不轻易放弃，销售人员从基层做工作，通过各种途径和方法，鼓动基层电信部门的领导试一试，等到性能稳定了，再向上打报告，请求再增加一种机型。几年后，外资企业的交换机需要技术升级了，泉州市电信局通过省、市政府与远在日本的厂商协商，前后等了一年，也没有人来。华为凭借自己开发的交换机比日本的机器功能多、技术升级方便的优势趁势而入。最终，泉州全部改用了华为的机器。华为的产品就是以这种方式打开了市场。几年后，邮电部在各地交换机主导产品上还有机型的限制，但主导机型已经变成技术含量高、运行较为稳定的华为产品了。

1996 年，华为又推出 10 万门交换机，彻底拉开了与国内竞争对手巨龙、大唐、中兴的差距，奠定了公司在行业中的领先地位。

3. 华为"狼"走向世界（1997—2006 年）

从 1997 年起，华为从创业生存期进入快速增长期。在这一时期，如何实现从创业者向管理者的转换，强化管理和管理创新是企业持续成长的关键和保证。通过管理创新强化核心竞争力，华为成功地实现了转换。曾在跨国公司工作的一位高管总结说："一个好的公司要想获得高速增长，没有一个好的企业家是不可能的，但一个好的公司不可能通过企业家能力获得持续发展，企业持续发展的动力源在于制度与文化。"华为的第二个 10 年所做的就是这样的管理创新。

3.1　起草《华为基本法》

3.1.1　缘何起草《华为基本法》

为了适应公司大发展的要求，华为在 1995 年成立工资改革小组，开始重新设计公司的工资分配方案。改革小组碰到了许多难题：工资确定的依据是什么？依据绩效，还是职位，还是能力？要不要考虑资历？改革小组花了半年多的时间，辛辛苦苦搞出了一套职务工资体系。然而，当把具体的人用工资体系套用时，难题又出现了，有些员工的贡献与他的收入并不匹配。是让人适合制度，还是让制度适合人？过去是钱怎么挣困扰华为的管理者，现在令管理者挠头的是钱怎么发，怎么评价人。于是，1995年9月起，华为发起了"华为兴亡，我的责任"的企业文化大讨论。华为在创业过程中形成了很有特色的文化，华为员工常把企业文化挂在嘴上，但真的讨论起文化来，才发现关于企业文化是什么，它有什么作用，谁也说不清楚。

显然，理清并解决上述问题需要一个纲领性文件，任正非把这个纲领性文件称为《华为基本法》。起草《华为基本法》成为总裁办公室的任务。按照工作习惯，总裁办公室把华为创业七八年来发布的内部管理条例和制度加以汇总，重新分类，整理形成华为管理制度汇编，以为这样就大功告成了。当把管理制度汇编送给任正非审阅时，他批评说："你们还不理解我为什么要这样做，这不是我想要的。"

于是，总裁办公室找到公司管理顾问——中国人民大学劳动人事学院的彭剑锋教授，与他探讨基本法究竟是什么。彭剑锋说："把管理制度汇编一下，不过是多了几个文件柜，任总要的不是这个，他要的是指导华为公司未来发展的管理大纲。"

3.1.2 《华为基本法》的核心

1996年，来自中国人民大学的学者彭剑锋、包政等教授接受委托，正式起草《华为基本法》。《华为基本法》定位在三个基本问题：华为为什么成功？过去的成功能否让华为在未来获得更大成功？要获得更大的成功还缺什么？随后两年的时间里，起草小组成员与任正非逐句逐段地推敲整理，经过在员工中的讨论交流，历时三年，八易其稿，于1998年3月完成定稿。

《华为基本法》既吸收了许多西方的管理精华，也充分提炼了华为10年发展的成功实践，尤其贯穿了创始人任正非的宏大理想、国家主义情结，以及建立在深刻洞悉人性基础上的一整套管理思想。这份蕴藏着华为成功基因的文件规定了华为的核心价值观、基本目标、公司的成长、价值分配、经营方针政策等方面的内容，其中最关键的部分是核心价值观：实现顾客的梦想。[①]

用任正非的话来说："从企业活下去的根本来看，企业要有利润，但利润只能从客

---

① 在2007年的修改版中，公司将核心价值观重新表述为："坚持以客户为中心，以奋斗者为本，长期坚持艰苦奋斗的核心价值观不动摇。"

户那里来。华为的生存本身是靠满足客户需求、提供客户所需的产品和服务并获得合理的回报来支撑；员工是要给工资的、股东是要给回报的，天底下唯一给华为钱的，只有客户。我们不为客户服务，还能为谁服务？客户是我们生存的唯一理由。"

《华为基本法》作为华为的一部重要制度文件，起到了统一思想、凝聚共识的作用，从根本上奠定了华为未来发展的价值趋向。

3.2 搭建制度平台

早在 1995 年初，为了应对公司的快速扩张，华为就开始在全公司范围内大规模推行 ISO 9001 标准，使公司业务流程规范化，以全面提高公司的运作效率和顾客满意度。但业务流程规范化之后，也出现了一些问题：各个部门和岗位的职责权限如何界定？一切按流程操作会不会导致组织的僵化？

1997 年底，任正非到美国考察了 IBM 等多家著名企业，跨国公司管理模式的先进和高效深深震撼了任正非。在任正非看来，中国 5 000 年来就没有产生过像美国 IBM、朗讯、惠普、微软等这样的大企业，因此，中国企业的管理体系、管理规则及人才的心理素质和技术素质，都不足以支撑中国产生一个大企业。他强调，必须建立合理的管理机制，使华为从必然王国走向自由王国。

从 1998 年起，华为花费 40 亿巨资，请来 IBM 咨询公司，启动了以 IPD（集成产品开发）、ISC（集成供应链）为核心的业务流程变革。在人力资源、财务体系、研发系统方面也进行了"先僵化、后固化、再优化"的变革。"僵化"是让流程先跑起来，"固化"是在跑的过程中理解和学习流程，"优化"则是在理解的基础上持续优化。任正非说："我们一定要真正理解人家百年积累的经验，一定要先搞明白人家的整体管理框架，为什么是这样的体系。刚刚知道一点点，就发议论，其实就是干扰了向别人学习。"通过系统性、大规模地引入国外管理咨询公司，华为逐步将国际巨头的先进管理模式移植到自身，构建了世界级管理体系。此外，华为在战略上也融入了更多的美国公司经验。这些制度变革，提升了华为的核心竞争力，为华为的全球大发展奠定了制度基础，也是华为的一个重要转折点。

3.3　进军香港及国际市场

1996 年，中国通信市场竞争格局发生巨大变化。跨国通信设备巨头在国际市场需求下滑的情况下，全面转入方兴未艾的中国市场，造成国内市场竞争白热化。在这样险恶的情况下，华为又面临"活下去"的紧迫问题。这一年，华为正式开拓香港及国际市场，并将其作为公司发展战略的重点。

3.3.1　试水香港

华为在境外市场的开拓过程中，依然沿用"农村包围城市"的策略。首先瞄准的是深圳的近邻——香港。1997 年，香港即将回归中国，香港和记电信在获得固定电话运营牌照的同时，也面临着一个老大难问题，即必须在短短三个月内完成所有移机不改号的工作。和记电信找了许多欧洲的设备供应商，但结果令人失望，它们最快的也需要 6 个月，而且开出的价格简直是天价。

就在这时，有人推荐了华为。然而，华为在香港的开局却十分艰难。一是香港对国产交换机的质量没有信心；二是香港和记电信的很多人对早就进入香港市场的西门子交换机很熟悉，短时期内无法接受一个全新的机型。对华为人来说，香港和记电信一役只能成功不能失败，否则接下来进军国际市场就会受挫。

在开局过程中，意外的事情接二连三发生，交换机频频出现问题。发现交换机不太稳定时，和记电信部分人员对华为产品的信心有所动摇。更要命的是，如果不能在两三天内解决问题，和记电信的经营许可证就可能泡汤。顿时，参与项目的每个人都感到巨大的压力。技术人员不断从各个角度去分析产生问题的可能性，但问题隐藏得很深，进展非常缓慢。为了加快进度，来不及多想，华为技术人员与和记电信商量后，购买了几个睡袋在机房打地铺，大伙昼夜进行调试。研究部多年形成的艰苦奋斗、高度敬业的优良传统，在困难面前表现得更为突出。华为人的表现感动了和记电信的人员，他们的技术主管也放弃休息，不断提出各种建议。在大家齐心协力下，问题终于得到解决。

和国外著名公司的交换机相比，华为的技术先进性体现得不够明显，因此便在技术服务上狠下功夫。和记电信对固定网络十分熟悉的人不多，对华为的交换机就更加陌生，华为人经常不厌其烦地给和记电信人员讲解，直到他们完全理解为止。除了一次次宣传、讲解之外，华为人对于用户提出的任何问题都以最快的速度予以答复。对于一时不能解决的问题，也会给出相应的时间表和解决问题的方法，直至用户表示接受。为了能适应香港状况和最大限度地方便用户，和记电信对华为的交换机提出不少修改意见。只要能实现，华为人就不厌其烦地修改；对于实现较困难的，则逐一向用户解释，共同探讨变通的方法。经过多次修改，用户的意见越来越少，最终接受了华为的产品。和记电信称赞华为"对问题的反应速度是一流的"。

进入香港市场后，华为开通了许多内地未开的业务，顺利打开进军东南亚市场的大门。

3.3.2　坚守俄罗斯

在香港试局成功后，华为将目光投向其他地域。由于朗讯、IBM等国际大企业已经瓜分了欧美发达国家的市场，与中国有着高层互访关系的俄罗斯成为华为进一步试水国际市场的目标。1996年，华为进军俄罗斯。由于产品在当地没有知名度，华为举步维艰。1997年，俄罗斯经济陷入低谷，西门子、阿尔卡特等公司纷纷从俄罗斯撤资，俄罗斯对电信市场的投资也几乎停滞。当别人纷纷退出俄罗斯市场之时，华为却在当地建立了三家合资公司，以本土化模式开拓市场。从1996年到2000年整整4年，华为颗粒未收。但华为人不断寻找机会、等待机会。一个当地运营商在设备出错的时候没有办法，只能抱着试一试的态度购买了华为的一个小型元器件，结果客户以较少的钱解决了大问题。华为俄罗斯市场的第一笔生意就是这个价值38美元的元器件。4年的等待，终于赢来零的突破。这次成功，让华为非常振奋。初尝成功后的华为，通过大量的细节服务赢得客户。电话出口机需要常年维护保养，而且要对设备运行实施不间断监控，华为不仅产品过硬，而且服务非常到位。经过多年的合作，华为在俄罗斯跑马圈地，在几大电信运营商那里建立了很高的信誉。2000年，华为获得乌拉尔电信交换机和莫斯科移动网络两大项目，拉开了俄罗斯市场规模销售的步伐。2007年，经过10年不懈努力和持续投入，华为成为俄罗斯电信市场的领导者，与俄罗斯所有顶级运营商建立了紧密的合作关系。

除俄罗斯之外，华为在其他独联体国家也站稳了脚跟，成为当时电信行业的主要设备供应商之一。2003 年，华为在独联体国家的销售额超过 3 亿美元，位居独联体市场国际大型设备供应商的前列。

3.3.3　开拓拉丁美洲

20 世纪 90 年代末期，拉美地区整体经济处于全球中等水平，政府对通信行业的投资比较大。受经济影响，通信业发展速度快，但地区之间发展不平衡。巴西和阿根廷是拉丁美洲最大的通信市场，占拉美通信市场的 80%，成为发展中国家中最受投资者欢迎的地方之一。

1997 年，华为开始在拉美拓展市场。与俄罗斯相比，拉美市场的开拓更加艰难。由于拉美地区金融危机、经济环境的持续恶化，拉美国家的电信运营商多是欧洲或美国公司，采购权在欧洲或美国公司总部而不在拉美当地。于是，华为采取了一个重要策略，让自己的海外采购路线沿着中国的外交路线走。

2000 年 11 月，吴邦国副总理访问非洲时亲点任正非随行，帮助华为开拓非洲市场。[①]与此同时，华为也积极开展"先国家、再公司"的"新丝绸之路"活动。2004 年 2 月，华为获得巴西"下一代"网络项目；7 月，与委内瑞拉电信管理委员会签署合作意向书。2011 年，华为宣布在巴西投资 3 亿美元建立研发中心。2015 年，由喀麦隆电信、中国联通投资，华为海洋网络有限公司承建的喀麦隆 – 巴西跨大西洋海缆系统项目正式签约。这是中国企业首次承建跨大西洋海缆系统工程。长期以来，美国、法国和日本等发达国家基本垄断了国际跨洋海缆项目，华为承建这一海缆项目是发展中国家首次打破发达国家的垄断。华为能在和欧美众多发达国家的同行的竞争中脱颖而出，首先在于产品质量过硬；其次在于有强大的解决方案及工程项目交付能力；最后在于公司为项目各方牵线搭桥，促成合作关系的建立。经过各种努力，华为终于打开拉美市场并站稳脚跟。

3.3.4　进军欧洲

从 1998 年开始，华为开始进军世界核心通信市场——欧洲。当时，欧洲人片面地认为中国只能生产廉价的鞋子、质量低劣的日用品，不相信中国能生产高科技产品。

---

① 当时，华为进入非洲 3 年了，依然颗粒未收。

1998 年、1999 年连续两年，华为在欧洲市场一无所获，但华为的营销人员屡败屡战，锲而不舍。在竞争对手滑雪度假、和家人团聚的时候，华为人在马不停蹄地走访用户，不失时机地展示自己的产品。

华为撬开欧洲市场是从分布式基站开始的。[①] 在此之前，欧洲客户对来自中国的面孔具有习惯性的不信任。在参与荷兰一家小运营商 Telfort 的项目投标时，对方直言不讳地发问："你们就是价格低，我为什么要你的产品？你又不能保证我成功。"华为的负责人很是苦恼：我的价格比别人低 20%~30%，别人还拒绝，客户的"痛点"究竟是什么呢？在和客户几次交流后，客户反映室内覆盖难做。这位负责人说，"交给我们做吧"，然后画了几幅草图给对方看。对方说："你们能做出来我们就买。"在客户需求的引导下，华为研发部组织一批技术骨干，加班加点开发，终于在不到半年时间实现了产品突破，也实现了华为 3G 产品在欧洲市场零的突破。

在东欧的捷克，法国电信商阿尔斯通苦于找不到价格合适的设备商，抱着试试看的想法和华为展开了第一次合作。结果华为生产的"中国货"不仅便宜，而且性能优越。从此以后，华为在法国小有名气。2010 年，法国电信运营商 NEUF 准备在法国境内建设一个主干光传输网络。为了建设这个网络，NEUF 已经圈定了一个供应商名单，这份名单上刚开始没有华为。与华为合作过的阿尔斯通打电话给 NEUF，希望能够让华为参与竞争。最终，NEUF 被华为优惠的价格打动，决定让华为试运营 3 个月。在合作中，华为为 NEUF 省下 10% 的资金，而且在不到 3 个月的时间里，以最快速度建成了两个城市的网络，NEUF 非常满意。随后几年里，华为赢得 NEUF 在整个法国的光网络传输合同。之后，华为与阿尔卡特、思科等公司一道进入 NEUF 的六大供应商之列，牢牢占据第一的位置。

2007 年，华为在最为顽固的德国市场上也捷报频传：先是取得全球最大的电信运营商 T-Mobile 在德国、英国、荷兰等地的分组交换核心网项目，接着中标拿下在德国的 90 个无线基站项目。自此，华为顺利进入欧洲市场。

---

① 分布式基站被业界称作"架构型的颠覆性创新产品"，与之并列的"颠覆性创新"是 SingleRAN 解决方案，通过复杂的数学算法，实行单一基站将 2G、3G、4G 及未来制式融合。

3.3.5　挺进美国

华为在国际市场上征战的最后"桥头堡"就是美国。美国市场是全球最成熟、最高端、最具竞争力的市场，也是华为最大竞争对手思科的大本营。

2003 年，在高科技超强的美国市场，初出茅庐的华为，与年销售额是自己 8 倍的思科狭路相逢，并遭遇后者的阻击。1 月 22 日，全球数据通信的巨头企业思科公司，对华为发起猝不及防的进攻，起诉华为及其子公司非法侵犯思科知识产权。长达 77 页的诉状指控华为在多款路由器和交换机中盗用了其源代码；指控还包括路由器和交换机命令接口等软件侵犯了思科拥有的至少 5 项专利。路由器、交换机等数据产品，是思科创立以来的看家法宝。多年努力之下，思科在全球数据通信领域市场占有率达 70%。2002 年，华为在中国路由器、交换机市场的占有率已经直逼思科，成为其最大竞争对手。随着华为不断推出数据通信产品以及推进国际化进程，思科明显感觉到，华为的威胁已经从中国蔓延到全球，成为自己强有力的竞争对手。

面对国际巨头的发难和国内外媒体大量报道，华为内部弥漫着悲观情绪。任正非则坚信，每一次危机把握得好，就可能是一次重大机遇。一向对新闻界保持低调的华为发表了一个简短声明，表明华为一贯尊重他人。同时，华为在美国以昂贵的价格聘请了法律顾问，在诉讼和媒体两条线上与思科展开正面较量，其间的跌宕起伏、惊险曲折，完全不亚于商战小说的情节。

2003 年 6 月 7 日，法庭驳回了思科申请下令禁售华为产品等请求，拒绝了思科提出的禁止华为使用与思科操作软件类似的程序。同年 10 月 1 日，双方律师对源代码的比对工作结束，事实证明，华为没有侵权。

2004 年 7 月末，这场"有趣的戏剧表演"官司，终于尘埃落定，双方以和解告终。通过这场官司，华为人明白了什么叫国际规则。美国人教会了华为国际规则，也教会了华为"照猫画虎"，以国际方式应对自己的美国对手。没有被思科打倒，其实就是对华为最好的宣传：华为是干净的，华为是有实力的，连思科也防范它。自此之后，华为的产品进入南美、北美市场。

当然，进军美国之路并不平坦。从思科起诉华为开始，华为就不断遭遇来自美国政府和媒体的频繁打压，从"美国国家安全"到"不公平竞争"等，打压的理由不断升级，其目的很明确：将华为拒于美国市场之外。其中的深层次原因则是美国以贸易保护手段维护本国企业的市场地位。2007 年，美国私人股权投资公司贝恩资本公司联合华为收购美国 3Com 公司，尽管华为作为策略投资者仅占不到 16.5% 的股权，却遭到美国部分议员的联名抵制，美国政府否决了这项交易。2010 年，华为收购美国一家小公司，交易标的仅为 200 万美元，也被美国政府否决。同年，华为以高出竞争对手的价格，收购摩托罗拉的无线业务，结果又遇到部分美国议员的抵制。其实，华为拟收购的摩托罗拉这部分业务，相当多的产品由华为贴标生产，是华为的专利技术。

打压下的华为，愈加坚定了超越思科的决心。10 年后的 2012 年，华为成功研制出 400Gbit/s 路由器，领先思科一年多，并在全球多数国家的客户中获得商用。华为已经从落后者一路追赶为领先者。20 多年前，思科是 IT 技术的倡导者，如今，华为的北研所正成为世界领先的 IP 研发中心之一。

4. 高处不胜寒（2007 年至今）

从 2007 年起，华为跻身全球顶级通信设备制造商行列，成为行业领跑者。然而，"高处不胜寒"，没有了竞争对手，也就没有了学习的榜样和领路的导师。如何在荣誉和光环面前不迷失自己，继续保持竞争优势，成为华为必须面对的新课题。

4.1　根除"大企业病"

2007 年，华为年销售额达到 150 亿美元，跻身全球顶级通信设备制造商行列。2009 年，华为以全年销售额 300 亿美元的创新纪录，跃居世界通信领域第二大供应商的位置。此时，公司内部开始出现松懈和自大的苗头。2010 年 8 月，华为董事长孙亚芳收到来自马来西亚电信 CEO 的投诉邮件，投诉信在"礼貌的用语下透露的是失望和愤怒"。这份投诉信同时发给了华为 5 个相关部门的高管，但 5 天过去了，客户没有得到回复。5 天后，从国外出差回来的孙亚芳在收到投诉信后，强势主导对项目的全过程进行"复盘"和反思。复盘后发现，华为染上了典型的"大企业病"：重合同轻交付；不同部门各自为政，出现问题相互推诿；为了合同，对客户乱拍胸脯，产品跟不上又隐瞒真相；问题发生后，不是第一时间去现场，而是来回发邮件，相互扯皮。由于高层的重视，马来西亚电信项目最终成功交付，公司内部也进行了深刻反思。

反思的结果表明，"马电事件"并非孤案，折射出华为在成为一家"领先企业"之后的某些普遍病症。随着公司规模扩大，各个部门自成一摊，内耗增大，面对客户深层次的需求变得被动、互相推诿。大企业病不仅导致客户投诉增加，还导致华为在多个项目投标中落选。任正非敏感地意识到，要在全球产业格局中继续获得话语权，华为就必须进行经营体制创新，必须与时俱进。2009年初，任正非发表内部讲话，呼吁通过内部授权，改变十几年来一直实行的中央集权管理模式，破除官僚主义，彻底根除大企业病。

4.2 制定云战略

当移动互联网大潮来袭时，摆在华为面前的当务之急是快速提升自己的决策能力和研发能力，真正完成从跟随者到领先者的角色转变。2010年，面向未来，华为发布了ICT战略，正式宣布进入云计算领域。该战略包括云计算、网络和终端，即提供"云管端"整体方案。其中，云计算是一个核心。为了在云计算领域做到领先，华为采用原先的套路"大规模研发＋艰苦奋斗"，不惜血本。实际上，早在2008年云计算概念传入中国时，华为第一款桌面云产品就在实验室诞生。2010年，华为发布云计算战略，正式宣布进军云计算领域。2011年，华为宣布成立IT产品线，主打云化IT。2012年，华为发布云平台，开始提供公有云服务。2015年，华为在北京举办"企业云战略与业务发布会"，正式发布面向中国市场的企业云服务。由于行业众多，华为希望打造一个共赢的产业链，与合作伙伴共同进步。目前，华为已促成云计算在各个行业和领域的落地，覆盖了能源、金融、交通、电力、教育和医疗等行业。在搭建各种应用云的基础上，华为希望再造一个覆盖全球的云计算大平台，让华为全球的客户随时随地都能享受到运营支撑在云中、工作在云中、生活在云中。华为期待基于开放的云平台和各行各业应用服务合作伙伴携手共促未来信息产业的发展，让全世界所有的人，像用电一样享用信息的应用和服务。华为的愿景和使命就是构建万物互联的智能世界。

当前中国云计算市场的主要企业有以 BAT（百度、阿里巴巴、腾讯）为代表的互联网企业，以中国电信、中国联通为代表的运营商，以及以华为、IBM 为代表的供应商。但是，很少有像华为这样已经形成从云计算、存储到网络，再到操作系统的端到端云计算解决方案供应商。在云时代，华为由于追求领先、积极进取，影响力会越来越大。

4.3 开放合作的引领者

2006 年，华为推出新企业标识，体现了华为聚焦、创新、稳健、和谐的核心价值观。2012 年，华为的营业额达到 2 202 亿元，取代爱立信成为世界最大的通信设备制造企业。此时的任正非，没有被耀眼的业绩遮住双眼。他指出：当今世界，新技术层出不穷，市场更是变化无常，华为不可能什么都自己从头做起，华为也没有独吞天下的本领，即使排位世界前几名的西方巨头也没有一统天下的能耐。相反，只有强强联合，有竞争有合作，企业才能越做越强。本着这样的理念，华为将与竞争对手的合作提升到改变公司未来发展格局的高度，广泛开展世界范围内的技术和市场合作：先后与德州仪器、摩托罗拉、IBM、英特尔、朗讯科技等公司成立联合实验室或合资公司，以建立战略伙伴关系；在印度、英国、法国、瑞典、意大利、俄罗斯等国设立研究所；与客户建立数十个联合创新中心，共同研究客户未来的需求；与全球上百所大学进行多种形式的合作创新，形成高度开放的研发模式。

任正非认为："当华为逐步走到领先位置上，承担起引领发展的责任，不能以自己为中心，不能建立规则保护自己。以自己为中心迟早要灭亡。要建立开放的架构，促使数万公司一同服务信息社会，以公正的秩序引领世界前进。没有开放合作，我们担负不起为人类信息社会服务的责任。我们要连接数十万合作伙伴，持续建设和谐的商业生态环境。"

截至 2021 年，华为与运营商、合作伙伴一起，累计签署超过 3 000 个 5G 行业应用商用合同。根据第三方测试报告显示，在瑞士、德国、芬兰、荷兰、韩国、沙特等 13 个国家，华为承建的 5G 网络，用户体验均为最佳。全球 700 多个城市、267 家世界 500 强企业选择华为作为数字化转型的合作伙伴。政企市场合作伙伴数量超过 30 000 家，其中销售伙伴超过 20 000 家，解决方案伙伴超过 1 800 家，服务与运营伙伴超过 6 200 家，人才联盟伙伴超过 2 000 家。5GtoB 走向规模复制，助力 8 大行业 3 000 多个项目数字化转型。华为云与伙伴在全球共 27 个地理区域运营 65 个可用区，覆盖全球 170 多个国家和地区；已上线 220 多个云服务、210 多个解决方案，发展 260 万开发者，云市场上架应用超过 6 100 个；聚合全球超过 3 万家合作伙伴，其中解决方案合作伙伴已经构建超过 8 000 个解决方案。

5. 华为的创新之处

5.1　远离资本市场

华为能有今天，没有坠入"流星"的行列，重要因素之一就是远离资本力量的诱惑与控制。资本市场能够快速催化一个企业和一批企业家，但也能够轻而易举地摧毁它和他们"虚幻的成功"。远离资本市场，一是可以不受资本市场的控制。金融资本是最没有温度的动物，也是最没有耐心的魔兽。当以短期逐利为本性的金融资本左右企业的发展时，就离垮台不远了。华为能走到今天，并超越一些巨头，成为一家极具竞争力的国际公司，就是因为它不受金融资本的控制，能够"谋定而图远"，以 10 年为目标规划公司的未来，不像其他企业，被资本市场的短期波动牵着鼻子走。二是可以保持员工的斗志。任正非认为："科技企业是靠人才推动的，公司过早上市，就会有一批人变成百万富翁、千万富翁，他们的工作激情就会衰退，对华为不是好事，对员工本人也不见得是好事。华为会因此增长缓慢，甚至队伍涣散；员工年纪轻轻太有钱了，会变得懒惰，对他们个人的成长也不会有利。"

5.2　灵活的融资策略

在企业发展早期，资金短缺成了华为最大的问题。作为一家没有任何背景的民营企业，华为根本无法从银行贷到资金，只能向大企业拆借。但这也不是长久之计。为了获得更多资金用于自主研发，华为采取多种融资模式筹集资金：内部融资、合资融资、出售旗下业务融资。内部融资是从员工那里融资，这是华为最早的一种融资方式。

在创办初期，华为就采取了全员持股的方式融资。内部融资不仅解决了资金短缺问题，而且将员工与公司利益绑在一起，形成了利益共同体，激发了员工的斗志。合资融资是指华为与其他单位成立合资公司融资。从1993年起，华为与各地邮电部门合资成立了公司，各地邮电部门资源入股，没有任何股份限制。这种融资方式不仅在一定程度上解决了资金瓶颈问题，而且使华为的电源设备迅速渗透到各地。出售旗下业务融资是指华为充分利用低成本研发的优势，大量培育非核心业务，做大之后再卖掉，将融入的钱投入核心业务的研发和销售。1993年下半年，迫于资金压力，华为决定公开向社会转让电源技术，希望以转让技术的方式缓解短期资金压力。1994年之后，华为电源的技术转让在全国遍地开花，不仅缓解了资金压力，同时也让技术受让方扩大了市场优势，可谓一举两得。

5.3　与员工结成"命运共同体"

那些将利润紧紧攥在自己手里的企业，会让员工失去动力，让企业止步不前甚至倒闭。任正非清醒地认识到这一点，推出了"奋斗者有其股""不让雷锋吃亏""多劳者、贡献者多得"的政策，给予员工合理回报。华为内部股权计划始于1990年，当时的参股价格为每股10元，以税后利润的15%作为股权分红。20世纪90年代，华为每年的销售额几乎以翻番的速度增长，员工的股权回报率最高时达到100%。从1994年开始，员工每年的固定分红高达每股0.7元，投资回报率达70%。如今，公司13万多员工集体持股，持股比例占99%，从根本上决定了华为的利益格局，由于"分配不公"引起组织内讧、消极情绪以致团队分裂的现象在华为历史上很少发生。与此同时，多劳者、贡献者则"升官"的晋升机制，在华为也一直坚持得比较好。

5.4　团队而非个人

任正非希望华为人要有狼的嗅觉，要有不屈不挠、奋不顾身的进取精神，更应该像狼群一样，发挥团队合作精神。因此，对华为人来说，一个人的成功并不是真正的成功，整个团队目标的实现才是真正的成功。在华为30多年来的发展过程中，华为人始终发扬狼群的合作精神，团队中的每一个人都发挥自己的能力，与团队实现共同成长。2006年，华为在吉林的维护组刚从开发部调来3名员工，就接到了某地网络故障的报告，客户要求华为人立即前往。由于一名新员工在业务上负责支路，项目组长决定让他去现场。可是，新员工没有任何现场维护经验，当他说要到客户机房现场定位时很没自信。组长看到这种情况，并没有责怪他，而是立即召集整个项目组成员，决定一起把问题都梳理一遍。其他的团队成员并没有觉得那是跟自己无关的事情，反而积极活跃，纷纷献计献策。大家一起对问题定位，最后形成了一个详细的问题清单。为了增强新员工的信心，项目组临时决定简单地演练一次，等到会议结束的时候，新员工心里有了底气，一副信心十足的样子。后来，新员工用了不到两天的时间，圆满完成任务，一线还特意发来表扬信。这是华为团队精神的真实表现，也是华为这个大家庭与其他企业的区别所在。在这个温馨的大家庭里，每一个员工都会觉得心情舒畅，工作热情很容易被激发。正是有了这样的团队，华为才有凝聚力，华为人的才华才能得到最大程度的发挥。

5.5　以研发带动创新

从1993年起，华为就明确地提出将年销售额的10%（其实更多年份是15%）的资金投入科研项目中，把赚到的钱投回新产品或者利润更高的产品的研发上，形成正向循环，而新产品上市又帮助华为扩大了市场占有优势，维持了高利润。2012年，为了研发芯片，华为投入4亿美元的研发经费，是公司上年净利润的一半。2016年，华为在手机自主芯片海思麒麟投入高达100亿元人民币。任正非阐述了芯片对华为全局事业的意义："一定要站起来，适当减少对美国的依赖。"2021年，华为研发费用支出为人民币1 427亿元，约占全年收入的22.4%，从事研究与开发的人员约10.7万名，约占公司总人数的54.8%。这个研发力度将竞争对手远远抛在身后，成就了华为产品的王者地位。

5.6　用行动诠释"以客户为中心"的价值观

"以客户为中心"并非华为的独特创造，而是一种普遍的企业价值观。然而，很少有企业能够用行动坚守这一价值观。华为的过人之处则在于，它对这一基本价值观的坚持，渗透到每个华为人的血液中，体现在行动中，而不是将其视为挂在墙上的一句空洞的口号。2003年5月21日，阿尔及利亚发生6.8级大地震，近3 000人死亡。地震一发生，西方公司的外籍人员便全部撤离，华为的员工却一直坚守在当地。震后第三天，工程部的员工按照原计划完成智能网的割接，缓解了地震造成的通信资源紧张。2010年，智利发生8.8级大地震，33岁的华为员工孙大伟和两位当地员工带着柴油、水和食物，与逃离灾区的人群"逆流而行"。尽管心中是对未知的恐惧和不安，就像前面有一个巨大的黑洞在等待自己，但为了回应客户的需求，他们3人在墙面裂开、地板翘起的酒店，以面包白水充饥，用游泳池的水洗漱，连续5天与客户一起抢修站点的故障设备，直到通信线路全面恢复正常。日本"3·11"大地震引发海啸，东京余震不断，西方公司均在第一时间撤离，华为日本公司的负责人闫大力却对员工说："在危难时刻，我们要履行企业对社会的责任。"于是，一个令日本民众印象深刻的画面出现了：数万人从灾难中心撤离，华为的中方、日方员工却背着行李，从安全地带走进危险区。与此同时，亚太片区的总裁王胜利也来到日本，董事长孙亚芳也赶赴日本，在频繁发作的余震中看望员工，与客户交流。华为人就是这样用汗水、泪水甚至生命捍卫着"以客户为中心"的价值观。

5.7　与竞争对手合作

任正非指出："应该将矛盾的对立关系转化为合作协调关系。使各种矛盾关系结成利益共同体，变矛盾为动力。"① 即使对于竞争者，任正非也总是保持合作的心态。他说："西方公司不仅是竞争者，而且是老师与榜样。我们是在竞争中学会了竞争的规则，在竞争中学会了如何赢得竞争。我们在国外更应该向竞争对手学习，把他们看作我们的老师。"在这种理念的指引下，华为称竞争对手为"友商"，一直跟国际同行在诸多领域携手合作，力求通过合作共赢、分享成功。2004年8月，华为与德国西门子公司组建一家全球性合资公司，当年产品销售额突破1亿美元。2006年，又与在北美市场拥有较大影响力的北电网络成立合资公司，希望通过全球合资在北美市场获得更

① 1998年任正非讲话《华为的红旗到底能打多久》.（2018-07-16）[2020-04-02].http://www.docin.com/p-2129904632.html.

大的增长机会。2009 年，华为凭借超强的技术研发能力，与爱立信共同承担瑞典 Tele
Sonera 的商用网络建设。

5.8 强烈的危机意识

孟子云："生于忧患而死于安乐"，企业发展也不例外。如果一个企业的领导者长
期沉溺在过去已经取得的成绩中，缺乏忧患意识和危机精神，在顺境面前盲目乐观、
不思进取，时间一久便会被习惯性思维所控制，丧失斗志。而整个企业便可能如温水
中的青蛙，对生存环境浑然不觉，继而逐渐失去竞争力。等意识到巨变时，企业已无
力应变，自然被市场淘汰。1996 年，在华为发展势头良好的情况下，任正非冷静地指
出："繁荣的背后都充满着危机。这个危机不是繁荣本身的必然特性，而是处在繁荣包
围中的人的意识。" 2001 年，华为利润占据全国电子百强首位。任正非却大谈危机和
失败："十年来我天天思考的都是失败，对成功视而不见，也没有什么荣誉感、自豪感，
而是危机感。也许是这样才存活了十年。我们大家要一起想，怎样才能活下去，也许
才能存活得久一些。"① 任正非总是在成功时依然呼喊危机意识。通过强调紧迫感，在
企业树立忧患意识，从而让人们产生紧迫感和责任感，不断进取。

6. 结语

随着华为在国内外高歌猛进，缔造各种神话，极富传奇色彩的任正非却总是"神
龙见首不见尾"，其谨言慎行、不事张扬的个性也随着华为"从胜利走向胜利"的扩
张不断为更多人所知。土狼、军人、硬汉、战略家……各种光怪陆离的色彩交织在一起，
任正非被赋予"中国最神秘的企业家"头衔。

任正非很谦虚。他总是说："我什么都懂一点，又什么都不懂，我不过是华为的文
化教员而已。我在技术上、管理上、财务上是个半明白人，处在边学习边实践的状态"；
"我 20 多年来主要是务虚，务虚占七成，务实占三成"。

任正非爱阅读。这一爱好源于他父亲的嘱托。"文革"时正饱受批斗之苦的父亲，

---

① 2001 年任正非讲话《华为的冬天》.（2018–07–16）[2020–04–02].http://xinsheng.huawei.com/.

仍不忘告诉青年的任正非："记住，知识就是力量！别人不学，你要学，不要随大流。"任正非读书涉猎范围很广，从政治、经济、社会到人文等各方面的书都看。中外历史方面的书读得最多，而最少的则是小说和经营管理方面的书刊。任正非说："小说太假，不真实，管理的书都是教授们闭门造车，读了限制思想，真正的管理哪是几条原理那么简单。"

任正非好交流。与他人进行思想交流是任正非最重要的工作内容。多年来，任正非走遍了全球绝大多数国家，从最落后到最发达，与全球数百位政治人物、商业巨子、学者、竞争对手、科学家甚至艺术家、寺院中的僧侣等各类人物有过无数次沟通。任正非是中国企业家中与全球各界人士交流最多、交流层次最高的人，这使他有了更为广阔的视野，成为中国最卓越的企业思想家之一。

任正非很质朴。他自称"土老帽"，个性直率明了，从不遮云罩雾。作为商人，在政商关系十分重要的中国，任正非却远离政府和政界人士，从不趋炎附势；作为商人，任正非又能淡泊名利，耐得住寂寞，远离各种宣传活动、媒体盛事，不把自己置于炫目的聚光灯下，或者五色杂陈的聚会中，去寻求飞蛾扑火那一刹那的快感……

或许，只有像任正非这样有足够定力的孤独者，才有可能成为中国商界的孤独英雄，才有可能造就世界级的、相对长寿的商业帝国。他个人，相对于那些在空中一闪而过的流星而言，很可能就是浩浩商河中的那颗恒星。

在任正非的指引下，华为这家中国民营企业翘楚正在悄然改变世界。

参考文献

[1] 张利华. 华为研发. 北京：机械工业出版社，2017.

[2] 程东升，刘丽丽. 华为三十年（1988—2017）：从"土狼"到"狮子"的生死蜕变. 贵阳：贵州人民出版社，2016.

[3] 田涛，吴春波. 下一个倒下的会不会是华为. 北京：中信出版社，2015.

[4] 孔祥露. 非一般的华为：任正非的经营管理智慧. 深圳：海天出版社，2008.

[5] 陶勇. 联想做大，华为做强. 北京：电子工业出版社，2016.

（许艳芳　李晓光）

第八章

术道并济　光明福耀
——福耀集团

福耀集团
Fuyao GROUP

我要为中国做一片自己的汽车玻璃，让所有的中国人都能用得上，用得开心、用得安心。——曹德旺

福耀玻璃工业集团股份有限公司（简称"福耀集团"或"福耀"）前身为耀华汽车玻璃公司，1987 年成立于福建省福州市，专注于汽车安全玻璃和工业技术玻璃领域。

福耀的故事从曹德旺开始。实际上，曹德旺一生似乎都是在为福耀做准备。他一手策划了福耀、创立了福耀、发展壮大了福耀。曹德旺所有的人生经验、智慧、知识以及胆识，凝聚成了福耀，他又在福耀这个平台上发光发热。

1. 家学教养

1.1 挨饿受教

曹德旺 1946 年出生于上海，父母的教养启蒙促成了其人格心智的成熟。

　　曹家祖籍福建福清，是我国著名的侨乡，近代以来当地多有年轻人远渡重洋打工经商。曹德旺的曾祖父是福清首富，曹家到其祖父时家道中落，其父赴日本，在一家布店当学徒。第一年的学徒，实际是杂役。白天做饭、挑水、倒马桶、倒尿壶，吃的则是老板家的剩饭剩菜。到了晚上，曹父按照老板要求不断地对着镜子练习走路、微笑、鞠躬以及说话的口型，直到自己满意。学徒第二年，老板让曹父挑着货担下乡售卖，有时边走边叫卖，有时放下担子吆喝着卖。到第三年，曹父才回到店里，学习柜台接待买卖、进货出货。三年期满，曹父被老板告知已经出师，可以自己单独开店了。曹父很感谢日本师傅，"日本老板用心良苦。他第一年练我身骨，第二年教我吃苦，第三年才授我真技"。

　　中日文化中，都崇尚对学习者要如孟子所说的"苦其心志，劳其筋骨，饿其体肤，空乏其身，行拂乱其所为，所以动心忍性，曾益其所不能"。对照曹父三年学徒，包括静心、耐心、细心、用心、恒心等，心实际包括心情、心理、心性，苦不仅是吃苦，还含有苦中磨炼之意。曹父学徒经历所蕴含的工匠精神今天在日本得到更好的体现，相比之下我们则失之浮躁。

　　1936年，曹父回到国内，战乱之中失去几乎所有财产，1947年举家从上海回到祖籍地。因为土地贫瘠，只能种植红薯、花生、青菜，没有主粮、细粮产出。曹德旺兄弟姐妹6个，基本的口粮严重不足，总是忍饥挨饿，时常一天只吃两顿，还都是汤汤水水。长身体能吃的时候却饥饿难耐，曹母把孩子们集中在院子里，坐在小板凳上围成一圈，苦中作乐，吹口琴，唱歌，玩游戏。曹母交代孩子们，千万别告诉别人自己家只吃两顿，要抬起头来微笑，要有骨气有志气。衣服破旧了，曹母总是洗得干干净净，认真缝补，尽可能不让补丁露在外面，而是缝补在里面藏起来。虽然住在农村，但家里总是一尘不染。曹母常说："天下没有人会同情你的贫穷，也没有人为你解决；要摆脱贫穷，只有靠你自己的努力和拼搏。""穷不可怕，最怕的是没志气。""做人最重要的是人格的完整，最需要的是取得他人的信任。"

　　曹母的言传身教，既有疼爱体贴子女的慈母柔肠，又兼具做人的原则以及处世之道，自尊自爱自立自强的教导跃然纸上。

1.2　顽劣少年爱书如命

小时候的曹德旺，活泼好动主意多，喜欢寻找乐子，好奇心重，胆子大，而且贪玩。他曾经在课堂上偷偷模仿老师逗乐同学，经常不遵守课堂纪律，在学校里弄出些事情，因而背上了坏学生的名声。

一位名为林秉珠的女老师观点与众不同，对曹母说德旺不是坏孩子，只是调皮好动，这句话让曹德旺记住了她的美丽，感激了一辈子。

小学五年级，在一次捉弄教导主任被家访以后，曹德旺辍学了。

起因是曹德旺每天早晨和午间需要给家里打柴，夏天中午很热，捡拾柴火以后会到水沟洗澡。有一天下午教导主任以皮肤有白色划痕为依据，判定曹德旺私自下水洗澡。曹德旺心怀不满，狠狠捉弄了主任。主任家访，知道曹德旺可能是因为打柴很热才洗澡，没有继续追究，但是曹德旺自己不去学校了。

学校为安全考虑，防止学生私自下水洗澡，采取措施检查是有必要的。曹德旺受委屈，很大可能是没有被允许申辩，直接定论所致。主任大致知情后，没有继续追究，应该是感觉到了自己当初处理得不妥。由此看来，任何合理措施，都要考虑例外，强势一方对弱势一方的任何判定处理，都有必要给予对方充分申辩的权利。

主任不再追究，曹德旺却不去上学了，弱小一方万千顾虑的心情，可想而知。假设当初主任更进一步，与曹德旺当面承认自己处理的不当之处，表示歉意，曹德旺的学生生涯可能会继续下去。

如果继续上学，曹德旺还能成为后来的汽车玻璃大王吗？人生无法假设，但就当时而言，获得师长平等对待，继续上学是更好的结果。

离开学校，曹德旺每天要干家里的活，捡柴、挑水、放牛、帮着种地、到地里寻找零星的薯蒂充饥等等。他仍然想读书，就捡哥哥读过的书，把书带身边，干活之余自学。有不认识的字，就问哥哥或者查字典词典。为买《新华字典》，曹德旺辛辛苦苦割草一年多才攒够 8 角钱，而攒够买《辞海》的 3 元钱，割草长达 3 年多。从此曹德旺落下爱书如命的癖好，家里的书，无论关系多好的朋友都不借。

1.3　小生意

追根溯源，曹德旺的生意经最初是跟父亲学的。

曹德旺的父亲因为在农村不会务农而被人看不起，感觉自己受到歧视，脾气很大，曹德旺偶尔会莫名挨揍，成为出气筒。每当小德旺委屈申述，甚至怀疑自己是不是父亲的亲生儿子时，母亲都噙泪劝解："孩子你要记住，从你出生的那一刻起，你的一生，直到将来老了、死了，你都是妈妈和爸爸的孩子。这个事实，即便你跑到天涯海角，甚至改了名字，也不会改变"，"被爸爸打，哭是可以的，但千万不要和你爸爸顶嘴，也别还手或逃跑。即使你是被冤枉的，也不能。因为打你的人是你的爸爸"。

中国几千年传统文化之下，上述场景司空见惯，父亲压力大无从排解情有可原，母亲和孩子则让人怜惜。

曹德旺一生与酒似乎有特别的缘分。1956 年，多年在外的曹父回到乡下家里，曹德旺怯怯上前，父亲很高兴地说："啊哈！小印度，你长高长大了，再长下去，就和你爸爸一样高了。""你到镇上，去帮爸爸买点酒。"

从那以后，每天曹德旺傍晚都去小卖部给爸爸买酒，还总是偷偷喝一口。父亲喝酒的时候，让曹德旺站在一旁，给他讲自己得意风光的历史，讲在日本学徒上海经商的往事，以及自己悟出的人生哲理。但在曹德旺听来，父亲的话时常重复，不想听又不得不听，很多道理，当时并不怎么明白，后来才逐渐有所领悟。

曹父给了曹德旺最初的经商和人生理念。例如，男人有没有本事，不是看读了多少书，关键看做了什么事，怎么做事。理念之外，曹德旺还被问起将来想做什么，在食不果腹的时代，这样的问题多少显得离现实太远，不合时宜。不等儿子回答，曹父就自顾自地接着说："做事要用心。有多少心就能办多少事。你数一数，有多少个心啊？"曹德旺伸出手指数"用心，真心，爱心，决心，专心，恒心，耐心，怜悯心……"当时曹德旺觉得自己数的是不是太多了，父亲说："当然没有，以后你就知道了。但当你悟到爸爸讲的道理时，爸爸或者已经不在人世了。"

跟父亲跑生意，曹德旺是从学骑自行车开始的。上午开始在父亲帮扶下骑上车学习，下午就开始从高山到福州的长途骑行。半道天黑前，曹德旺硬撑着跟父亲跑了50 多公里。身体上辛苦是一方面，另一方面，当时小买卖不被允许，一旦被抓住就是投机倒把的罪名，轻者没收货物，重者收押游街示众。那时 15 岁的曹德旺身形只有十二三岁，用书包去贩运香烟等比较保险。此外，曹德旺还得学习认路找人串门各种事项。穷人的孩子早当家，仅仅跟父亲跑了两趟，每趟 3 天往返 100 多公里，第三次曹德旺就开始独立一个人完成进货。

寒来暑往，小德旺身负重任，使命必达。一次头疼发烧，硬撑着骑行 50 多公里山路，让长辈称赞"德旺这孩子可了不得，生了那么重的病，人都走形了还不忘把货带到家"。

当时做生意经常需要凌晨两三点起床，每次都是母亲噙着泪把小德旺摇醒，不愿叫醒又不得不叫醒。

2. 商道砥砺

2.1 成家分家

姐姐出嫁以后，母亲身体状况变差，脾气变坏，需要帮手持家，曹德旺由长辈做主、母亲操持把关定了亲。曹德旺和新娘到镇上照了合影，买几斤糖果分发亲朋，婚就这样简单地结成了。比较特别的，是按岳母要求八抬大轿抬新娘进的门。

结婚以后，曹德旺向母亲提出分家，但妻子可以留在家照顾母亲。

面对母亲的生气和质疑，曹德旺说，"我要自己出去闯天下"，声音大得自己都吃惊，"我要出去闯一闯，我不想老了以后像爸爸一样"。

传统中国文化里，跟父母分家总是会让长辈耿耿于怀。母慈子孝的家庭，提出分家的子女压力会很大，需要勇气和魄力。曹德旺这个想法想必考虑再三，憋了好久，实在憋不住了，所以难以平心静气地说出口。

几年小生意的闯荡磨炼，激发了曹德旺外出闯天下的打算和决心。父亲的小本生意政府不认可不支持，根本没有前途可言，烟摊容易被收缴，难以为继。年轻的曹德旺不想走父亲的老路，首先要做的，就是做政府允许的事，而且要赚钱。

分家后他选中的第一个方向，是种植白木耳。当时周围很多人种植，政府不反对。没有初始资金，就卖掉妻子的嫁妆，另外借一些。当年，曹德旺用心种植，白木耳收成不错，收获了十几斤一级品。然而，由于当地种植量大，卖不上价格。曹德旺不甘心贱卖，听说江西一斤可以卖到 50 多元，盘算之后决定出发。凭借从小跟父亲练出的销售本领，曹德旺坐火车到江西顺利按 50 多元的价格卖出。即使这样，除掉种植成本和销售费用也不怎么赚钱。

2.2　长途贩卖

自己种植白木耳，一年一次产出，即使收获不错，到江西的销售价格也不错，但获利仍然有限。怎么办？曹德旺合计上了：福建本地的白木耳比江西便宜 2/3，如果从福建进货，到江西卖出赚取差价，多跑几趟，很可能是个不错的路子。第一次江西之行，卖得的 800 元全部用来进货，再次把货卖到江西，一次赚了 1 000 多元。自此曹德旺开始了福建与江西之间的往返。直到最后一次，由于他带货过多，被车站以投机倒把嫌疑强行收购，扣留货款，要求开具集体行为证明才能返还。

被扣留的白木耳货款，里面有 3 000 元是曹德旺自己的，当时这笔货款相当于 40 年后的几十上百万。此外，还有一部分货是向村民赊账而来。曹德旺不得不面对现实，独自承担后果并解决问题。最要紧的是，要挨家挨户去说明事由，承认欠账，承诺等有了钱，一定还上。村民们表示相信他，愿意等。曹德旺透过一口气。

带货过多，以至被怀疑没收，是曹德旺相信别人的承诺导致的后果。事发后曹德旺指望的承诺没有兑现，不但自己辛辛苦苦存下的巨款全部损失，还欠下一大笔货款。虽然曹德旺认账没有逃避债务，也获得了谅解宽限，但如何补上这个当时看来天大的窟窿，却让人看不到希望。

2.3　上工地因祸得福

背负巨债，还得吃饭，一时又看不到别的出路，曹德旺应下了上集体建设工地的苦差事。出发前，对自己的未来毫无信心的曹德旺心绪悲凉，把妻子孩子送回了娘家，做好了赚不到钱不再见家人的准备。在工地上，一场突如其来的火灾让工地陷入混乱、领导面对困境。在工人围着领导吵闹时，处于逆来顺受听天由命状态的曹德旺却表现冷静，主动为领导排忧解难，承担起了修理板车这种重要建设工具的重任。实际上他此前没有修过板车，不过觉得板车修理不是什么技术活，大着胆子应承了下来。等到工地恢复正常，论功行赏之时，领导才发现曹德旺已经埋头免费修车一个多月，还不知道外面的变化。激赏之下，了解情况以后，领导把发放奖励剩下的钱款票证全部给了曹德旺，并想方设法帮他开具了销售白木耳的集体行为证明，拿回了在江西被扣的货款。心如枯井毫无指望之时，突然否极泰来，曹德旺内心雀跃不已。

渡过难关，还了债，从岳母家接回家人，曹德旺又回到人们避之不及的工地。这让领导无法理解，最后安排他做食堂炊事员，每月90元报酬，不用风吹日晒。到食堂以后，曹德旺用心解决了几个老大难问题，领导非常满意，曹德旺也十分满足。两年后建设完工，曹德旺怅惜地离开了工地——他自己心中转运的福地。

宿命感在这段时间一再涌上曹德旺心头。回过头看，命运眷顾的，是一个负责任、能吃苦、爱动脑筋、有胆量、肯钻研的大好青年。

2.4　供销伊始亢龙有悔

工地的好日子不再，曹德旺去了一个知青农场做技术员。其间因一面之缘、一念之善、以酒茶交友，他结识了邻近农场的场长，随后不由分说被场长拉去做推销员。

农场推销员生涯顺风顺水，但曹德旺不看好国有农场的未来。因为会赚钱的名声在外，其他农场开出两倍提成的优厚条件拉拢，曹德旺却心生恐惧，担心自己随时会被抓走，于是他决定离开农场，回到高山，即以前的建设工地所在地。

3. 光明福耀

3.1　玻璃初识

给农场做推销员期间，还是茶酒结缘，曹德旺认识了一个轻工业局的推销员老吴，一个工科大学毕业生小林。二人皆是落难下放来到县里。聊天时，老吴问起曹德旺是否有兴趣考虑做水表玻璃，价值高生产不难，小林对设备技术拿手，有一定把握。长期在农场生活打拼，曹德旺对于农村的苦、农民的难有深刻体会，做梦都想离开农村，不再面朝黄土背朝天，这一建议让曹德旺怦然心动并立即着手。

面对骨干人员户口、土地、资金等当时多数人要么没有想过，要么一想就知难而退的棘手问题，曹德旺一件件穿针引线，步步推进。工厂事务性准备大致有了眉目，他又马上联系老吴、小林，一起到上海实地考察，确定生产技术的可行性。有了肯定的结论，1976年10月，高山异形玻璃厂筹建处正式成立。

这时正好赶上极左路线被否定批判，思想解放，全国各地春潮涌动。十一届三中全会的改革决定公布后不久，农村出现新气象，一个重要方面是乡镇企业的兴起。

工厂正式成立后，其规章制度按照国有企业的惯例设计实施，曹德旺不以为然。然而一手促成工厂的曹德旺差点被领导当作可有可无的人员，最终以临时工的身份担任采购员。

三年的筹建之后，人们抱有很大希望的工厂开张了。但一年多的试生产，成品率一直低下。虽然不是主要负责人，曹德旺却感觉压力很大。建厂由自己提议，关键人员由自己引进，资金时间精力投入巨大，失败原因何在？经过分析，曹德旺认为方向没有错，错在用人。不在其位却谋其政，曹德旺主动请缨去上海搬救兵。经过公社批准，曹德旺赶去上海，通过建材局联系玻璃厂，请到了技术专家李工，回到福建。根据李工现场的改进建议，工厂夜以继日完成改造，终于生产出合格的水表玻璃。

成为高山异形玻璃厂采购员以后，工厂需要大量的平板玻璃，为此曹德旺大部分时间都花在了福州。当时平板玻璃购买需要指标，指标分两类，对于国有企业，国家每年下达计划内指标，此外就是市场调剂的计划外指标。高山厂是乡镇企业，计划内指标基本拿不到，只能从计划外打主意，因此高山厂的采购员，本事就体现在能不能弄到别的企业手中富余的指标。

在一个国营厂采购科长的帮助引领下，曹德旺进入福州采购科长们聚集的温泉澡堂，每天舒舒服服地泡澡聊天，再一起抽烟喝茶来点小吃，科长们手中各种建材物资包括平板玻璃、水泥、钢材、木材等应有尽有，聊天中就能获得指标。

在当时，指标就是钱。一个一吨水泥的指标可以卖四五十元。曹德旺后来庆幸自己没有心生贪念倒卖指标，而是牢记采购任务，想方设法弄到高山厂需要的玻璃指标。

为弄到玻璃指标，经常需要各种建材指标之间的调剂互换，建材指标之间的调剂互换，又经常需要省内外物资供应机构和企业之间的联络。国家物资供应机构和国有企业互相难以协调，经常扯皮拖欠。为此曹德旺动脑筋下功夫弄清了省内外各种建材的供应体制，为方便完成单位之间的联系，还摇身成为省级物资厅的采购员，与大批机关企业和朋友建立起关系。其间每一步每一环，都是原来众多物资界人士想解决没有解决、让人望而生畏的老大难问题。例如，为解决建材指标供应地错配造成的运输难题，温泉澡堂的采购员们想出了串换指标的方法。曹德旺应用以后，各地政企单位都感谢他，奉他为座上宾，他自己都难以置信，一个乡镇企业的采购员，竟然成了全国物资界有名的大腕。

事隔多年，曹德旺总结自己那个期间的收获，不是钱，而是关系，以及学到的业务本领。对于一个业务员，获取订单合同的能力、知识经验和人际关系都非常重要。

更加重要的是，业务的成功让曹德旺坚信，任何事，只要肯动脑筋，没有解决不了的。

3.2　承包一炮打响

因为结识福州众多采购员，有了自己的采购网，加之物资指标调剂获得的资源，曹德旺对完成采购任务轻车熟路，一个月的事情他一两天就能完成，富余的时间用来看书。众多解禁的中外名著令他如饥似渴，狼吞虎咽，大咬大嚼。其间还开始接触并学习会计知识。闲时学来忙时用，为他随后的承包准备了基础。

高山异形玻璃厂在上海专家指导下进行技术改造以后，产品销量一直很好，但是产品合格率不高，成本一直居高不下，企业连续亏损。1977—1982 年换了 6 个厂长，亏光了公社投资的十几万。继续下去看不到希望，公社主动提出希望曹德旺承包。

"可以考虑。书记，怎么突然想起让我承包？"

"德旺，我不说你也应该知道。高山厂是在你手上建起来的，亏到现在，公社投入的钱也亏得差不多了，公社可以认赔，但是 18 个工人和 4 个干部怎么安置？想必你也有看到前几天的报纸，中央一号文件刚刚出台，鼓励承包。"书记说，"我们考虑了一下，认为你来承包最合适。"

那时公社视工厂为包袱，一个无底洞。当时只要能甩掉这个包袱，哪怕曹德旺提出苛刻的条件，估计都能成交。但曹德旺主动提出每年上交 6 万利润，并与公社就利润分配具体细则、企业管理权、人员聘用及工资、会计记账规则、库存处理等达成一致，另外出人意料的，是他还要求公社派会计人员记账，这些都让书记喜出望外。因为长期推销产品，深切体会到合同的重要性，曹德旺把凡是想到的需要说明的问题都写入合同，避免以后产生纷争。

做业务不畏艰难，脑子灵活善谋，交际广泛深远，同时合法合规，看似矛盾的特质，在曹德旺身上统一起来。

承包高山异形玻璃厂，曹德旺之前积累的知识经验智慧能力，获得了充分施展的平台，犹如炽热的岩浆找到了口子，喷涌而出，大放异彩。

担任厂长以后，曹德旺进行了改革，树立会计的权威性，实行管理会计制度，改革工资结构。

原来工人拿固定工资，每月 20 元左右，做不做、做得好坏一个样，曹德旺改为按工作完成的数量与质量综合考核，据此发放工资，上不封顶，工资水平从原来 20 元左右提高到 100 元左右，高于当时的县委书记。

原来固定白天 8 小时工作时间，变成三班倒，设备 24 小时不停运转。工人干劲热情高涨，产量比承包前高了数倍。承包刚四个月，工厂就完成了全年的承包额。

产量上去了，销量成为关键。而销售中比较突出的问题，是按照设计生产的水表玻璃，送到不同的水表厂，有不同的反映。实际上这个问题一直存在，以前产量不大感觉不严重。现在产品的市场很好，供应紧张，同样的产品为什么经常有不同的市场反映？

根据自己的经验,曹德旺认为存在产品以外的问题,必须找到问题所在。召集技术、生产、销售部门一起开会研究讨论后发现，一机部与建材部的标准差异是造成市场混乱的原因。

在建材部的玻璃标准中，同一片玻璃厚度的公差允许 ±0.2 毫米，而在一机部公差允许 ±0.02 毫米，二者相差较大。拿作为水表玻璃原料的浮法玻璃来说，对于 6 毫米的浮法玻璃，建材部允许 ±0.2 毫米的厚度公差，但是到了一机部这很可能就不合格了。此外，一机部对于水表玻璃边缘的规定过于严苛，高出实际应用必要的水平很多。找到原因后，曹德旺到一机部仪表局，了解到具体问题要到上海热工仪表研究所交流。几番周折，他从上海热工仪表研究所跟到宁波的行业会议，据理力争，与会专家学者同意了曹德旺的建议，以后一机部水表玻璃厚度公差标准按 ±0.2 毫米执行。

承包当年，高山异形玻璃厂共盈利 22 万元，除了按合同上交公社利润，还剩下 16 万元，曹德旺个人按合同分到近 6 万元。

3.3　合资一波三折

1983 年，高山公社改为高山镇。镇长和书记找到曹德旺，希望他继续承包高山厂。因为种种原因，曹德旺表示为难。"今年看起来包不成。一是原来和我一起承包工厂的工人都拿钱走人，团队散伙了。二是工厂设备已经老化，需要更多的维修费用和维修时间，这会影响到承包效益。三是我个人一直在寻找一个长期、稳定、可追求的事业。通过去年的承包，我发现承包制并不是彻底解决企业危机的办法，它只能治标，不能治本。"至于不能治本的原因，曹德旺说，"承包者只会用掠夺式的经营方式去拼利益的最大化，也就是只追求短期的效益。至于企业的存活及持续发展，却不会加以考虑。所以我决定不浪费自己的青春，离开这里"。书记接受了曹德旺的观点，追问怎么解决这个短期效益问题，曹德旺回答只有一个方向，还没有具体办法。几天后书记主动提出了玻璃厂与曹德旺合资的建议，并答应协调银行，让曹德旺以房子抵押贷款，以获得合资资金。

公私合资在当时没有先例，也没有文件可依。镇里向县里报告之后，县领导同意试点。

曹德旺决定合资，与当初的承包合伙人商量，却发现他们想法完全不同，他们担心政策变化，主张落袋为安，分光吃尽。曹德旺认为政策变化是政党执政理念变化的结果，过去的体制政策比较保守，现在改革开放大的方向已确定，发生根本性变化的可能不大。

环境发生重大变化时，能从中得到支持自己决策的方向性依据，极为关键。顺势而为，跟上潮流，经常让人觉得是老生常谈，身处其中，又不识庐山真面目。

但是，即使镇领导出面协助做工作，合伙人仍然选择拿钱离开。曹德旺独自一人开始办理合资手续。各方相助，以往建立的信任关系作用显现，曹德旺筹集到了合资的资金。

3.4 初心得偿所愿

合资以后，曹德旺的生活充实而稳定。不久，一次旅游让他开始认识汽车玻璃。

有一次旅行，曹德旺给母亲买了拐杖，准备上车，听见驾驶员提醒，上车时要小心一点，不要碰坏车玻璃，万一碰坏，赔不起。"不会吧，你不要吓唬我。"曹德旺不以为然，自己就是做玻璃的，玻璃能贵到哪里去？驾驶员解释真的很贵，一片好几千。还是将信将疑的曹德旺到汽车修理店打听，还真是超出想象。一块日本前挡风玻璃，6 000 元，加急 8 000 元。

太离谱了，1984 年前后，中国公路上有不少进口车，车价便宜，修理费昂贵。这些车的玻璃破了很麻烦，没有国产的，进口玻璃不但贵而且需要临时订购，等待时间很长。

学过会计，了解玻璃成本的曹德旺盘算开来，1 平方米玻璃几元钱，加工成形，最多十几二十元成本，暴利啊。为什么国内没有人做汽车玻璃呢？不指望卖几千，只卖几百，不仅替代了进口汽车玻璃，用户享受到实惠，同时自己还能赚很多。

没有人做，我来！为中国做一片自己的汽车玻璃，成为曹德旺和福耀此后发展的原动力。

实际上，过后看来，先切入修理市场的汽车玻璃，比曹德旺自己想象的还要好，简直就是上天赐予曹德旺苦心多年的礼物，正当其时，正当其力。

这个礼物，上天通过曹德旺与上海耀华玻璃厂石副厂长的一场对话送给了他。

曹德旺："为什么你们不做进口汽车玻璃？"

石副厂长："不能做。主要原因是汽车不是中国制造的，市场上车型太多太杂，维修市场上单一品种的量太小，无法做，做了也无法卖。"

就是说，对于大厂，修理市场的需求量太小，没规模不合算，看不上。换句话说，对于当时的上海耀华或者 30 年后的福耀，专门为修理市场生产汽车玻璃不够塞牙缝。但在当时，却是曹德旺的大机缘。这个机缘不但大，而且几乎是量身定做，只属于曹德旺一个人，他不但有自己的平台，还有能力、资源、心力抓住机缘。

"曹德旺，你前两天说的汽车玻璃的事，我认为你这个个体户可以做。你可以一个品种一个品种地做，每个品种做几百片，再集中起来在中国各地的维修市场上卖，你不就赚了吗？"石副厂长说。"那您愿意帮我忙吗？""可以，但是你要出2万元钱给我们。"

至于为什么要2万元，石副厂长告诉曹德旺，上海耀华开始引进设备，旧设备即将淘汰，2万元，不仅是买图纸，也买技术，耀华会负责安排一批技术人员帮曹德旺。这笔钱给上海耀华工会做工会费用。

对于费用曹德旺二话不说，但是对于技术支持承诺则反复确认牢牢抓住。没有技术工人的培训和技术人员的帮忙，有设备也生产不出玻璃来。

石副厂长笑笑，说："到时候，你把工人送来培训，设备所需要的零部件都整齐了，我这里就派技术人员过去帮你安装。他们的费用要你出。"

"一言为定。但我要先回去与镇政府商量，关键的还有资金怎样解决的问题。"

曹德旺鲤鱼跃龙门的时候到了。

回到高山，曹德旺兴奋不已，他告诉会计："我想做汽车玻璃。这是一棵摇钱树，每年可以给高山厂贡献几百万利润。"曹德旺初步评估，建汽车玻璃厂大概需要50多万元，没有什么风险。

说服了代表镇政府的会计，再向镇领导汇报，得到支持。

如果说前面石副厂长点醒了曹德旺，后续曹德旺则上演了精彩得让行家认为无法置信、纯粹疯狂的一幕。

1985年元旦，第一批去上海培训的工人出发。

然后曹德旺将自己认识的所有采购界朋友一个一个请来，帮自己出谋划策，如何在最短时间里采购及准备好所有的零部件。

图纸摆在桌上，杂乱无章，不知从何下手。于是从福州客车厂请来总工程师，将图纸按类别分好，压机总成、钢化总成、驱动总成、炉体等，按照分类同时分给不同厂家，这样最快的话，两个月能回来。

还有难题，个别部件太大太重，没有厂家能够加工。总工就是总工，他知道全国唯一可以加工的地方。

鼓风机从下订单采购到交货至少需要半年，想抓紧时间，曹德旺又向朋友求助。结果指标调剂神功再现，将别家先期订下没有提回安装的鼓风机置换回来。4月，需要的所有材料已经备好。曹德旺通知石副厂长，请派人来安装。

接到电报，"疯了，疯了"，石副厂长反复念叨。

按照一般进度，一个风机就够准备一年。虽然难以置信，石副厂长还是派人去看看。"石副厂长，快派人来吧。曹德旺没疯，不，确实疯了——不是一个一个的零件，不知道他怎么搞的，居然是一个一个的总成摆放在车间里，加工的精度超乎我的想象，就等我们的技术人员来组装了。"

5月，曹德旺的第一片汽车玻璃生产出来。

试产成功，剪彩仪式隆重，县长亲临高山镇。6月，曹德旺委托乡镇企业局帮助组织了产品鉴定会。汽车玻璃不同于普通玻璃，关系行车安全，因此，曹德旺认为安全性能必须通过检测。

3.5 人不可貌相技不问出处

高山厂汽车玻璃生产出来，价格优势巨大，供应及时，市场反映良好。

1985年10月，离投产不到半年，曹德旺接待了一个提着密码箱，头发油光发亮，大款模样的人。

"曹老板，我从厦门来的，在厦门我也有一个生产汽车玻璃的厂。我姓施，叫施能享，是总经理。"说完给曹德旺递上名片，"不过，我那个厂只生产前挡，没有边窗和后挡。我今天来，是想和您谈谈代理贵厂汽车玻璃的事儿。"

谈话的结果，曹德旺带施总参观了高山厂，提出到厦门看看对方的厂。

到了厦门，绕来绕去，曹德旺已经担心施总根本没有工厂或者不愿意让人看。最终到了一个生产队报废的仓库。

这是工厂？既来之则安之，还是进去看看。

不亮敞的仓库里，摆着一个炉子，炉上摆着四四方方的架子。施总说那就是模具。

"老曹，您别看我这一小厂，平时我不开工，每当有人玻璃破了，开到这边来，划一块平板玻璃再把它们烧弯。"指着那个简陋的架子，施总自豪地说，"您可不要小看我这个模具，看着简单，却可以满足厦门所有的汽车玻璃的需要"。

曹德旺闻言，认真观看并琢磨起来。高山厂现有的模具很重，一副两三万元，而且一副模具只能做一款汽车玻璃，换一款汽车玻璃就得再来一套模具，费工费时费钱费地方。眼前这个四四方方的铁架子，借鉴一下，做一个万能模具，那不就可以随意调整，生产出任何玻璃？如获至宝，曹德旺高兴得大笑。

施总以为曹德旺笑话，不好意思挠头嘿嘿笑。

"施总，谢谢您。"曹德旺真诚地表示，回去就送一车玻璃给对方，货款等卖完再结。

7天后，高山厂制成万能模具，此后赚了大钱。

这个模具，其实与多年后福耀花上百万美元进口的设备一个思路。

曹德旺从中体会到，人不一定要多伟大才值得学习，也许，身边走过的随便一个人，就有值得学习的地方。从此曹德旺对外考察项目，无论对方多小，都不敢心存藐视。

3.6　勇猛精进铁心老总

踏实做事，不怕得罪人是曹德旺信仰的表现。

1986年底，汽车玻璃业务利润喜人，主要产品达到国内先进水平，成为中汽全国进口汽车修配定点单位。

抓住县委书记到厂慰问的机会，曹德旺提出了把工厂搬到宏路镇的建议。

"整个产业刚刚开始，如果说县里能够支持，让把工厂搬到宏路去，这个工厂能做得很大。"曹德旺信心十足。

接着曹德旺分析了我国汽车玻璃市场的前景。其效益不错是因为市场短缺，高山厂才占到很小比例，往后发展受到两大限制，一是缺水缺电，二是地处偏远观念落后。现在高山厂只能做钢化玻璃，要想涉足更高级的夹层玻璃，则还需要引进更先进的设备。中国那么多汽车，可是只有高山厂在生产汽车玻璃。

1987 年，中外合资的耀华汽车玻璃公司成立，曹德旺担任总经理。此后，参与了两次建筑工程：一次先让对方丢掉幻想踏实做事，曹德旺继而按照市场行情主动提高单位价格，双方不打不相识最后成为长期合作伙伴；一次严格比照合同执行，为此不惜得罪顶头上司董事长。

县里合资企业招工，许多人找关系走后门，这些关系户如果都招进来，以后很难管理。

为解决这个问题，曹德旺先寻求县委书记的支持，请书记保证带头不写一张条子，然后定规则，按照成绩招工。

后来，为免除后患，不论成绩好坏，有条子的统统不招，教师的子女优先。

这一招，曹德旺从父亲那里学来。交战不要拿弱兵开刀，杀一个将军，可以镇住成百上千人。

不久，由于曹德旺与董事长之间多次发生冲突，双方矛盾激化，董事长被免职。县里希望曹德旺接任，反复推让之后，曹德旺坚持只担任总经理。他认为企业需要一个头，那就是法人代表，企业法人直接面向社会各界，必须具备较高的综合素质，有广泛的人脉关系，自身条件不成熟贸然担任不是福。

3.7　痴恋科技爱兵如子

1987 年，曹德旺带队到设备供应方芬兰泰姆格拉斯公司接受技术培训。培训期间，他看到一台尚在实验阶段的 HTBS 设备，不用模具，40 秒就可以流出一片边窗玻璃，从此念念不忘。资金为难，国际融资解决了大问题，通过融资租赁，筹到资金，1988 年 6 月福耀向芬兰正式发出 HTBS 报价邀约，几番周折，买下了该公司实验室仅有的一台设备，成为该设备全球第一个买家。

如曹德旺所愿，这台设备不到一年后投产，只用了 6 个月便收回全部投资，一年赚了两千多万。更有价值的是，其眼光魄力在股东与银行那里建立了信任。

在某种意义上，曹德旺是汽车玻璃行业的乔布斯。二人都不是科班出身的技术或者营销专家，却都洞察了产品与市场、技术与利润之间的关联。

曹德旺认为，员工到福耀，是一种信任，企业要把他们当自己的孩子培养爱护。

企业是人做的，人是企业最关键的要素，是否坚持人本主义理念决定了企业的兴衰成败。

为此，福耀轻松热闹的尾牙宴成为企业对员工一年贡献表示感谢的时刻，每年那一天，各地的福耀人，围坐桌旁，一边欣赏员工自导自演的各类节目，一边享受美味佳肴，共同回顾过去一年大家努力付出的艰辛与成就，展望新一年的梦想与希望。尾牙代表着团聚、喜庆、祥和，也代表着凝聚力、创造力、向心力，是一种精神、一个希望、一股动力。

公司年轻人结婚要办婚宴，社会普遍收入不高，请客送礼铺张浪费，大家深受其害却身不由己。对此，福耀出台刚性规定，限制员工在公司发请帖，违反者按发帖数量每张罚款500元，同时禁止员工接受邀请参加这些喜庆宴席，违者罚款1 000元。另外，福耀借尾牙每年举办集体婚礼，朴素、热闹、隆重。

3.8 股票发行上市被逼成富豪

曹德旺起初对于公司上市心存疑虑，好好的公司，上市股权不就被稀释了吗？赚钱的公司为什么要上市呢？

曹德旺对股票有所了解初步接受之后，正好福建省把福耀作为国内证券市场上市实验对象。先期发行之后，因为种种原因，人们对福耀能否上市产生怀疑，流言传播产生连锁反应，持有福耀股票的人纷纷急着抛出，要求曹德旺买下。万般无奈，曹德旺及其家人举债接手股票，后来被迫借高利贷，苦不堪言。山穷水尽柳暗花明，福耀上市之日，曹德旺吃惊地发现，与初始发行时相比，股票价格涨了10倍，自己被逼成了亿万富豪。

3.9 凤凰涅槃

到1994年，虽然已占有中国维修市场汽车玻璃很大的市场份额，但福耀每年利润仍然只有两三千万。那时国内汽车配件市场的蛋糕有限，市场进入门槛低，很多小厂进入，抢夺市场。配件市场有限，福耀就另辟蹊径，成立了工业村公司、装修公司、加油站、高分子公司、配件公司、香港贸易公司等，迅速发展出新的业务，但是却赚不到更多的利润。

为什么？曹德旺内心不安。上市公司如果在自己手上倒了，要背骂名。虽然自己没上过多少学，不是一个读书人，不一定能当栋梁之材，但也不能做蛀虫。

在香港，曹德旺向交易所梁总监请教，得到的结论是："你这个是垃圾股。要是投资者喜欢玻璃就会投资玻璃，喜欢房地产的话会投资房地产，可是你小小的公司什么都做，谁敢买你的股票？""一个公司要专业化，才可以写出好的招股书。你应该看自己擅长做什么，其他的就重组掉""就是卖掉"。

曹德旺开始规划未来，决策未来。这需要首先为自己、为企业定位，把准方向。

经过学习思考，曹德旺认识到，现代企业基本的道路选择是必须专业化，才能做强做大。人和企业的时间、精力、经验、资金都是有限的，要发挥出最大的效率，就得聚焦，专攻一点。

对美国工业史，特别是汽车工业史的了解，使曹德旺获得了关键的灵感。

一次应邀到美国的业务之旅，莫名其妙无果而终，临回程之前的空余时间，曹德旺被建议去底特律的福特博物馆参观。美国的第一架飞机、第一辆福特汽车、美国铁路、蒸汽机的发明，一路看下来，曹德旺心不在焉。

"福特博物馆展出的其实就是美国的一部工业史。"陪同者介绍，博物馆有100多万件陈列品，约2 600万份文件，涉及交通工具、发电机械、日用工具、科学技术甚至家居摆设等多个方面。汽车博物馆陈列了从一个多世纪前汽车诞生之初的开放式手摇曲柄车到现代汽车的各种代表车型，浓缩了现代汽车文明的发展历程。

在候机室，曹德旺猛然回味，"福特博物馆其实是美国的工业史馆"，可以把美国当成一个标杆，丈量我们跟美国之间的差距。如果我们差美国100年，只要看100年前的美国在做什么，当时美国什么行业最发达兴盛，而现在仍然还发展不错的，那就是现在的中国企业可以做的。

一个月以后，曹德旺带着专门的翻译为参观福特博物馆再次去美国。

经过比较，曹德旺认为中美经济相差100年。

100年前美国在做什么呢？钢铁、玻璃。到现在，无论钢铁还是玻璃，都发展得很好。究其原因，传统工业是基本建设所必需，在国家产业转型期，传统产业总是排头兵。

福耀该做什么，不言而喻。

经过一年多的调研思考，曹德旺下定决心，形成初步蓝图。首先，对福耀进行重组改造，提高段位；其次，明确汽车玻璃为专营主业；再次，清理全国几百家销售部；最后，改组公司董事会，完善公司治理结构。

工业村项目必须壮士断腕，止住资金流血。当时国内整个经济形势严峻，整个资本市场基本停顿，找买家被证明失败之后，曹德旺认为，处于决策主导地位的大股东需要承担责任，做出牺牲拯救公司。具体方法是股东拿出公司股票到香港抵押贷款，用贷款买下工业村项目。目前危机只是暂时的，先救活福耀，再用福耀的盈利将工业村购回。

福耀用出让工业村项目收回的资金，投资万达汽车玻璃厂。再关掉了装修公司，转让了加油站，将几百个销售部卖给各地负责人。

有感于西方管理理念，借鉴其董事会制度，福耀改变以前以政府干部为主的股东式董事会，成立由 11 名董事组成的新董事会，持股 5% 以上的股东占一个董事席位，共 5 名；设立独立董事 3 名，由社会精英担任；内聘公司高管 3 名作为管理董事，主要代表职工权益。议事实行票决制，董事不分界别一人一票，权利平等，任何重大决策需要上股东会表决的必须由董事会提报，未获董事会批准不得报请股东会表决。

该制度 1995 年在上市公司率先建立，写入公司章程报有关部门批准，一直沿用。

3.10 荣获安永全球企业家奖

2009 年，曹德旺荣获安永企业家中国选区大奖之后，又代表中国企业家竞选当年的全球企业家奖。

该奖评选标准有以下 6 个方面：(1) 候选人的企业家精神；(2) 企业的财务业绩；(3) 策略发展方向；(4) 国家或全球范围影响；(5) 创新；(6) 个人诚信和影响力。曹德旺自信，6 个方面他都符合，只要公平自己就会当选。

他用一张纸写下自我介绍："我是曹德旺，来自中国，专营汽车玻璃制造与销售。在我做汽车玻璃时，中国所用的玻璃完全靠进口。我的公司于 1991 年获批准，发行股票，1993 年在上海交易所挂牌上市。自上市至今，股票都是上证 50 成分股（蓝

筹）。为强化公司治理，1995 年公司引进了国外独立董事制度，我的汽车玻璃荣幸地
为全球八大汽车厂提供 OEM 配套，获得良好评价。同时，我非常重视生态环境保护
以及人文关怀，深受社会各界好评。我的企业拥有自己的专利技术，可供生产多品种
小批量玻璃。随着全球竞争激烈，这个技术十分受欢迎，特别是欧美各国，我认为这
是福耀的未来竞争亮点。"

"真有意思，您是做汽车玻璃的，美国三大汽车公司都破产了，会不会影响到您
公司的未来？"评委很刁钻，直接质疑福耀存在的基础。

"谢谢您关心这事，但我先纠正一下，美国三大汽车公司是在申请破产 11 条，还
没破产。我认为将来也不会破产。"曹德旺回答。

"为什么说它们将来也不会破产？"

曹德旺举出多方面理由。

"三大汽车公司确实存在许多问题，在经济上碰到难题，但这不会导致其破产。
因为这些问题不是短时间内形成，而是长期积累而成。其中有些是企业家需要承担的
责任，但有些企业根本就无力承担。例如工会问题，这是整个政府和人民都必须承担
的责任。另外三大汽车公司这次曝出的问题主要是没有储备来适应市场新的需求，即
所谓节能车型问题。从客观上讲，这个问题应该由汽车公司承担责任，但又不完全是
汽车公司的责任。原来美国油价很低，百姓收入又高，不太计较油耗的高低。突然油
价升高了，百姓对油耗便有了要求，给市场来了个措手不及。汽车公司原来没有生产
低油耗车型，这便陷入窘境。对于这个问题，汽车公司有责任，但也不需要承担全部
责任。"

"另外，美国现在整个社会的文化，几乎就是汽车文化，离开汽车什么事也干
不成。美国每年需要两千万辆左右的汽车来维持更新，三大汽车公司如果破产了，这
些需求由谁来担纲？"

"三大汽车公司由零部件制作、汽车厂、销售与服务三大块组成，是一个大系统，
约有 500 万从业人员。如果让其破产，政府要花多少钱来安置这些人？少说也要一两
千亿美元吧！但现在三大汽车公司只缺几百亿美元，就可以解决这个问题。而美国这
次发生的经济危机，损失以万亿美元计，与之相比，这个零头都没到。因此美国政府

从自身安全或者国家安全考虑，都不会不救三大汽车公司。"

"您怎么知道得这么具体？"

"我是通用汽车全球最大供应商，要去研究这些问题来支持销售决策。"

"那么福特汽车又为什么在欧洲卖工厂？"

"那是福特汽车在卖与瑞典合资的一种车型，叫沃尔沃。这款车大家都不看好，认为油耗大，加上该车定位为高级白领用车，这次危机冲击了这个团体，队伍变小了，收入也降低了，因此福特把它卖了，把钱弄回美国去救本部。"

"为什么您认为经济危机给您带来好处？"

"因为我的工厂在中国。中国汽车的特点，就是小批量多品种。汽车产量不大，但是品种很多。我是服务于中国汽车工厂为主的，而我的同行业务主要在国际上，他们都采用高度自动化的生产线，适用于大批量生产。在这次危机里各国的汽车厂都受到冲击，通用、福特这样的大厂，原来一种车型出来可以有一两百万辆投放市场，现在新车型不管什么车都只有几十万辆，这样就逼得我的同行高度自动化的生产线没办法适应现有的生产，而我的小批量多品种正好适应这一新的形势，从而给我带来新的发展机会。因此我认为我们将来会更好，我也希望通过未来几年的努力超越他们。"

时间到，评委意犹未尽。最终曹德旺获得大奖。

3.11　辉煌福耀

福耀1993年在上海证券交易所主板上市（A股代码：600660），2015年又在香港联交所上市（H股代码：3606），"A+H"模式使之兼跨境内外资本平台。

随着企业获得巨大成功，各种荣誉纷至沓来。

2016年，福耀获得的部分荣誉如下：

董事长曹德旺被人民网授予"人民企业社会责任特别致敬人物"称号；

福耀集团获德国大众"2016年度大众全球最佳供应商奖"（Volkswagen Group Award 2016）；

福耀集团"面向汽车零部件行业的智能工厂建设项目"入选工信部的智能制造试点示范项目名单；

福耀集团"实施持续改进的经验"获评工信部"全国质量标杆"；

董事长曹德旺获颁全球玻璃行业最高奖项——凤凰奖（the Phoenix Award），评委会称其带领福耀集团改变了世界汽车玻璃行业的格局；

福耀集团获拜朗集团"最有价值伙伴奖"；

福耀集团连续第7次入选《财富》中文版"最受赞赏的中国公司"排行榜，位列第14位；

福耀集团获《汽车商业评论》颁发的"铃轩奖——车身类零部件年度贡献奖"。

2017年，福耀获得的部分荣誉如下：

福耀集团入围福建省经信委"百家省服务型制造示范企业培育名单"；

重庆万盛福耀玻璃有限公司、福耀集团长春有限公司获工信部2017年第一批绿色制造示范名单——"绿色工厂"；

福耀集团获《财富》中文版"最受赞赏的中国公司"；

福耀集团以汽车安全玻璃被工信部评为全国第二批"制造业单项冠军企业"；

福耀集团入围《每日经济新闻》2017第七届中国上市公司口碑榜"最具核心竞争力奖"；

董事长曹德旺被关工委授予2017年度中国家长教育"金推手"奖；

福耀集团获评2017CCTV"中国十佳上市公司"；

福耀集团入选"中国品牌价值500强"，排名第175名；

董事长曹德旺获人民日报社颁发的2017年度"中国品牌创新人物奖"。

2018年，福耀获得的部分荣誉如下：

福耀集团获英国路虎"2018年全球杰出供应商金奖"；

福耀集团获中国汽车技术研究中心中国优秀汽车零部件企业评选"国际配套开拓奖"；

福耀集团入选全国工商联"2018中国民营企业500强"；

集团董事长曹德旺获中国汽车产业纪念改革开放40周年杰出人物"卓越人物奖"；

福耀集团"五星十连环"质量经营模式获第三届中国质量奖提名奖；

董事长曹德旺入选"改革开放40年百名杰出民营企业家"。

2019年，福耀获得的部分荣誉如下：

集团董事长曹德旺荣获国务院扶贫开发领导小组授予的"全国脱贫攻坚奉献奖"；

福耀集团入选工业和信息化部公布的第四批绿色制造名单；

福耀集团入选 CCG 全球化智库"2019 年中国企业全球化十大榜单";

福耀集团入选央视 2019 中国品牌强国盛典"榜样 100 品牌";

集团董事长曹德旺获美中商业协会授予的第五届"美中杰出贡献奖";

集团董事长曹德旺获美国中国总商会"年度商界最具影响力奖";

福耀集团入选 2019《财富》中国 500 强,集团董事长曹德旺入选《财富》中文版 2019 年中国最具影响力的 50 位商界领袖。

自创立以来,福耀集团矢志为中国人做一片属于自己的高质量玻璃,当好汽车工业的配角,秉承"勤劳、朴实、学习、创新"的核心价值观,坚持独立自主、应用研发、开放包容的战略路线。经过 30 多年的发展,福耀集团已在中国 16 个省市以及北美、欧洲、亚洲的 11 个重要汽车生产国家和地区建立现代化生产基地和商务机构,并在中美德设立 6 个设计中心,全球雇员近 3 万人。截至 2021 年,福耀总资产达 400 多亿元,产品在 70 多个国家和地区销售,全球汽车安全玻璃市场占有率达 30%。

今天,福耀集团已成为全球规模最大的汽车玻璃供应商,产品得到全球顶级汽车制造企业的广泛认证和选用,包括宾利、奔驰、宝马、奥迪、通用、丰田、大众、福特、克莱斯勒等,为其提供全球 OEM 配套服务及汽车玻璃全套解决方案,并多次被各大汽车制造企业评为"全球优秀供应商"。

福耀集团以智识引领发展,以创新为驱动,通过智能制造,为客户提供有"灵魂"的玻璃。近年来,福耀集团先后荣获"中国质量奖""智能制造示范企业""国家创新示范企业""国家级企业技术中心"等各类创新荣誉、资质。

福耀集团多年连续位列《财富》中国 500 强、中国民营企业 500 强,屡次获得"中国最佳企业公民""中国十佳上市公司""CCTV 最佳雇主"等社会殊荣。董事长曹德旺从 1987 年至今个人捐款累计超过 160 亿元,被誉为"真正的首善"。

参考文献

[1] 曹德旺. 心若菩提. 北京:人民出版社,2017.

[2] 福耀集团官网.[2021-12-02].https://www.fuyaogroup.com/.

（陈智勇）

第九章

在沉潜中蜕变
——顺丰速运

SF EXPRESS
顺丰速运

顺丰的愿景是成为最值得信赖和尊重的公司。我们不追求行业排名，也不求一定要做到多大，而是希望我们的人和经营行为都能被社会信赖和尊重。——王卫

1. 引言

1978 年，我国开始实行改革开放，外商投资企业数量在我国快速增加，境内企业与境外企业的联系日益密切，商务函件以及大量产品、资料等在国际频繁传递。为便利国内外的快递运输，1980 年，中国邮政迅速创办国际特快专递业务，实现与世界邮政接轨。与此同时，随着国内经济的快速增长，国内对相关文件的传递需求进一步提升，中国邮政及时把握市场需求，于 1984 年开拓了国内特快专递业务，随后一年正式创办中国速递服务公司（EMS）[①]。

随着国内快递业务的需求快速增长，外资快递企业在国家政策的支持下纷纷进入中国市场，打破了 EMS 一家独大的局面。然而，在我国经济增长最快和最活跃的长三角、珠三角地区，快递市场仍有较大缺口，1990 年以后民营快递企业

---

① 苑春荟，毕映莲.中国快递业发展历程探索.中国邮政，2018（2）.

及时把握机会，不断涌现。近年来，全球化进程及我国经济快速增长进一步拓展了快递行业的发展空间。国家邮政局数据显示，2020年我国快递业务量超800亿件，七年来均位列世界第一。目前，我国的快递行业呈现三足鼎立的局面：一是以中国邮政为代表的国有快递企业，二是以"四通一达"（申通、中通、圆通、汇通和韵达）及顺丰为代表的民营快递公司，三是以UPS为代表的外资快递公司。其中，顺丰可谓是民营快递企业的排头兵 [1]。

顺丰在改革开放的利好形势下应运而生。改革开放后，珠三角地区凭借优越的地理位置，与香港地区经济往来频繁，但EMS及外资快递企业依旧无法满足快递市场需求，这为顺丰的创建提供了肥沃的土壤。1993年，王卫正式创立顺丰速运（集团）有限公司。创立之初，顺丰面临着与众多新生快递企业竞争以及来自早已成熟起来的中国邮政的压力，为了快速抢占市场，顺丰在创建初期通过仅为市场均价70%的低价招揽客户，并通过高强度的工作实现了一开始的发展。而近年来，随着市场形势的变化，顺丰转变发展战略，由低价战略转为提供快速、准确、优质、安全的服务。截至2019年末，顺丰的干线车辆约4.3万台，覆盖335个地级市的近1.8万个自营网点，2019年营业收入超1 000亿元。

然而，在洞察机遇、培育优势的同时，顺丰也面临着重要挑战。不可否认的是，其发展有着极佳的内部环境：随着顺丰在航空运输领域以及电商领域的强势涉足，其业务发展更为全面，服务更为优质；另外，顺丰基本实现了运输车全配备GPS导航系统；在航空运输方面，拥有自己的航空公司，自有全货机多达58架，这反映出顺丰有着强大的运输资源。然而，顺丰仍面临着竞争激烈的外部环境：首先，快递行业作为进入壁垒并不高的行业，存在着行业新进入者的威胁，虽然顺丰具有独特优势，但也不应该放松对新进入者威胁的判断。其次，除了新进入者的威胁，顺丰更应该关注现有竞争者的威胁，顺丰与"四通一达"等快递企业相比，高昂的价格容易受到其他民营企业的挑战。各大民营快递公司官网数据显示，若快递首重相同，"四通一达"的省内价格约为10元，省外的平均价格则为14~17元，而顺丰省内价格约为

① 李方华，李金钟，华乙铃，等.顺丰上市后竞争环境及发展战略的研究：基于波特五力模型.中国集体经济，2018（14）.

12元，省外平均价格则高约20元。若快递续重相同，"四通一达"省内价格为3元左右，省外平均价格为7~12元，而顺丰省外平均价格则约为"四通一达"省外平均价格的1.2倍，甚至是2倍①。最后，顺丰还面临着替代品的威胁，一方面，以阿里巴巴菜鸟网络为代表的"快递联盟网络"有利于打造开放型物流市场；另一方面，部分企业开始自建物流配送中心，这也会是重要冲击。因为快递行业的主要收入来自天猫、淘宝、京东等电商平台，"快递联盟网络"以及自建物流配送中心将会对顺丰的客户来源造成重要的影响。

面对发展中时时刻刻变动的局势以及出现的问题，顺丰一次次通过自己的调整与坚持，在激烈的竞争中脱颖而出，这是国家政策、顺丰发展战略及文化、掌门人王卫共同作用的结果。

2. 企业简介

顺丰速运（集团）有限公司成立于1993年3月，其主要经营国际、国内快递等相关业务，致力于成为最值得信赖的、基于物流的商业伙伴。

1993—1997年为顺丰的创业起步期，主要是依托珠三角地区的市场开始了其创业历程；1997—2001年为顺丰的高速成长期，其开始走出华南地区，在全国推广发展；2002—2007年为顺丰的管理优化期，这一时期顺丰致力于为客户提供更优质的服务，一方面通过全面收权减少加盟制的弊端，另一方面在深圳成立总部，全面提升其管理能力；2008—2012年为顺丰的竞争领先期，其自建航空公司，并且逐渐开始国际化进程，强化其竞争优势；2012年至今则是顺丰的战略转型期，转型方向为"优化组织职责分工，围绕客户经营转型，提供一体化供应链解决方案，巩固B2B快递领先地位，开始发力电商快递，向更高的目标进发"②。目前，顺丰已经将其业务延伸到了医疗、快消、3C电子与生鲜等行业。

---

① 李方华，李金钟，华乙铃，等. 顺丰上市后竞争环境及发展战略的研究：基于波特五力模型. 中国集体经济，2018（14）.

② 顺丰公司官网.[2020-04-02].http://www.sfexpress.com/fr/sc/about_us/about_sf/development_history/.

　　在每个阶段，顺丰始终坚持成就客户、创新包容、平等尊重、开放共赢的核心价值观，坚持不作假、不欺骗；不损害客户及公司利益；不损人利己，不以公谋私；不轻言毁诺，不失信于人。长期以来，顺丰专注于提升快递运输的服务质量与速度，从华南地区起家，发展至华东、华北等地区，积极拓展网络。顺丰不断增加对技术与科技方面的投入，不断提升并优化其信息处理系统与运营设备，为自身发展提速提供重要的技术支撑。

　　作为国内领先的快递物流综合服务商，顺丰旨在为客户提供一体化的综合物流解决方案。经过多年的发展，顺丰不仅仅将自身的物流停留在快递运输服务，还将其价值链延伸到了生产、供给、销售与配送等方面，基于客户需求，利用大数据、云计算等新一代信息技术，为客户提供仓储管理、销售预测、金融管理等一揽子解决方案。同时，顺丰也是智能物流运营商，通过建立联通国内外的"天网＋地网＋信息网"三网合　的物流网络形成网络规模优势，降低物流运输成本，提升运输效率 ①。

　　此外，顺丰积极响应国家政策，以"绿色物流低碳生活"为主题，从多个维度践行可持续发展的要求。同时，顺丰也积极推动国家政策的发展，其参与建立国家有关部门规划的快递行业环保指标体系及制定快递业的碳排放标准，国家邮政局于2014年正式发布其参与制定的《快递行业碳排放检测标准》。此外,顺丰积极承担社会责任，开展了一系列节能推广活动，致力于在规范自身的同时促进行业内绿色环保业务的发展，为构建绿色社会贡献力量。

　　2016年12月,顺丰速运成功于A股市场上市;2017年2月,其正式更名为顺丰控股。顺丰上市后，公司资本迅速提升，增强了其在国内民营快递企业中的领先地位。未来，顺丰将继续扩大品牌影响力，力图将自身塑造为中国民营快递业的招牌。

3. 顺丰掌门人，王卫

　　1970年10月，顺丰创始人王卫出生于上海，7岁时移居香港。20世纪90年代初，王卫抓住了国家发展带来的巨大商机，在顺德注册成立一家快递公司，并召集几位同

---

① 李琦晨.快递之王：顺丰掌门人王卫.北京：新世界出版社，2014.

伴一块经营。

创业以来，顺丰凭借低廉的价格及加盟代理的方式迅速挤占市场，到1997年，顺丰在港通快件的运输中一家独大。1998年，随着顺丰度过了艰难的创业期，王卫逐渐淡出了顺丰的管理。而1999年，当王卫收到一通投诉电话后，他了解到加盟的模式对于顾客体验以及顺丰的发展存在弊端，选择重新抓紧对顺丰的管理，于是毅然决然放弃了加盟的模式所能带来的低成本的优势，全面收权，将顺丰的发展模式由加盟转变为直营。2002年，顺丰在深圳建立总部，实现了总部对各个网点的控制及全国各地业务的调控①。这也是王卫创立顺丰的初衷，坚持为客户提供更优质的服务和更好的体验，而不是一味地赚快钱，这也深刻影响了顺丰未来的发展。

在业界同行的眼中，王卫是一个低调、谨慎、谦逊而又自我的人。王卫的低调在顺丰的发展当中就有一定的体现，顺丰基本上没有过多的广告推广，而王卫本人也很少接受媒体采访，在顺丰上市之前，基本上很难在网络上找到王卫本人的照片。说王卫自我更多的是指他可以坚持个人的决策，2003年"非典"时期，航空业发展陷入低谷，王卫借势签下扬子江快运的5架包机，为此后顺丰发展航空运输奠定了重要基础。

与阿里巴巴不同，阿里有"十八罗汉"，而顺丰主要靠的是王卫这一个掌门人，王卫在顺丰的发展当中起到了极其重要的作用。对于王卫而言，顺丰不仅仅是其成立的一家公司，其目的也不局限在挣钱这一方面，王卫曾说："每个人都有自己经营企业的目的，可能随着企业的发展，这个目的还会发生变化。就我个人而言，经营企业的目的可能有点理想化，不完全是为赚钱，顺丰的愿景是成为最值得信赖和尊重的公司。我们不追求行业排名，也不求一定要做到多大，而是希望我们的人和经营行为都能被社会信赖和尊重。"随着顺丰的发展，众多海外资本出高价想收购顺丰，尤其是在2000年以后，顺丰进入高速发展阶段，前来寻找王卫的投资人更是络绎不绝，而王卫始终坚持自己的信念，多次毫不犹豫地拒绝收购，不为利益所动，努力将顺丰发展成为其理想中的快递企业，打造民族品牌。

---

① 杨雪，张迎雪.顺丰王卫：顺风潜行.企业观察家，2013（12）.

4. 创业之初：粤港起家

顺丰的起家伴随着社会主义市场经济体制建立的春风。1992 年，中共十四大明确提出我国经济体制改革的目标是建立社会主义市场经济体制，并强调了发展非公有制经济的重要性。在这样的背景下，中国社会主义市场经济得到了快速发展。此时，香港地区大量的制造工厂北移至内地，其中半数以上的工厂集中在珠三角地区，"前店后厂"的局面使得香港与珠三角之间信件往来极其频繁。但由于两地分属不同的关税区，相互之间的邮寄往往耗时较长，通常情况下两三天甚至一周左右才可以到达，重要的急件难以及时到达成了重要的问题，而经常帮人在广东与香港之间夹带信件货物的王卫逐渐意识到，这里存在着重要的商机。

1993 年 3 月，在意识到快递事业存在着巨大的市场潜力后，王卫找父亲借款 10 万元，并和 5 名伙伴一起在顺德注册了顺丰速运，在香港租了窄小的店面，开始了接货、派货的工作，尚没有规范形态的顺丰在这一年进入了创业的起步阶段。

这一阶段，顺丰主要发展港澳与内地信件快递往来的业务。为了吸引更多的商家及在中国邮政较为成熟的快件派送市场中分得一杯羹，王卫选择了低价竞争的战略，通过压低送件价格压缩利润空间，迅速抢占市场，同时赢得了众多中小商家的青睐。而在这个过程当中，顺丰的文件与单据派送业务也为其带来了不少追堵与搜查，据说，顺丰的罚款额曾高达 500 万元。而王卫与其他快递企业老总不同，他对员工说："没有邮政，也就没有顺丰。"顺丰始终以低调而慎言的态度默默承受发展过程中的艰难困苦。顺丰初期利用合作与代理的加盟制作为扩展的主要方式，在短短几年内，以顺德为起点，网点快速延伸至广东各地，规模迅速扩张，在珠三角地区迅速站稳了脚跟。

随着顺丰的不断扩张，1997 年，其承运了约 70% 的通港快件。与此同时，顺丰与香港海关之间建立起了坚固的信任感，香港回归时，香港海关婉拒了中铁快运进入香港快件市场的请求，主要是因为所有通港业务基本由顺丰承运，即使中铁快运开辟了相应的路线也无法从顺丰手中抢夺足够的货源。

5. 创业发展：从华南走向全国市场

20世纪90年代后期，快递物流行业在我国经济快速发展的影响下，也进入了更为快速的发展机遇期，成为市场需求旺盛、利润丰厚、潜力巨大的生产性服务行业。

1997年，随着香港的回归以及珠三角市场的饱和，顺丰进一步拓展内地市场。顺丰计划先从长三角地区入手，将顺丰在广东地区的发展模式复制到华东地区，然而不久顺丰便发现，华东地区相比华南市场更为广阔，但自身的资金不足以在华东地区大规模发展。因而，为了短时间内在华东地区有足够的网点，顺丰在这一时期继续采用加盟模式，这使得其在短时间内成功地以较低的成本打进了华东市场。随后，1999年至2002年间，由于加盟导致的问题愈加明显——一些加盟商为了提高效率进行暴力分拣，或者为了获得更多利益而夹带私货的情况层出不穷，王卫认识到，需要通过改变原有的加盟模式来重新规范顺丰的管理。

而纵观整个20世纪90年代后期到21世纪初期，顺丰毫无疑问抓住了这一经济发展的机遇期，实施差异化管理，转变原有的加盟制，实行直营制的公司经营方式，自建物流体系。由此，顺丰迅速走出华南市场，拓展全国业务，迎来了高速成长阶段。

5.1 差异化市场定位及措施

《孙子兵法》中有言："我专为一，敌分为十，是以十攻其一也，则我众而敌寡；能以众击寡者，则吾之所与战者，约矣。"将敌分为十，以多攻少，方能获得胜利，公司的发展也是如此，将市场细分，选取专攻之处，将更有利于企业的发展。于是，顺丰决定实施差异化的发展战略。

公司先是确立差异化的市场定位，旨在顾客心目中树立独特的形象。顺丰从"快人一步"的时效和"价高一筹"的服务入手，立足中高端市场，并随着消费升级的大趋势，坚持细分高端市场，积极发展高端物流，如进一步拓展医药物流、农业物流及冷链物流等领域。此外，顺丰还不断利用高附加值的科技手段和专业化的高质量服务提升客户体验及增加客户黏性。

在完成市场差异化定位后，公司实施了一系列差异化措施。

（1）产品及服务策略差异化：顺丰提供多层次的产品及服务体系，不断细化速递业务，在跨城物流方面，根据客户需求提供即日达、次日达及标准快件服务；在同城配送方面，提供专送、即刻送以及夜配服务，满足个人、商铺、电商等不同群体的物流需求；在增值服务方面，推出365天无休、保价、代收货款、委托收件等多项服务，让客户感受到更优质的服务体验。

（2）定价策略差异化：定位于提供"价高一筹"的快递服务，区别于其他民营快递企业广泛使用的低价策略，顺丰利用高价高服务的策略抵制低价策略，一方面维护了其中高端的品牌形象，另一方面其高性价比增强了客户的忠诚度和黏性。

（3）营销策略差异化：顺丰利用传统营销和网络营销的"组合拳"，一方面通过统一运输车辆规格和标志、统一快件包装对品牌进行宣传推广，而其他民营快递企业通常用无标志包装包裹快递；另一方面，顺应互联网发展趋势，建立并完善官网，而且通过各大搜索引擎网络进行品牌推广，迅速抓住网民视野。

（4）渠道策略差异化：顺丰坚持直营制，由总部对各分支机构进行统一经营、统一管理，强化对各网点的管理与控制，保障服务的质量及客户体验。而其他民营快递企业更多是采取加盟制，服务质量不一定可控，快递员与客户发生纠纷的事情时有发生。

顺丰差异化战略的实现无疑需要优秀的服务质量，顺丰通过充分调动快递员的积极性以及提供强大的技术支持保障了自己的快运质量。顺丰的服务质量主要体现在其快递流通速度快，为缩短快递运输时间，顺丰设立了"收一派二"的快递原则，即一线快递员需要在一小时之内接收快递，在两小时之内实现快递派送。顺丰通过合理的快递网点建设有效实现了"收一派二"的要求——每个营业点以所在位置为圆心，辐射半径为一个小时车程，两个相邻的营业点之间的距离要在两个小时车程之内，这样的安排给顺丰带来了高效的收件与派件能力。与之配套，顺丰快递员的收入采用计件制，从而充分调动了快递员的积极性，保障了服务的质量与速度。在技术方面，顺丰为员工提供了名为电子"巴枪"（HHT）的先进设备，即可以通过扫描快递包裹上的条形码，将快件的状态上传至顺丰网络总部，并将信息开放给每一个顺丰快递员，实现了信息的即时传递。同时HHT上具有GPS定位功能，可以借此确定每个快递员所在的位置，并向快递员发布周围 7 公里范围内的快递业务，协助快递员高效、连续地完成工作。

5.2 从加盟到直营

传统的快递企业通常采用加盟模式，特许经营机构可拥有自己的专利和商标等，通过签订特许经营合同授权给被特许者，按照合同规定，被特许者在统一的业务模式下在特定区域从事经营活动，并支付相应的费用。在加盟模式下，快递公司，各个网点，甚至连快递员都相对独立，这种加盟模式虽然有利于解决企业初期发展资金不足的问题，有利于加速早期扩张，但是也存在弊端，即总部无法对网点实施及时有效的质量管理和控制，从长远看必将损害品牌和质量口碑的建立。当时，顺丰的主营业务是通港件快运，要求快递的送达时间非常短，然而经常有部分加盟的公司和网点因为多揽件而延长了送件时间、降低了时效性。于是从 2000 年起，顺丰开始回收加盟网点，通过股权收购或直接终止加盟的方式，在 2002 年初步实现直营化。

快递行业的"直营"，指的是企业拥有从总公司到各个经营网点的所有权，快递员仅是公司的雇员。直营模式有很多优点，例如能够设立统一的服务标准、打造规范的服务流程，有利于及时监控服务质量，树立良好的品牌形象。顺丰采取直营模式，虽然前期需要投入大量资金，管理成本也很高，但是能够保障速度和质量，因而消费者对顺丰的满意度也显著高于采取加盟模式的"四通一达"等同行业竞争者。而除此之外，顺丰还始终坚持独立发展。进入 2007 年，国际快递企业加紧资源整合行动，UPS 在中国开始大规模建设快递网络，与此同时，国内的快递企业也开始了大规模的并购，以大物流为目标，加速发展的步伐。而顺丰则不然，一方面在大物流方面表现得非常不积极，另一方面拒绝外资入股。王卫的选择反映出他个人的目标，在业务拓展方面，王卫充分相信目前的顺丰业务还有足够的空间可以提升，他希望带领顺丰一步步走向全球，因此保持自身的独立，确保他能独立做出决定。顺丰也因此保持了直营的发展模式且拒绝了外资的入股。终于，经过 6 年的努力，顺丰终于在 2008 年实现了全国营业点的直营化，也是我国快递行业唯一一家完全直营化的公司。

凭借差异化管理和直营模式的确立，顺丰在顺德起家，立足珠三角，再到长三角；从华南先后扩展到华东、华中、华北；从地方发展到了全国市场。

6. 创业发展：业务多元化

2002年，在初步从加盟制向直营制转型后，顺丰进行了多项组织结构变革，在深圳设立了总部，并定位于国内高端快递业务。2003年"非典"时期，航空公司需求收缩，顺丰借势签下了扬子江快运的5架包机，成为第一家向航空运输发展的民营快递公司。航空运输的发展使得顺丰运送效率大幅度提高，也为其进军国内高端快递业务市场提供了可能。此时，顺丰的经营思路也开始奠定。王卫坚持不做重货，只做小件快递，并且不做与四大国际快递重叠的高端业务，也不做同城五六元钱的低端业务，顺丰的目标便指向剩余的中高端客户，1千克内收取不超过20元的邮费。由于坚持只做小件快递，顺丰错失了很多赚钱的机会，但正是这样的坚持才成就了顺丰的市场核心竞争力。

6.1 进军航空运输领域

在租用飞机运送后，顺丰快递运送真正实现了"快人一步"的时效，但是运输成本也随之不断上升，2005年顺丰开始考虑成立自己的航空公司，并于当年组建顺丰航空筹备组。2009年底，顺丰航空取得中国民用航空局的获准，进入运营阶段。顺丰一次性购买了两架飞机——这也是中国第一个拥有自己的飞机的民营快递公司，并于当年12月31日成功首航，从此顺丰的航空时代真正开启。截至2019年底，顺丰拥有58架自营全货机，还租赁有13架全货机，是国内全货机数量最多的货运航空公司；散航及专机线路2 102条，日平均班次为4 234，飞行员500人，形成了"全货机＋散航＋无人机"互为补充的天网体系。

对于顺丰而言，创建自身的航空公司有利有弊，前期是重资产投入，风险较高，但是随着业务量的增加，顺丰能够在产业链条上拥有更多话语权，同时还可以增加货机机型选择的灵活性。顺丰航空的航班一般是在凌晨时段，这是为了保障整个业务流程的时效性——白天揽件，夜晚分拨，凌晨运送，次日便送达目的地。在快递行业中，时间就是金钱，效率就是竞争力，保持客户忠诚度得提高时效性，多提供"次达""即达"这类服务。顺丰通过组建自己的航空公司，提高了配送效率和灵活性，逐渐建立了品牌的核心竞争力，更多的客户被顺丰高时效的服务所吸引，顺丰进而业务量大规模提升，形成了规模经济效应，不断降低了航空产品的单位成本，实现了更大的收益。

6.2 进军电商领域

智能手机和移动互联网的快速发展，给相关行业带来了巨大的发展新机遇期，例如大数据、云计算、智慧物流、智能服务等，而物流和电商的发展具有天然的联系，双方可实现资源共享、优势互补。顺丰敏锐地感受到了其中蕴含的商机，凭借着自己的高效物流体系和物流节点向电商领域拓展。2010 年 8 月，顺丰优选的前身——顺丰"E 商圈"开始运营，2012 年 6 月 1 日，顺丰优选正式上线。顺丰优选在线上食品领域发展迅速，销售量不断上升，2013 年的"双十一"就达到 1 500 万元的销售额。同时，顺丰在这一时期推出了"电商特惠"的亲民活动，成功在保证销售量的情况下减少了客户不满意的情况。顺丰的高效与令人省心的服务在这一次的"双十一"中得到了充分的体现，淘宝 TOP6 之内的电商无一例外地选择了顺丰。其中，宝尊电商的负责人明确表示"顺丰的批量发件服务至少将我们的发货效率提高了 2 倍"，顺丰的战斗力在高强度的竞争中得到了充分的体现。

顺丰优选能够充分利用集团固有的物流优势，通过向价值链上游延伸，实现上下游价值链一体化，不仅扩大了集团的经营范围，有利于发挥规模经济效益，还能为客户提供一站式服务，提高客户满意度。顺丰优选和顺丰的发展相辅相成，一方面顺丰优选的线上销售增加了顺丰的线下快递业务量，另一方面顺丰物流体系的完善实现了顺丰优选要求的高效配送，二者之间资源共享、成本共摊，从而降低了集团的总成本率。

6.3 "最后一公里"——进军实体商业

随着行业竞争的白热化，快递行业中的末端配送，即"最后一公里"问题，曾持续成为制约快递行业发展的瓶颈。当包裹到达快递最小分部时，流量不足以支撑批量运输，这时就必须借助快递员人力派发快件，但是人力成本很高。对此，顺丰向价值链下游延伸，创新末端配送方式，建立顺丰"嘿客"便利店。顺丰曾对便利店模式进行过多次尝试，虽然取得了一定成果，但是便利店的分布仍不能覆盖全部需设立配送点的区域，于是顺丰开始布局自己的连锁便利店。顺丰"嘿客"便利店主要建立在快递收发频繁的社区和写字楼，客户可以根据自身需求，自行到店收件或发件。顺丰"嘿客"便利店的建立，不仅节约了人力成本，提高了服务的灵活性，同时店内还提供了线上下单、生活服务等附加业务，是顺丰整体战略布局中的线下实现载体。

6.4 建立"顺银金融"

为了紧跟 IT 时代步伐，提高客户服务质量，顺丰获得了央行发放银行卡、金融交易等业务资格，创建了金融平台——"顺银金融"。拥有自身的金融工具和平台，既减少了中间支付环节的费用，还降低了交易环节的风险。顺丰通过建立第三方支付平台，将无缝衔接价值链上各个环节，贯通整个价值链。

6.5 连接移动终端

移动终端应用深刻影响着经济社会的发展，同时也使人们的生活更加便利。对此，顺丰一方面推出了自有 App 应用，另一方面接入微信，通过腾讯引流，利用移动互联网等技术拓展业务，为线下用户在收取件查询、网点查询、下单等方面提供便利，同时提高业务效率。顺丰的移动终端发挥了两个作用：一是降低物流的流转成本；二是借助移动终端和后台系统，更为紧密地连接了旗下的自建门店、合作站点和终端消费用户，是企业服务延伸向用户的一个窗口，优化了用户体验，增加了客户忠诚度，还取得了消费者的终端信息。顺丰通过管理优化、上下游业务拓展，经过多年努力，不仅实现了多元化经营，而且规范了网络，为客户提供了更优质的服务。

7. 创业发展：全球化进程

2001 年中国加入世界贸易组织（WTO），中国经济与世界经济之间的联系进一步加深，双方形成了明显的互动关系。一方面，中国可以更好地利用世界范围内的资源与市场，另一方面，中国经济在世界经济的发展过程中也起到了越来越大的作用 ①。

随着经济全球化浪潮以及现代科技的发展，航空物流凭借其快捷、安全等优势成为现代物流业中新的增长点。早在 2003 年，顺丰就与扬子江快运签下 5 架飞机，到 2009 年底，顺丰航空正式获准运营。

近年来，国内跨境电商行业快速发展，各个平台的卖家开始在品牌、服务等方面进行竞争，与此同时，该行业尚未形成巨头垄断的格局，这给顺丰进入跨境电商服务领域提供了重要的机会与条件。顺丰首先成立了顺丰国际电商服务事业部，其着重于提供一站式综合性解决方案，不停留在卖产品的层面，而是为海外商家提供进入中国的整体解决方案，并提供销售渠道、市场、物流等一站式服务。同时，顺丰大力发展其全球化的战略。顺丰的全球化战略包含产品全球化以及网络全球化两个方面。在产品全球化方面，顺丰目前的直发业务已经基本实现了覆盖全国；而在网络全球化方面，顺丰将通过建立 20 个全球仓网来覆盖其主要的目标市场 ②。另外，顺丰的全球化战略采取了轻重结合的方式，即直发业务与海外仓网布局共同发展建设。如今，顺丰的跨境战略及业务已经覆盖了全球 200 多个国家和地区，这除了对顺丰本身全球化战略实施有重要意义之外，对当前面对国内市场已经饱和且正在寻求海外增量市场的企业也具有重要意义，顺丰的跨境业务为国内企业搭建了一个出海的平台，帮助更多企业实现全球化。

在顺丰全球化的过程之中，国家政策以及相关自贸区的建设产生带来了重要的影响。随着中国-东盟自由贸易区的建立，其跨境速递业务量不断增加，东盟市场成为各大快递公司的目标。作为民营快递企业的龙头老大，顺丰在中国-东盟跨境速递竞争中迅速取得优势。2010 年 3 月 17 日，顺丰新加坡巴耶利巴分部收取了第一件快件，

---

① 赵宗博.全球化进程中的世界市场整合与中国经济发展战略.求实，2008（3）.
② 李清望.跨境电商：顺丰国际化与服务升级的加速器.金融电子化，2015（8）.

并于当天在新加坡完成清关，次日香港客户就签收快件。这不仅意味着顺丰开辟了新加坡的跨境速递业务，更是在整个东南亚跨境市场的开端。随后，顺丰分别在2011年、2013年开通了马来西亚、泰国和越南的跨境速递业务，而高时效保障了其核心竞争力，奠定了其在东南亚地区的地位。在国内，顺丰主要采取了直营式的经营模式，所有地区的分部由总部统一管理，而为了进军东盟市场，顺丰则根据不同市场的情况，采用不同的经营模式，实现差异化经营。例如，在新加坡采用直营式经营模式，而在马来西亚则采用自营代理混合模式。在东盟市场采取差异化经营的方式，有利于降低顺丰的运营成本，进而降低跨境速递业务的产品价格，从而在境外为顺丰的发展形成新的竞争优势，对于顺丰的全球化战略而言，也将提高境外客户对顺丰服务的接受度，从而提高顺丰在东盟的市场份额。事实上，顺丰广西区面向东盟业务是非常成熟的。广西由于地缘优势，与东盟各国的交往较为密切，双方之间的贸易量也相对较多。顺丰面向东盟推出了特色的国际件，这种特色国际件具备价格上的优势、高质量的服务以及先进的信息系统支持管理等特点，因而顺丰广西区对东盟跨境快件业务量较高，这也为顺丰进军和拓展东盟市场提供了条件[1]。

同期，国际快递巨头如UPS、DHL等纷纷把其发展的重心向亚太地区转移，大力拓展航空物流业务，加大全球网点战略布局。为了应对竞争激烈的局势和促进全球化发展，顺丰于湖北鄂州建设货运机场，支撑其高端快递业务的发展。按照其规划，2020年建成以快递为主的航空物流集散中心，随后在2025年建成以集散中心为核心的国际航空货运枢纽和产业聚集区，最终在2035年增强枢纽分拣处理能力。届时，顺丰航空货运枢纽的建设将给湖北乃至全国航空物流业的发展做出贡献[2]。

8. 创业发展：公司上市

2016年2月18日，顺丰控股（集团）股份有限公司发布了上市公告，表示正在接受上市辅导；同年12月12日，顺丰取得证监会批文获准登陆A股市场；随后

① 蔡俊.顺丰面向东盟的跨境速递发展策略研究.电子商务，2015（10）.
② 罗本成，胡茄，张姝慧.湖北：依托顺丰航空枢纽打造国际航空物流中心.中国发展观察，2017（18）.

2017 年 2 月 23 日，顺丰借壳鼎泰新材正式在深圳证券交易所敲钟，并在 24 日将鼎泰新材正式更名，证券简称也由"鼎泰新材"变更为"顺丰控股"，证券代码不变。

顺丰上市的决策有其战略考虑，借壳上市一方面因为受到市场环境的影响。这一时期，中国的劳动力成本逐年上升，快递业作为劳动密集型产业受到了很大的影响，成本的上升使得快递行业对资金的需求增多，上市融资成为重要的资金来源渠道。对于顺丰本身而言，其拥有快速优质的服务能力从而在商务市场占有绝对的优势，与 EMS 共为商务市场的主力。而近几年，受到经济形势的影响以及"四通一达"依靠价格优势形成的冲击，顺丰在商务市场中的市场份额正逐渐减少，因此开拓新的市场成为顺丰的重要选择。公开数据显示，截至 2015 年底，顺丰短期可支付的款项合计有 141.53 亿元。为了继续完成海外业务的布局和发展，顺丰需要通过上市融资来补救资金缺口。另一方面，近年来快递物流业的竞争压力逐渐提升，EMS 转型后开始提速降价，与民营快递物流企业的市场份额竞争加大，同时，其他民营快递企业也逐渐意识到资金在这一发展阶段的重要性，相继准备上市，如竞争对手申通和圆通纷纷上市更是加重了其竞争压力。这一阶段的顺丰业务发展定位也发生了重要变化，从一个以小件快递为主的快递公司朝着综合物流服务商转型。为了适应转型的需要以及中国生产要素市场的转变，顺丰对资金有着强烈的需求，其发展模式的调整也需要通过上市来提供新的动力，其上市也将有效提升企业信誉，有利于吸引优秀人才和拓展业务渠道[1]。

9. 顺丰的未来：新时代，新责任

顺丰作为中国快递业的龙头，赚钱不再是其唯一目标，担起社会责任更是顺丰要做的。近年来，顺丰在医疗产品运送中的作用不可忽视，这些医疗产品也帮助了很多需要帮助的人。

2016 年 11 月 16 日，顺丰旗下成都顺意丰医药有限公司与赛诺菲在成都举行了隆重的合作启动仪式。顺丰冷运希望在日后合作中与赛诺菲开启国内医药冷链物流的新

---

[1] 贠红梅，李艳萍，李广. 顺丰借壳上市之路的启示. 中国商论，2016（26）. 苗存剑. 快递行业公司选择借壳上市的动因探讨：以顺丰公司为例分析. 当代经济，2017（20）.

纪元，实现互惠共赢。"无论在何时，无论在何地，赛诺菲都在为人类最重要的健康事业而奋斗"是赛诺菲的企业价值观，这与顺丰冷运"传递健康"的宗旨不谋而合。客户需求始终是顺丰冷运的起点和最终目标，通过技术和模式创新，顺丰冷运致力于提高客户体验，不断为冷运客户提供优质、完善的冷链运输服务，成为值得信赖的冷链物流品牌，为社会和客户传递健康。

2017年3月，顺丰冷运北京分公司接到了来自北京北生研生物制品有限公司的生物制品运输通知，需要分批次运输约1 000件国家免疫规划的生物制品至西藏自治区区级疾控中心，以及阿里、昌都、林芝等地市疾病预防控制中心，各类疫苗共计580 000余人份。为了避免疾控中心断供，或者运输温度异常导致生物制品性状变化等情况发生，必须在保障运输时效的同时严格控制生物制品的运输温度。由于运输的生物制品都是新生儿、婴幼儿所用，受用对象较为特殊，加上路途的艰巨、路况的恶劣、时效的高要求，顺丰冷运制定了以医药专车服务为主，辅以医药商配服务、医药专递服务的定制化运输方案，并安排机动资源全程跟随，以应对运输途中的突发事件。

2017年5月4日，顺丰冷运接到了来自江苏省疾控中心紧急支援新疆克孜勒苏柯尔克孜自治州生物制品的派送任务。克州当地急需在5月12日前接到此批生物制品，且要求在全程2℃~8℃环境下储运，以确保不脱温。顺丰紧急部署，制定方案，采用CDC专车直发发运模式，总部大后方紧急项目组全程值班对接实况人员，监控温度数据及车辆GPS，确保货、车、人的数据全程对接；1名专人全程跟车，2名驾驶员轮流开车，到了接驳点换人，如此交替，这既能全程确保人员的身体健康及驾驶状态，又能专业快速地应对突发情况，在途经无人区、隧道等弱信号区可保证通信；采用"双冷温控"方式，确保装卸和储运不脱温。

顺丰以高效和专心满足客户的需求。从医药冷链业务开始至今，顺丰冷运在极端气候和特殊地域医药冷链配送中完成了各项任务，并不断总结经验，未来顺丰将在不同模式下的医药冷链运输中持续发展，不断优化。另外，顺丰以"在乎每一位客户的体验"为宗旨，在快消行业给消费者运送了满意的食品；在电子行业，每年及时为新品首发手机的狂热粉丝们送来国际领先手机品牌的新品。

从"水货佬"到登上华人富豪榜，王卫以自己的独特作风经营着顺丰，他既强硬地收权，也妥协地撕掉"不上市"的标签；既坚守初心，在快递领域精益求精，做好守擂人，也放宽眼光，不断进入新行业。今天的顺丰不仅把自己的业务做得更好，还担起自己的责任，为人们送来健康和便捷，以及更多独特的惊喜和体验。无人零售涌现，顺丰顺势推出了无人货架品牌"丰e足食"，是首个进入该领域的快递企业。顺丰"希望能够抢占这样一个高频的线下流量入口，实现往线上导流，将有助于盘活顺丰各项商业资源，形成一个完整的商业闭环"。

10. 顺丰的成功之道

顺丰的发展与成功离不开顺应时代环境而生的创新做法，也少不了在掌门人王卫的企业家精神的引导下产生的能与时代相符合的战略与决策，这些方面共同促成了顺丰的成功与可持续发展。纵向来看，顺丰的成功可以归因于这样一些方面：

10.1　企业责任

顺丰的成功首先在于其对企业责任的正确认识。顺丰将对这种责任的承担体现在对"人"的重视上。

首先，是对客户的责任。顺丰的核心价值观中"成就客户"被放在第一位，其将"成就客户"解释为"客户为先，创造极致的服务体验；随需而变，成就卓越的客户"，顺丰的发展也确实做到了这一点。客户需要快速的快递运输，顺丰通过 HHT 的大规模投入使用、技术的开发、航空运输等方式尽可能地完成运输的提速，在配送与分拣部分，顺丰在每辆送货车上都装上 GPS 定位系统，方便顾客查询货物运输的进度。不仅如此，顺丰还利用自动分拣技术实现了 24 小时自动分拣。2006 年，深圳举行了首届物流系统解决方案展览会，在此次展览会上，深圳电信展示了一套全新的物流信息化系统，顺丰率先采用了这套系统，将其引入自己的客户服务、配送、运输及仓储当中，并且与深圳电信合作，建立了顺丰深圳呼叫中心。2011 年，顺丰自主投资研发了一套自动化分拣系统，这不仅可以提高分拣的效率，还可以提高分拣的正确率。客户需要"最后一公里"的优质配送服务，顺丰的工资采用计件制，充分激发快递员的积极性，并根据"收一派二"的原则设置合理的营业点，尽可能为客户提供最舒心的服务。除此之外，顺丰还通过加强技术并对服务方面进行调整，使得消费者可以实现对货物运输全过程以及出现问题件之后的索赔工作的监督。

其次，是对员工的责任。顺丰极其注重员工的体验。王卫曾经表示"快递员才是顺丰最可爱的人"，顺丰对员工的尊重使得员工真正感受到了"平等尊重"的价值观念，其不仅给予员工可观的薪酬，而且在社会中积极维护员工的合法权益，这使得员工逐渐形成与公司相契合的文化与目标，不断推动着顺丰的发展。

再次，是对全行业的责任。在全行业，顺丰通过优质的服务起到了模范带头作用。另外，顺丰极其重视可持续发展，积极响应国家的可持续发展战略，紧紧围绕"绿色物流低碳生活"的环保主题，从多个方面践行环保社会责任，不断提高自身的资源利用率，降低碳排放，以促进社会的可持续发展。顺丰还与在行业内推行绿色环保的业务利益相关方紧密合作，致力于构建可持续发展的行业环境。

最后，是对社会的责任。顺丰始终践行着"做企业的目的不是赚钱"的理念，一方面将"致力于承担更多的社会责任"作为自己的企业愿景之一，另一方面默默地将自己的慈善救助范围延伸到扶贫济困、灾害救援、医疗救助、爱心助学等多个方面。2021 年，顺丰公益基金会全年公益总支出为 9 889 万元，顺丰莲花助学项目累计资助贫困学生 30 152 名，顺丰暖心项目累计救助患儿及孤儿 14 794 名，乡村振兴专项帮扶补贴投入资金 1 300 万元。

10.2　创新发展

创新无疑是顺丰能够实现可持续发展的重要因素，在顺丰的发展历程当中，创新行为数不胜数，其中最为重要、成为顺丰发展的转折点的创新做法主要有这样几部分：

（1）积极响应国家政策，顺应时代发展调整战略。顺丰诞生于 1993 年，在改革开放进一步深化、中央明确了建立社会主义市场经济体制的要求以及中国经济快速发展的时代，它优先抓住了发展的先机，成为国内首家民营快递企业。发展初期，为了抢占市场，顺丰选择了低价的战略，随后在确定自身市场定位时，调整为以速度取胜，提升价格。不仅如此，在发展的各个阶段，顺丰始终将国家政策看作自己发展的重要背景与原则，坚持绿色发展、可持续发展。

（2）差异化竞争战略。顺丰在发展过程中积极调整自身竞争战略，在快递市场竞争激烈时，另辟蹊径选择了细分市场、坚持中高端市场定位，专注于发展快递运输的速度与服务质量，并在这样的基础上，制定了产品及服务、价格、促销以及渠道四个方面的差异化发展策略。

（3）直营式的经营管理模式。当加盟式的经营管理模式在快递业流行之时，顺丰及时发现了该模式的主要问题，并果断进行调整，放弃了加盟式所能带来的低成本优势，转为采取完全直营式的经营管理模式，从而实现了对快递运输质量与服务质量的保障。这是顺丰成功发展的重要基石。

（4）发展航空运输，成立自己的航空公司。在 2003 年租用飞机进行航空运输之后，顺丰真正开始了"快人一等"的运输模式。选择成立自己的航空公司，对于顺丰而言是发展的长远之计，立足于其以速度和质量为核心的运输要求，航空运输成为新时期顺丰发展的重要竞争优势。

（5）延伸价值链，创新配送方式。为了解决末端运输的难题，顺丰创新发展了新的末端配送方式，建立了顺丰"嘿客"便利店。这使客户可以灵活根据自己的时间状况，自行前往便利店进行收件或者发件，延伸了顺丰的价值链。

10.3 企业家精神

有一个果断而明方向的掌门人是顺丰的重要宝藏。王卫能够抓住市场发展的重要机遇，于 1993 年成立顺丰，并在顺丰发展的重要时期——1999 年做出直营化的重要决策，于"非典"暴发的危险时期——2003 年大胆选择与扬子江快运签下包机，开启顺丰的航空运输时代，并随后在 2017 年带领顺丰上市。王卫在顺丰的发展过程中无疑起到了极其重要的作用，他不仅仅帮助顺丰做出了一次次正确的决策，更重要的是帮助顺丰形成了自己独立的价值观念与文化，并始终以之促进顺丰的发展完善。

10.4 善于抓住时机应时而为

善于抓住时机应时而为也是顺丰成功的重要因素。顺丰擅长在高风险中坚定地做出决策，比如在 2003 年"非典"时期，虽然这时投入航空运输的成本会降低，但是快递企业面临的风险也同样不少，当其他快递公司忙于保全自己时，顺丰选择投入大量资本进行航空运输的投资。又如王卫曾公开表示顺丰不上市，但是在 2017 年，面对全行业竞相上市的情况，顺丰选择了对自己更加有利的方式快速上市，获得了后续发展所需要的重要投资。

今天，作为具有"天网 + 地网 + 信息网"网络规模优势的智能物流运营商，顺丰致力于为客户提供贯穿采购、生产、流通、销售、售后的一体化智慧供应链解决方案。

附录　顺丰大事记

1993 年，在广东顺德成立；同年，在香港设立营业网点。

1996 年，开始涉足内地快递，向华东和华北地区发展。

1997 年，几乎垄断深港货运。

2002 年，全面收权，大力变革组织结构，取消加盟制，改为直营制；在广东深圳设立总部。

2003 年，1 千克以内次日达业务价格从 15 元涨到了 20 元；与扬子江快运签下包机合同，成为国内第一家使用全货运专机的民营快递企业；为中国"非典"的防治工作捐款 200 万元。

2004 年，营业额达到 13 亿元；为希望工程捐赠 100 万元，荣获广东省青少年事业发展基金会"捐赠证书"。

2006 年，华北总部迁到北京空港物流园。

2007 年，在台湾设立营业网点，覆盖台北、桃园、新竹、台中、彰化、嘉义、台南、高雄等主要城市；被评为深圳市重点物流企业。

2008 年，在澳门特别行政区设立营业网点；发起"5·12 大地震，顺丰在行动"活动，累计捐款 937 万元并捐出可供 3 500 人使用的帐篷，组织 78 名志愿者赶赴灾区帮助救援和重建，地震后组织员工领养了 76 名孤儿。

2009 年，台湾遭"莫拉克"台风侵袭，上百名演艺工作者发起"赈灾义演"晚会，顺丰捐款 200 万港币；正式成立广东省顺丰慈善基金会；购买两架货运飞机，创立顺丰航空，成为国内第一个拥有飞机的民营快递企业。

2010 年，开通韩国全境的收派业务；开通对新加坡的国际物流，覆盖新加坡（除裕廊岛、乌敏岛外）的全部地区；顺丰"E 商圈"开始运营；青海玉树地震，顺丰新成立的航空公司无偿为灾区运送 42 组近 25 吨的发电组，同时为灾区捐款 1 000 万元。

2011 年，开通对日本、韩国、马来西亚的国际物流，覆盖韩国全境；顺丰电子商务有限公司注册成立；与 7-11 结盟，同时推出自营便利店；"顺丰宝"获得经营第三方支付牌照。

2012 年，开通对美国的国际物流；推出"尊礼会"，涉足电商；顺丰优选正式上线；顺丰优选原 CEO 刘淼退位，集团副总裁李东起上任。

2013 年，开通对泰国的国际物流；顺丰优选常温配送增至 74 城市；首次融资，三大入股机构约占 25% 的股份。

2017 年，在深圳证券交易所上市，"鼎泰新材"正式更名为"顺丰控股"。

2018 年，建立"顺丰机场"，成为中国第一个拥有自己的机场的民营快递公司。

2019 年，国际认证机构 DNV GL 向顺丰科技颁发 ISO/IEC 27701:2019 标准认证证书，顺丰成为物流行业全球第一家通过此标准认证的企业。

2021 年，《财富》公布了 2021 年最受赞赏的中国公司榜单，顺丰作为中国快递业的龙头企业，连续 5 年上榜，位列第 8 名。

（石明明）

第十章

弱势后发者的逆袭
——吉利集团

GEELY

大概30年前，我创立了浙江吉利控股集团，(现在) 它是中国乃至全球汽车产业的先驱者。——李书福

1. 引言

2010 年 3 月 28 日，中国民营汽车生产企业吉利集团与美国福特汽车公司在瑞典哥德堡签署了股权收购协议，该协议以 18 亿美元的收购价，将福特旗下瑞典沃尔沃汽车 100% 的股权以及相关资产（包括知识产权）纳入吉利集团旗下。此举立刻引发国内外各界人士对于吉利集团——一家名不见经传、在中国市场排名第 11 位的民营汽车生产企业——的广泛关注。作为一家 1997 年才进入汽车行业的小型民营企业，吉利集团是如何做到在短短 10 余年间获得国际知名企业的认可，并在竞标者云集的情况下，最终脱颖而出的呢？

从并购之初，这场被称为"蛇吞象"式的跨国并购就备受质疑，"汽车狂人"李书福是否有能力将一家有近百年历史且多年来一直亏损的老牌汽车生产企业带离破产的边缘？吉利集团是会从此次收购中受益，还是会被此次并购豪举拖垮？对此，各方

人士普遍持悲观态度。然而，并购后的沃尔沃汽车不仅在第二年就开始扭亏为盈，而且顺利于 2013 年在大庆、成都和张家口设立整车和动力总成制造工厂，并在上海设立研发机构，此后一直处于良性的发展态势。同样备受关注的是，作为"兄弟帮"的吉利汽车由于获得了沃尔沃汽车的技术支持，形成了均衡的产品线和完整的制造体系，在技术创新、品牌价值、市场规模和占有率方面都有长足的进步。

实现这一"惊险跳跃"之后，吉利集团加快了跨国并购的步伐。2014 年收购英国轻量化和增程式电动车领域的领导者绿宝石汽车公司（Emerald Automotive）。2017 年，收购马来西亚 DRB-HICOM 集团旗下宝腾汽车（PROTON）49.9% 的股份和豪华跑车品牌路特斯 51% 的股份。2018 年收购戴姆勒股份公司 9.69% 的股份，成为奔驰母公司的第一大股东，并随后收购了美国太力飞行汽车公司。截止到 2019 年，吉利控股集团连续 8 年成为世界 500 强企业，并跃居第 220 位，成为我国汽车工业由大变强的优秀范例。作为中国汽车产业的弱势后发者，吉利集团用跨国并购的方式实现的成功逆袭开创了新制造时代汽车企业成长的新模式。

2. 中国汽车产业的"江湖"

1956 年 7 月 14 日，中国人自己制造的第一辆汽车——"解放"牌载货汽车从长春一汽总装线上盛装下线，中国的汽车工业从此开始起步。60 余年的风风雨雨，中国汽车产业经历了从自力更生到打开国门，从寻找合资到民族自主品牌逐渐成熟，从无到有、从小到大、从诞生成长到成熟螺旋式的发展历程。

由于汽车产业是投资密集型的产业，规模经济效益显著，从 20 世纪 50 年代建立汽车产业起，中国政府对汽车产业一直保持严格的规制政策。1987 年，国务院北戴河会议确立了汽车产业"三大三小"的生产格局。"三大"即一汽、二汽、上汽 3 个汽车生产点；"三小"即北京吉普、天津小客车和广州标致。由于担心全国各地的汽车项目一哄而上，同时贯彻"高起点、大批量、专业化"的原则，1988 年，国务院发出通知，对汽车生产实施了严格的控制，除"三大三小"外，不再安排新的汽车生产点①。在改革开放方针指引下，中国汽车产业也由此进入全面发展阶段，主要体现为老产品（如解放、跃进和黄河车型）升级换代，结束 30 年一贯制的历史；调整商用车产品结构，开始改变"缺重少轻"的生产格局；与此同时中国汽车工业出现合资企业，开始引进资金和技术；行业管理体制和企业经营机制逐步发生变化，汽车品种大幅增加，汽车质量和生产能力大幅提高。

1983 年中国汽车工业的第一家合资企业——北京汽车制造厂与 AMC（美国汽车公司）合资成立的北京吉普汽车有限公司正式诞生。这是改革开放之初，中国规模最大、影响也最大的一家合资企业。为此，中美双方经历了 4 年半的艰苦谈判。1985 年3 月，上海大众成立，这是中国改革开放后第一家合资汽车企业，中德双方投资比例各占 50%，合同期限为 25 年；2002 年 4 月 12 日，投资双方将合营合同延长 20 年至2030 年。上海大众的诞生，结束了中国汽车工业"闭门造车"低水平徘徊的历史，开辟了利用外资、引进技术、加快发展的道路。

1994 年，国务院颁布《汽车工业产业政策》，指出"将促进汽车工业投资的集中和产业的重组"，也基本重申了"三大三小"的格局。尽管各地都在争取进入汽车行业，但由于整车项目和产品目录的严格控制，大部分被挡在了汽车市场以外。

然而，由于汽车产业在中国的高增长与高利润，人为的政策控制并不能彻底遏制民间资本和地方政府的造车冲动。1997 年，汽车产业"三大三小"一统天下的局面被打破，中国的汽车产业呈现出"3+X"的新格局，"3"是指一汽、东风、上汽 3 家骨干企业，"X"是指广汽、北汽、长安、南汽、哈飞、奇瑞、昌河、华晨等一批企业。吉利集团也是在这样的背景下踏进了中国汽车产业的大门。

3."汽车疯子"李书福

浙江吉利控股集团始建于 1986 年，总部设在杭州。集团从生产电冰箱零件起步，发展到生产电冰箱、电冰柜、建筑装潢材料和摩托车，1997 年进入汽车行业，一直

---

① 江诗松，龚丽敏，魏江. 转型经济背景下后发企业的能力追赶：一个共演模型：以吉利集团为例. 管理世界，2011（4）.

专注实业，专注技术创新和人才培养，不断打基础练内功，坚定不移地推动企业健康可持续发展。截止到 2020 年 3 月，吉利集团拥有超过 120 000 名员工，其中包括超 20 000 名研发和设计人员。公司总资产超过 3 300 亿元，连续 8 年成为《财富》世界500 强企业。目前，吉利集团旗下拥有沃尔沃汽车、吉利汽车、领克汽车、Polestar、宝腾汽车、路特斯汽车、伦敦电动汽车、远程新能源商用车等汽车品牌，规划于2020 年实现年产销 300 万辆，进入世界汽车企业前 10 强。吉利集团旗下汽车企业在上海、杭州、宁波、瑞典哥德堡、英国考文垂、西班牙巴塞罗那、美国加利福尼亚州建有设计、研发中心，研发设计、工程技术人员超过 2 万人，拥有大量发明创新专利，全部产品拥有完整知识产权。在中国、美国、英国、瑞典、比利时、白俄罗斯、马来西亚建有世界一流的现代化整车工厂，产品销售及服务网络遍布世界各地。这样一个世界级的汽车帝国是如何在短短的 20 年间打造出来的呢？这一切都要从吉利集团的创始人——"汽车狂人"李书福说起。

李书福 1963 年出生于浙江省台州市，创业之初，他不过是一个靠 120 元创业起家、在冰箱行业赚到第一桶金、在海南地产热中摔过大跟头的年轻人。但是这个年轻人一直有一个执着的梦想：造中国自己的高档汽车。1993 年，李书福去某大型国有摩托车企业参观考察，看见摩托车产销两旺的势头，决定率先进入摩托车领域。为此，他以数千万元的代价收购了浙江临海一家有生产权的国有邮政摩托车厂，开始生产摩托车，并在短短几年内成为全国知名摩托车生产企业。有了这个底气，1997 年李书福正式宣布要造汽车，但奈何得不到主管部门的许可。然而机会总是留给有准备的人，一次偶然的机会，李书福发现四川有一家生产小客车的企业濒临倒闭，于是李书福再次用收购的方式获得了该企业的小客车和面包车的生产权。吉利由此正式进入汽车生产领域。同年，李书福在接受访问时谈到他对汽车的认识，他说："汽车有啥了不起，不就是四个轮子、两部沙发加一个铁壳吗？"引起一片哗然。随后，他又在一个汽车论坛上放出豪言："（只要）我们中国人一开始造车，通用、福特就迟早要关门。"据说此话一出口，当场气得几个跨国公司代表中途退场。"汽车疯子"，从此成了李书福的外号。

然后，汽车行业的人士很快发现，李书福这个"汽车疯子"不容小觑。1999 年，第一辆吉利汽车"豪情"以5.8万元的价格正式上市，此后拉开了中国汽车行业全面降价的序幕，开创了汽车的2万元时代，加速了中国汽车的普及①。2001年，吉利成为中国首家获得汽车生产资格的民营企业。2003年吉利集团进入"中国汽车十强"行列。吉利汽车销量从1999年的不足2 000辆到截至2015年底累计社会保有量超过400万辆。2017年，吉利汽车市值突破1 500亿港币②。当然，吉利的发展并不是"毕其功于一役"的，而是通过探索和创新找到了一条基于跨国并购的跨越式成长路径。

4. 试水跨国并购

通过两次在国内开展的并购突破发展瓶颈，并在中国汽车行业逐渐站稳脚跟之后，李书福把他的视野放到了国外。自2002年起，吉利集团开始频繁地与国际汽车企业开展技术合作，合作对象包括意大利汽车集团、韩国大宇国际CES公司、德国瑞克等。通过国际合作，吉利集团在图纸设计、汽车造型、样车制作、整车开发等一系列流程上都有了质的提高。但是李书福并不满足于技术合作，而是决定通过并购从整体上提高企业的综合竞争力。他首先瞄准的是英国传统且最著名的出租车生产商——英国锰铜公司。

4.1 入主英国锰铜公司

英国锰铜公司是一家拥有70多年历史的公司，前身为轮船螺旋桨推进器制造商，成立于1899年。后来收购了英国黑色出租车的车身制造商Carbodies公司，成了英国经典出租车的继承者。但由于经营不善，锰铜公司卖了很多业务，最终只剩下出租车制造和零售业务，但由于规模太小、产品单一，在汽车业这个竞争激烈、规模为王的领域，其实际业绩却表现不佳，2006年上半年，锰铜公司在英国仅仅销售了1 106辆"黑色出租车"，生产线每日产量不到60辆。由于英国本土出租车市场容量有限，债务问

① 仇宝华，徐德明.基于动态视角的企业家思想体系与企业实践互动过程研究：以李书福演化发展式企业家思想为例.中国人力资源开发，2016（14）.
② 砺石商业评论."汽车疯子"李书福.中外企业家，2017（8）.

题也愈演愈烈，于是锰铜公司为了摆脱困境，开始寻求和国外制造商的合作以便在世界范围内扩大汽车市场^①。

吉利公司在2006年开始接触英国锰铜公司。当时初涉海外收购市场的吉利，非常谨慎，并没有采用全资并购的方式，而是收购了锰铜公司19.97%的股权。为降低锰铜公司的生产成本，吉利决定将其部分生产任务移至中国。为此，2006年，吉利、上海华普与英国锰铜公司成立合资公司英伦帝华，共同生产TX4车型^②。除整车制造TX4车型外，英伦帝华出租车大部分零部件也在中国生产，然后运至锰铜公司的英国工厂进行组装。但是，在全球金融危机和欧债危机的影响下，TX4车型产销量无比惨淡。最终锰铜公司进入破产程序，英伦帝华也持续亏损。

尽管英伦帝华、锰铜公司持续亏损，吉利仍表示看好其未来。2013年吉利按零现金/零债务模式以1 104万英镑收购锰铜公司的业务与核心资产，并将其改名为伦敦出租车公司。收购是通过吉利集团的子公司——吉利英国集团有限公司完成的，收购资产包括厂房、设备、不动产、全部无形资产（包括知识产权、商标、商誉等），以及锰铜与吉利在中国设立的合资工厂中的48%的股份和所有库存车辆。吉利董事长李书福称，这一模式下，吉利不提取锰铜公司账上任何现金，也不承担其任何债务。吉利制定了锰铜公司未来的发展计划，凭借其在汽车行业的经验，最大限度为其带来协同发展效应并提供商业机会。与此同时吉利还研究伦敦出租车公司未来的市场发展需求，在目前TX4车型的基础上开发新的车型，提升伦敦出租车公司车型的能源效率和环保性能，并探讨进入私人租赁市场的潜在可能性。2015年3月，吉利集团又宣布将投资2.5亿英镑（约合人民币23亿元），为伦敦出租车公司建设一座高技术、现代化的全新工厂，新工厂的年设计产能将达到3.6万辆，有望于2017年投产，主要用来生产下一代纯电动及超低排放的出租车。

这是吉利集团第一次尝试跨国并购，尽管有波折，但是从发展的过程来看，可以说获得了双赢的局面。吉利集团的并购为锰铜公司带来了快速的发展，也使其获得了

① 康凯，蒋石梅，王洋，等.基于跨国并购的创新之路：吉利的"走出去"和"引进来".（2015-09-28）[2020-04-02].http://www.cmcc-dut.cn/Cases/Detail/2123.
② TX4系列车型在英国拥有60多年的历史，是与劳斯莱斯、宾利齐名的英国品牌，是英国王室的指定用车、2002年英联邦运动会的礼宾车、2012年伦敦奥运会的指定用车。

低成本的零件和广阔的市场前景。而吉利集团则获得了锰铜公司的百年经验和优秀的品牌，在国际化上迈出了实质性的一步。

4.2 并购澳大利亚 DSI 公司

澳大利亚 DSI 变速器公司是一家集研发、设计、制造于一体的全球第二大变速器公司，拥有 80 多年生产自动变速器的历史，具有深厚的技术积累与经验传承，是美国福特和克莱斯勒、韩国双龙、印度马新爵等世界著名汽车公司的供货商。受 2008 年全球金融危机的影响，福特等客户在市场上受到严重冲击，导致对 DSI 公司生产产品的需求急剧下降，公司订单减少，DSI 公司的正常经营受到严重影响，公司效益下降明显，资金链断裂。2009 年 2 月 DSI 公司被迫进入破产程序。

吉利集团拥有小排量小扭矩变速器的技术和生产能力，但是缺乏大排量大扭矩的技术和生产能力。为此，吉利集团一直在瞄准世界上的先进技术，希望有机会弥补自己在高端变速器领域的短板。得知 DSI 公司宣布破产重组的消息后，吉利董事长李书福和公司高层果断决策，全资收购 DSI 公司。

收购完成后，吉利将 DSI 公司自动变速器研究开发团队、技术数据库、生产工艺和关键零部件供应商全部吸收，使得 DSI 公司由一个独立变速器公司变成吉利集团内部的自动变速器公司，订单得到保障。另外，吉利集团制定了一套适合全球发展的新战略。首先恢复对福特的供货，然后迅速在国内实现了量产，陆续建成了多个生产基地，大规模生产 DSI 自动变速器，把 DSI 公司的产品和技术引入中国汽车行业，向中国汽车企业提供世界先进的自动变速器产品，除了已在自己的产品上搭载，长城等中国汽车品牌的产品也陆续搭载了 DSI 技术。同时吉利为 DSI 公司在中国寻求低成本采购零部件的途径，为其新产品研发提供资金支持，确保 DSI 公司在国际市场上的领先地位。这些举措有效地扭转了 DSI 的颓势，使其在不到半年的时间内就实现了扭亏为盈。

其次，吉利在保留澳大利亚 DSI 公司原有研发生产体系的基础上，还将其成熟的 6 速自动变速器产品引进国内生产。2011 年，DSI 公司在中国的第一家工厂于湘潭基地建成投产，用与澳大利亚相同的技术和质量标准组织生产，现在吉利的各级别汽车搭载的都是 DSI 公司的 6 速自动变速器。这在很大程度上打破了外资、合资品牌在汽车核心零件中的垄断地位。所以，收购澳大利亚 DSI 公司对于吉利有重大的战略意义，它拓宽了吉利自动变速器的产品线，改变了中国汽车行业自动变速器产业空白的局面，实现了本土化采购①。

2014 年吉利集团做出了一个令人惊讶的举措，将 DSI 公司 61% 的股份出售给独立汽车零配件制造商——宁波双林汽车部件股份有限公司，将 29% 的股份出售给金沙江创投境外公司，自己旗下公司仅留有 10% 的股权。在接受采访时，吉利集团的高管表示，吉利希望 DSI 公司自动变速器不但装配吉利旗下整车，还要出售给国内其他汽车整车企业。但作为吉利竞争对手的其他自主品牌汽车企业在采购 DSI 公司产品时相对谨慎，致使 DSI 公司业务拓展上受到制约。吉利集团将 DSI 公司的控股权转让给其他企业，有利于中国其他自主汽车企业能放心采购 DSI 公司的变速器，也有利于中国自动变速器产业链的发展。

5. "惊险一跳"：全资收购沃尔沃

自 1927 年第一辆沃尔沃汽车下线以来，沃尔沃这个品牌响彻全球 80 余年。80 余年来，安全、环保、品质作为品牌的核心价值，始终贯穿在沃尔沃汽车发展的历程之中。如今，总部设在瑞典哥德堡的沃尔沃汽车公司，在全世界超过 100 多个国家设立了销售和服务网络，拥有 2 400 多个销售点。

1999 年，沃尔沃嫁入豪门福特，成为福特旗下的一个成员。在福特经营的 10 年时间里，在竞争对手积极开拓新兴市场的时候，沃尔沃却在经营中出现了市场推广和产品开发方向受限、市场布局与品牌定位冲突、成本居高不下、动力研发与平台共享矛盾等一系列问题，沃尔沃汽车销量不但没有上升，反而呈现下降趋势。随着 2008 年全球金融危机的蔓延，由于汇兑损失、资产分离成本和裁员成本等原因，沃尔沃汽车出现巨额亏损②。根据波卡尔信息咨询公司的数据，从 2005 年至 2009 年，沃尔沃汽车在豪华车市场的份额从 10% 下滑到了 8%，其

① 苏友珊.吉利汽车的全球并购.清华管理评论，2016（7/8）.
② 税前利润为 -14.65 亿美元。

中欧洲和北美市场份额都下降了 10% 左右，北美地区下滑最为严重 ①。2009 年
4 月，福特公开宣布出售旗下豪华乘用车品牌沃尔沃。

5.1 "蛇吞象"式的跨国并购

据了解，2002 年李书福就曾表露了其收购沃尔沃的想法。据知情人称，尽管李书
福总有很多想法，但是当时吉利还很小，所以并没有人把他的那番豪言壮语当真。金
融危机的爆发和不断走低的美国汽车业，给了李书福机会。2007 年初，穆拉利从波音
来到福特担任 CEO，随即提出了 "One Ford" 的战略，决定出售旗下多个汽车品牌。
听此消息后，李书福欣喜若狂。2007 年 9 月，福特美国总部收到一封挂号信，李书福
通过公关公司向福特阐明了收购沃尔沃的想法，由于吉利名不见经传，收购意向也没
有引起福特高层的重视。

2008 年初在底特律车展上，李书福在公关公司帮助下第一次见到了福特财务
总监、董事会办公室主任和采购总监等一干人，再次向福特提议收购沃尔沃。但是这
次沟通并不成功。2009 年初的底特律车展上，李书福又一次拜访福特高层，表明吉
利收购沃尔沃的诚意。李书福幽默地对穆拉利说："这次我准备得很充分，顾问团队
都请好了，可不能再让我失望了。"这一次拜访给福特高层留下了深刻印象，穆拉利
表示，一旦出售沃尔沃，将第一时间通知吉利。不久，福特公司就派出了以独立董事
约翰·桑顿为首的代表团参观吉利集团，考察吉利是否真的有收购沃尔沃的实力和
诚意。

2009 年 5 月，瑞典一些官员、学者公开在报纸上撰文，反对中国企业收购沃尔沃，
原因在于两者在文化和企业管理理念上存在巨大差异、中国知识产权保护力度弱，同
时还对收购后是否能够扭亏为盈存在担心。7 月，除了法国雷诺汽车公司外，美国皇
冠公司（CROWN）和一家瑞典财团也加入竞标的阵营，吉利并购团队倍感压力。经
过充分准备，在竞标中，吉利并购团队系统地阐述了并购后沃尔沃的运营模式、盈利
模式以及并购资金的融资方式，强调了庞大的中国市场是沃尔沃扭亏为盈的关键，运

---

① 郭焱，杨跃虎.吉利收购沃尔沃：中国汽车自主品牌的突围.（2012-11-20）[2020-04-02]. http://
www.cmcc-dut.cn/Cases/Detail/1058.

营好沃尔沃品牌以及爱护沃尔沃的员工、保障员工的利益，是吉利的责任和义务，等等。吉利并购团队的"真情表白"赢得了福特高层的赞誉，同时也获得了沃尔沃员工的支持。

2009 年 10 月 31 日，福特公司终于在众多竞购者当中做出了选择，将吉利集团列为优先竞购者；同年 12 月 23 日，吉利与福特双方就并购沃尔沃汽车项目一事达成框架协议①。2010 年 3 月 28 日，经过漫长的等待、努力后，吉利与福特正式签署最终股权收购协议，吉利以 18 亿美元的价格收购沃尔沃汽车公司，其中 2 亿美元以票据方式支付，其余以现金方式支付；并购后吉利拥有沃尔沃 100% 的股权以及相关资产。2010 年 8 月 2 日，吉利和福特在伦敦签署交割协议，沃尔沃汽车公司成为吉利子公司。对所有的吉利人来说，这一天的意义重大，正如李书福所言："对吉利来说，这是具有重要历史意义的一天，我们对能够成功收购沃尔沃汽车公司感到非常自豪。"至此，这一并购过程画上了圆满的句号。

吉利此次收购沃尔沃，除拥有其 100% 的股权外，还包括以下八项资产：一是沃尔沃商标的全球所有权和使用权；二是 10 个系列可持续发展的产品，全时四驱汽车及核心零部件技术，3 个高效节能环保的产品平台及发展升级策略；三是世界领先的全新沃尔沃 SPA 平台，全球最高水平的汽车安全中心，全球最高水平的汽车道路试验场；四是哥德堡 / 托斯兰德、比利时根特市、乌德瓦拉、马来西亚 4 个整车厂约 56.8 万辆的物理产能及先进的制造装备设施；五是 1 家发动机公司及 3 家零部件公司和 1 家拥有 40% 股权的生产变速箱、悬架及底盘附件的公司，还有 1 家面向全球市场的仓储物流中心；六是拥有 83 年整车和关键零部件开发经验、数据库齐全、设施完整先进、卓有成效的数字化汽车设计开发平台，以及 4 000 名高素质科研人才的研发体系和能力；七是分布于 100 多个国家的 2 325 个网点的销售服务体系；八是涵盖发动机、整车、平台、模具、安全技术、电子控制技术等领域的 10 000 多项专利和专用知识产权，价值数十亿美元的无形资产②。

①　李海东，王善永. 吉利并购沃尔沃及并购绩效评价.（2012–03–27）[2020–04–02].http://www.cmcc–dut. cn/Cases/Detail/783.

②　李书福. 吉利传奇："蛇吞象"的奇迹. 全球化，2011（C1）.

5.2 "放虎归山"

与福特汽车成功交割沃尔沃之后，李书福确定的基本发展战略是：吉利是吉利，沃尔沃还是沃尔沃，吉利和沃尔沃是兄弟之间的关系。沃尔沃的定位是豪华汽车品牌，吉利是大众化汽车品牌。二者之间将是相互学习、共同进步的关系。

李书福说："我们接下来的任务是放'虎'归山，尽快恢复沃尔沃的往日雄风。沃尔沃必须重新找回自我，才能实现伟大复兴。"为此，李书福聘请大众北美地区CEO雅各布担任沃尔沃汽车全球总裁兼CEO，由其全权组建领导班子。不久，新产品XC60、S60、S80L、T4上市取得成功，员工满意度也达到84%，是沃尔沃近几十年来历史最高水平。尽管在并购之初，国内外各方对这场"蛇吞象"的跨国并购表示出普遍的担忧，但是，李书福及其团队用业绩告诉大家，这种担忧是不必要的。

2011年，吉利总收入约209亿元，同比增长4.3%，净利润15.4亿元，同比增长12.8%。该年吉利海外收入占营业收入的比例达到了73%，海外资产占总资产的比例高达67.33%，吉利的营业收入和资产国际化水平已达到欧洲发达国家跨国公司的水平，成为中国首家真正意义上的汽车跨国公司。2011年沃尔沃在全球的销量也增长了50%，其中中国市场增长了50%，日本与德国市场的增长率也在50%左右。由此，沃尔沃汽车实现了全球市场的扭亏为盈。沃尔沃在中国的销量从2001年的2 000辆发展到2011年的47 000多辆，实现了在华销量的持续上升。2012年3月9日，备受关注的吉利汽车与沃尔沃汽车合作事宜进入实质性阶段，双方就沃尔沃汽车公司向吉利集团旗下公司转让技术达成协议，开启了深入合作的大门。为全面提升吉利汽车品质，打造吉利汽车旗下高端品牌，吉利方面将使用沃尔沃汽车授权的先进技术。

目前，吉利在全球拥有四大研发中心，研发人员超过万名，研发投入远高于行业水平，形成了强大的技术研发体系和技术原创能力。除此之外，成功收购沃尔沃汽车后，吉利拥有了其八项重要资产，实力大为增强。

谈及此次并购，李书福说："收购沃尔沃汽车对吉利控股集团的重要性不言而喻。它是吉利控股集团走向全球化的里程碑，帮助开拓了吉利的国际化经营道路；与此同时，吉利通过这起并购帮助自身快速进化，而沃尔沃汽车和吉利汽车之间实现的协同效应也为吉利控股集团未来的整体发展提供着持续动力。"

完成了"惊险一跳"，李书福又有了新的规划。2016 年 6 月，吉利集团提出了"2020 战略"规划。李书福称，吉利集团将以安全、健康、新能源、互联网和自动驾驶作为企业发展的战略方向，全面布局，彻底转型，成为引领技术潮流和满足市场需求的新型汽车公司。在新能源汽车领域，吉利部署了"蓝色吉利行动"，目标是到 2020 年新能源汽车销量占吉利整体销量的 90% 以上，实现新能源技术、智能化技术、轻量化技术在行业的领先地位等。同时，吉利汽车集团到 2020 年实现年产销超 300 万辆目标，进入全球汽车企业前 10 强，同时成为最具竞争力和受人尊敬的中国汽车品牌。为了实现这一宏伟的战略目标，吉利集团进入了新一轮的跨国并购。

6. "投资全球"：吉利的"汽车版图"

沃尔沃汽车收购案的成功令吉利增强了其在全球汽车产业链中的话语权。此后，吉利"投资全球"的步伐进一步加快。截止到 2017 年底，李书福率领的吉利集团已拥有沃尔沃汽车、Polestar、领克汽车、吉利汽车、英伦电动汽车、远程商用车等多个汽车品牌。此外，吉利集团还对宝腾汽车、路特斯汽车及太力飞行汽车进行了战略性投资。2018 年 2 月 24 日，戴姆勒官方证实，吉利集团成为其第一大股东。这是继 2010 年出手沃尔沃之后，吉利集团又一次大手笔的海外收购。至此，李书福的汽车版图已经清晰，吉利"投资全球"的战略已正式成形。

6.1 收购马来西亚国宝级品牌——宝腾汽车

宝腾汽车建立于 1983 年，是 DRB-HICOM 集团旗下全资子公司，在马来西亚第 4 任总理马哈蒂尔的主导下而建立，也是马来西亚最大的汽车公司，目前东南亚地区唯一成熟的整车制造商，业务范围覆盖英国、中东、东南亚及澳大利亚。1996 年，宝腾成功收购了英国路特斯（Lotus）国际公司，自此具有独立完成从汽车开发到生产的能力，从单一的国内生产商发展成为产品款式多样、满足国内外不同需要的汽车生产商。目前,宝腾旗下的豪华跑车品牌路特斯是汽车界当之无愧的实力派,技术底蕴深厚,品牌魅力享誉世界。

作为马来西亚的国宝级品牌，宝腾汽车在鼎盛时期曾占马来西亚国内 3/4 的市场份额，是马来西亚民族自豪感和工业精神的象征。但是近年来宝腾市场份额不断萎缩。随着马来西亚市场的进一步开放，保护政策逐渐被取消，其竞争力日益衰退。2016 年，宝腾在马来西亚只卖出了 7.2 万辆车，仅占市场份额的 12%，公司净亏损约合 16 亿元人民币。为此，马来西亚政府也提供过资金援助，但效果并不明显。

2017 年 6 月 23 日，经过 5 年的接洽和协商，吉利与马来西亚 DRB-HICOM 集团签署最终协议，以 11.7 亿元人民币的出资收购 DRB-HICOM 集团旗下宝腾汽车 49.9% 的股份以及豪华跑车品牌路特斯 51% 的股份。吉利集团成为宝腾汽车的独家外资战略合作伙伴。李书福承诺，吉利将为宝腾输出产品、技术、管理等，以让宝腾赶上智能化、电动化的发展趋势，实现后来居上。吉利也会保持宝腾和路特斯品牌的相对独立性，但在运营上会以吉利为主导。

这次收购对双方来说都是极大的利好。对于吉利公司来说，收购宝腾汽车的战略意义不言而喻。马来西亚是东盟自由贸易区成员，这使得吉利可以零关税出口汽车到东盟各国，而如果没有这个桥头堡，直接从中国出口，这些国家的关税在 30% 以上。宝腾将成为吉利汽车对整个东南亚及其他右舵车市场都很重要的战略布局。借助马来西亚乃至东南亚，吉利将撬动更大的市场蛋糕。对于 DRB-HICOM 集团来说，吉利也是其救星。正如 DRB-HICOM 集团总裁萨义德所说："吉利、沃尔沃、伦敦出租车等知名品牌的成功经验证明了吉利控股集团的跨品牌国际化运营能力，以及其对合作伙伴的尊重和支持。有了吉利帮助，宝腾能大幅提升设计研发能力和产品品质，加速推出满足市场需求的新产品，在东南亚市场抢占更高市场份额。"

6.2 收购美国太力飞行汽车公司

太力飞行汽车公司（Terrafugia）创立于 2006 年，是美国硅谷三大飞行汽车企业之一，创始人是 5 个美国麻省理工学院的毕业生。这家公司创立之初，就是为了造出能够飞行的汽车。在 2009 年，他们发布了第一款飞行汽车，名为"Transition"。需要说明的是，这是一辆实车，并且真的能够飞起来。Transition 有两个座位，在天上开起来和传统运动飞机差不多，空中续航为 640 千米，最高时速为 160 千米 / 时。2009 年，又发布了第二款 Transition 车型。2017 年，又推出了一款 TF-X 概念飞行汽车，该车是一款混合动力飞行汽车，有垂直起降的能力，机翼同样可折叠。空中的续航里程达到了 800 千米，空中极速为 320 千米 / 时。

2017 年 11 月 13 日上午，吉利集团与美国太力公司达成最终协议，吉利集团全资收购太力公司，未来吉利方将主导管理企业的发展。太力公司的注册地及总部将继续留在美国，并专注于现有的飞行汽车的研发和生产工作。吉利集团将利用在汽车行业中积累的深厚技术专长和创新经验帮助和支持太力。吉利集团承诺，并购完成后将对太力进行更多投资，创造更多的高新技术相关的就业机会。据悉，在 2017 年第三季度太力的美国研发团队人员数量已扩大了三倍。未来，来自中国的技术人员也会加入研发生产工作中。

6.3　收购全球第一大豪华车生产商——戴姆勒公司

戴姆勒股份公司（Daimler AG）成立于 1890 年，创始人是戴姆勒和迈巴赫，总部位于德国斯图加特，是全球最大的商用车制造商，全球第一大豪华车生产商、第二大卡车生产商。公司旗下包括梅赛德斯-奔驰汽车、梅赛德斯-奔驰轻型商用车、戴姆勒载重车和戴姆勒金融服务等四大业务单元。2018 年 7 月 19 日，《财富》世界 500 强排行榜发布，戴姆勒股份公司位列第 16 位。

2017 年 11 月吉利集团与戴姆勒进行了接触，希望以最多 45 亿美元收购戴姆勒 3%~5% 的股权。但是由于戴姆勒长期股东不希望股份被摊薄，因此拒绝了吉利集团以折让配股方式收购的方案，但是对吉利在二级市场的增持持欢迎态度。2018 年 2 月 24 日，吉利集团宣布通过旗下海外资金主体在二级市场上收购戴姆勒股份公司 9.69% 的股份，成为奔驰母公司的第一大股东，交易金额约为 90 亿美元，这是中国公司在西方汽车行业中最大的一笔投资。据外媒报道，吉利收购戴姆勒股份意在获得董事会席位，进而推动吉利与戴姆勒在新能源汽车出行、自动驾驶、线上服务等领域的合作，以应对汽车制造行业即将面临的巨大变革。吉利集团董事长李书福表示，"很高兴能在戴姆勒未来发展道路上伴随其成长，助力其成为电动出行和线上技术服务领域的佼佼者"，并将"遵守戴姆勒公司的企业章程和治理架构，尊重公司的文化和价值取向"①。

此次收购，对吉利集团来说可谓一举三得：其一，入股戴姆勒，对吉利品牌价值提升意义重大。通过收购众多国际汽车品牌，对多家国际知名汽车企业进行战略性投资，再加上戴姆勒的加持，吉利的品牌价值在全球汽车市场足可以与大众、通用、丰田抗衡。其二，吉利在大举进行汽车产业资源的整合与布局的同时，对新能源汽车的研发迫切需要技术支持，若能引入戴姆勒的电动汽车电池技术，并适时推出与戴姆勒的电动车合资品牌，则可进一步助力自己抢占新能源汽车市场。其三，在技术反哺与价值提升的同时，这笔收购更是一笔明智的资产配置，因为戴姆勒的业绩非常优秀。2016 年，戴姆勒净利润达 87.8 亿欧元，2017 年净利润同比增长 24%，达 109 亿欧元，每股盈余也从 2016 年的 7.97 欧元增至 2017 年的 9.84 欧元。因此，吉利集团的这笔投资从未来的财务收益上看也非常可观。

7. 结语

吉利的跨国并购在中国汽车行业并不是独创，上汽入主韩国双龙，上汽、南汽竞购英国罗孚，北汽收购瑞典萨博，都要先于吉利的跨国并购，但是它们无一例外都失败了，甚至造成了巨额的亏损。这些企业都具有国有成分，而大部分中国民营汽车企业对外直接投资是与当地汽车公司合作，或企业独资在东道国进行新建投资，直接控制旗下车型在当地的组装和销售。这些企业对外直接投资东道国大多是乌拉圭、巴西、伊朗和马来西亚这些南美、中东和东南亚等汽车业发展相对落后的发展中国家。吉利作为民营企业，其对外投资并没有采取新建投资而是选择并购这一屡屡让国有企业亏损的方式。吉利对外直接投资的东道国是欧洲、澳大利亚这些汽车业发展相对先进的发达地区。相比发达国家汽车业不具有竞争优势的吉利，正是通过并购来获取技术和知识性优势。相比于中国其他汽车企业，吉利集团为什么会取得跨国并购的成功呢？

笔者认为，首先，吉利的跨国并购不仅是一个"走出去"的故事，还是一个"引进来"的故事。通过跨国并购，吉利引进了技术、商誉和销售渠道。吉利的并购模式可称为

---

① 焦龙. 吉利收购戴姆勒 9.69% 股份，成最大单一股东. (2018-02-24) [2020-04-02].http://news.bitauto.com/zonghexinwen/20180224/0907261300.html.

"反向并购"——并购的目的不在于扩张，而在于固本；不在于获得市场，而在于获得影响；不在于获得人才，而在于获得技术。吉利的这种"反向并购"，完全绕过了跨国并购中通常难以回避并导致大部分并购失败的陷阱，即一味地争取市场，一味地选择扩张。通过并购的"引进来"，吉利汽车研究院在中国汽车业首次创造性地提出并推行产品平台战略和通用化建设，完成了5大技术平台、15个产品平台和40多款车型的整车产品规划和相应的动力总成规划①。

其次，吉利在跨国并购的同时，从来没有放弃在技术创新方面的投入。在过去几年内，吉利汽车在研发领域的投入远高于行业平均水平，不仅投资200亿元与沃尔沃联合开发了CMA中级车基础模块架构，还在智能互联、自动驾驶、新能源等前瞻性技术上展开了布局，不算硬件设施投资，2016年吉利汽车仅研发投入就达80亿元。在专利技术方面，目前吉利申请专利位列国内主机厂前三名，共计14 000余件，被列入"中国企业知识产权自主创新十大品牌"。此外，吉利还非常重视高端人才引进，是高端人才最多的民营汽车企业。随着新能源汽车、智能汽车概念的提出，吉利集团也在积极地投入到更节能环保、更方便用户，以及更加创新的汽车的研发，正如李书福所说："汽车一定会电动化、智能化，一定会成为智能空间移动终端，一定会帮助车主解决更多的困难和问题等等。但是，所有这一切，都需要我们从根本上掌控核心科技，必须形成线上线下两方面的智能优势，缺一不可。"②

再次，全球经济环境的变化，以及中国市场的规模和影响力也是吉利跨国并购式的进化史中的重要推手。2001年中国加入WTO，由此也开启了中国汽车市场的黄金10年。其间，中国汽车产销量从200万辆增长到1 800万辆，年均增速高达20%以上，一举成为全球第一大汽车销售市场，且继续呈现上扬的趋势，2013年突破2 000万辆。由于中国汽车市场的规模和增长前景，一方面给了本土车企以很大的发展空间，另一方面也成为国外知名汽车企业梦想进入的市场，因此同中国具有影响力和实力的汽车企业合作就成为国际汽车公司的战略选择。这也是吉利集团得以通过跨国并购实现快速发展的重要因素。正如李书福在收购沃尔沃时所说："世界需要吉利和沃尔沃携手为汽车产业的发展做出更大的贡献。"

① 康凯，蒋石梅，王洋，等.基于跨国并购的创新之路：吉利的"走出去"和"引进来"（2015-09-28）[2020-04-02].http://www.cmcc-dut.cn/Cases/Detail/2123.
② 李书福.我的汽车梦.经理人，2018（7）.

今天，吉利集团坚定不移地推动企业转型升级和可持续发展，致力于成为具有全球竞争力和影响力的智能电动出行和能源服务科技公司，业务涵盖汽车及上下游产业链、智能出行服务、绿色运力、数字科技等。吉利控股集团在中国上海、杭州、宁波，瑞典哥德堡、英国考文垂、美国加州、德国法兰克福等地建有造型设计和工程研发中心，研发、设计人员超过 2 万人，拥有 2.6 万余项创新专利。在中国、美国、英国、瑞典、比利时、马来西亚建有世界一流的现代化整车和动力总成制造工厂，拥有各类销售网点超过 4 000 家，产品销售及服务网络遍布世界各地。吉利集团现资产总值超 5 100 亿元，员工总数超过 12 万人，连续十年进入《财富》世界 500 强（2021 年排名 239 位），是全球汽车品牌组合价值排名前十中唯一的中国汽车集团。

附录一　浙江吉利控股集团业务板块

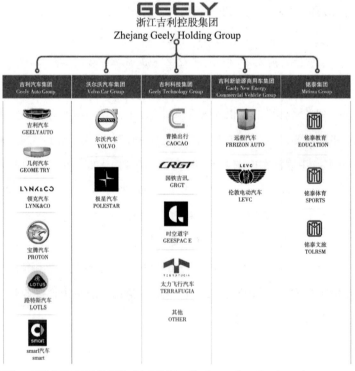

资料来源：吉利集团官网.[2020-04-02].http://zgh.com/our-business/.

附录二　吉利集团海外并购历程

年度	收购对象	收购行为	控股比例（%）	国家
2006	英国锰铜	控股收购	19.97	英国
2009	澳大利亚 DSI	全资收购	100.00	澳大利亚
2010	沃尔沃	全资收购	100.00	瑞典
2013	英国锰铜	增资收购	100.00	英国
2017	宝腾	非控股收购	49.90	马来西亚
2017	路特斯	控股收购	51.00	英国
2018	戴姆勒	控股收购	9.69	德国

资料来源：苑泽明，顾家伊，富钰媛．"蛇吞象"海外并购模式绩效评价研究．会计之友，2018（16）.

附录三　浙江吉利控股集团大事记

1986 年，李书福以制造冰箱配件为起点，在浙江台州开始创业。

1996 年，成立吉利集团有限公司，第二年进入汽车产业。

1998 年，吉利汽车自主研发的第一台汽车"豪情"在浙江临海正式下线。

2001 年，JL6360、HQ6360、HR6370、MR7130 四款车登上国家经贸委发布的中国汽车生产企业产品公告，使吉利成为中国首家获得汽车生产资格的民营企业。

2003 年 1 月，规划年产 30 万辆汽车的台州吉利汽车工业城总装厂竣工；吉利自主研发的 MR479Q 系列发动机通过国家计划单列市级新产品鉴定；浙江吉利控股集团有限公司成立。

2005 年，吉利在香港成功上市。吉利汽车是第一家在港交所上市的中国汽车制造商，股票代码为 HK0175；在世界品牌实验室发布的"中国 500 最具价值品牌"榜单中，吉利以品牌价值 55.37 亿元跻身前百强。

2006 年，吉利控股集团购买了英国锰铜公司（伦敦经典黑色出租车的制造商）19.97% 的股份，成为锰铜控股的最大股东，随后合资成立了上海英伦帝华公司，生产伦敦经典黑色出租车，并在中国市场销售。

2007 年，吉利 CK-1CKD 组装项目正式落户印尼。

2009 年，吉利汽车收购了世界第二大自动变速器生产商澳大利亚 DSI 公司并在中国成立工厂生产。DSI 公司的变速器被应用在吉利生产的多款车型上。

2010 年，吉利控股集团从福特汽车手中全资收购了沃尔沃汽车。收购合同在 2010 年 3 月 28 日签署，资产交割在 2010 年 8 月 2 日全部完成。

2012 年，浙江吉利控股集团有限公司第一次跻身《财富》世界 500 强企业榜单。

2013 年 2 月，吉利控股集团以 1 104 万英镑收购英国百年企业——锰铜公司的核心资产与业务，并将其改名为伦敦出租车公司，从而完全拥有了伦敦经典出租车及其附属资产。

2013 年 2 月，吉利汽车欧洲研发中心（CEVT）在哥德堡成立，以开发下一代中型车模块化的架构和关键部件。

2013 年 2 月，中国政府批准沃尔沃汽车在大庆、成都和张家口设立整车和动力总成制造工厂，在上海设立研发机构。

2013 年，吉利汽车和康迪电动车成立合资公司新大洋电动车科技有限公司，在部分中国城市开发电动车分时租赁业务。

2013 年，沃尔沃 S60L 在成都投产。S60L 是沃尔沃汽车第一款在中国制造的车型，产地为中国成都。S60L 是专门为中国市场而加长的车辆。

2014 年，吉利控股集团收购了轻量化和增程式电动车领域的领导者——绿宝石汽车公司。

2014 年，自吉利控股集团收购沃尔沃汽车后，第一款全新的沃尔沃汽车 XC90 在瑞典的斯德哥尔摩问世。

2014 年，吉利汽车发布全新品牌战略。吉利汽车合并帝豪、英伦、全球鹰品牌，设立新的品牌结构。同年，吉利汽车发布了"造每个人的精品车"的品牌使命。

2015 年 3 月，吉利控股集团宣布投资 2.5 亿英镑，为伦敦出租车公司建设一座高技术、现代化的全新工厂，用于生产下一代具有零排放能力的出租车。同年 10 月，宣布加大在英国的研发投入，即在原有投资的基础上增加 5 000 万英镑，使得吉利控股集团对伦敦出租车公司的总投资达到 3 亿英镑。

2015 年 7 月，吉利控股集团与碳循环国际公司在冰岛首都雷克雅未克举行签约仪式，吉利控股集团向碳循环国际公司投资 4 550 万美元（约合 2.8 亿元人民币），成为其重要股东并派驻董事会成员。

2016 年，吉利博越、帝豪 GS、帝豪 GL 等吉利第三代精品车型的发布和上市，宣告吉利汽车正式迈进"精品车 3.0 时代"。

2016 年，沃尔沃汽车于底特律发布全新的 S90 高级汽车。

2016 年，吉利汽车发力 SUV（运动型实用汽车）市场。2016 年为吉利汽车 SUV 战略元年，在保持传统汽车方面优势的同时，吉利汽车全面发力 SUV 市场，先后推出三款 SUV 车型。

2016 年，吉利控股集团发布其第一只绿债，也是首只汽车行业的绿债。绿债为吉利控股集团带来 4 亿美元资金用于伦敦出租车公司的发展。

2016 年，吉利汽车集团发布"2020 战略"，到 2020 年实现年产销超 300 万辆目标。

2016 年，吉利汽车集团发布 LYNK & CO 全新品牌，其超前的模块化开发理念、个性鲜明的设计语言、无间互联的创新技术、全新的商业模式和用户体验为汽车工业注入了全新的气息。

2016 年，浙江吉利控股集团正式宣布成立吉利新能源商用车公司（GCV），由新发布的远程汽车以及伦敦出租车组成，聚焦新能源商用车的研发、制造、销售和服务，是对吉利控股集团战略版图的进一步完善。

2016 年，沃尔沃汽车宣布在中国大庆制造基地生产全新 S90 长轴距版。

2016 年，沃尔沃在瑞典筹资 50 亿瑞典克朗。沃尔沃汽车向一批瑞典机构投资者发售了可转换优先股，募集了 50 亿瑞典克朗。三家瑞典机构投资者分别为两家瑞典国家养老基金公司 AMF 和 AP1，以及瑞典 Folksam 保险公司。

2017 年 7 月，伦敦出租车公司（London Taxi Company，LTC）宣布正式更名为伦敦电动汽车公司（London Electric Vehicle Company，LEVC），并发布了全新品牌

logo。这标志着公司正式开启了面向全球新能源城市商用汽车市场的转型。

2017年11月，吉利集团与美国太力飞行汽车公司达成最终协议，吉利集团全资收购太力公司，进入飞行汽车制造领域。

2017年，吉利新研究院落成并启用。全面启用的吉利汽车（杭州湾）研发中心设在宁波杭州湾新区，占地415亩，总建筑面积34万平方米，总投资62亿元，是吉利汽车研究院总部和研发大本营。该研发中心汲取了全球资源和技术，按照国际一流的标准打造，由整车研究院、汽车动力总成研究院、新能源汽车研究院、汽车创意设计中心构成，拥有国内先进的研发技术中心、整车试验中心、动力总成试验中心、整车试制中心及生活配套措施，集设计研发、试验试制、质量控制、供应商协同开发于一体，能够进行汽车关键零部件试验和总成试验、新能源电机的性能试验、底盘耐久试验、整车分析评价、结构研究及测量等。

2017年，吉利汽车与宝腾汽车及路特斯汽车成为战略伙伴。2017年6月，浙江吉利控股集团与马来西亚DRB-HICOM集团签署最终协议，收购DRB-HICOM集团旗下宝腾汽车49.9%的股份以及豪华跑车品牌路特斯51%的股份。

2018年2月，吉利集团通过旗下海外资金主体在二级市场上收购戴姆勒股份公司9.69%的股份，成为奔驰母公司的第一大股东。

2019年4月，吉利汽车集团旗下纯电品牌——几何正式发布，致力未来将其打造为"全球用户纯电出行的首选品牌"。

2020年11月，中国汽车工程师协会授予吉利控股集团代表其最高荣誉的"中国汽车工业科技奖"。

参考文献

[1] 王千马，梁冬梅.新制造时代：李书福与吉利、沃尔沃的超级制造.北京：中信出版社，2017.

[2] 康凯，蒋石梅，王洋，等.基于跨国并购的企业创新之路：吉利的"走出去"和"引进来".（2015-09-28）[2020-04-02].http://www.cmcc-dut.cn/Cases/Detail/2123.

[3] 砺石商业评论."汽车疯子"李书福.中外企业家，2017（8）.

[4] 郭焱, 杨跃虎. 吉利收购沃尔沃: 中国汽车自主品牌的突围. (2012-11-20) [2020-04-02]. http://www.cmcc-dut.cn/Cases/Detail/1058.

[5] 李海东, 王善永. 吉利并购沃尔沃及并购绩效评价. (2012-03-27) [2020-04-02]. http://www.cmcc-dut.cn/Cases/Detail/783.

[6] 李书福. 吉利传奇: "蛇吞象"的奇迹. 全球化, 2011 (C1).

[7] 张延陶, 修思禹. 吉利并购式进化. 英才, 2018 (6).

[8] 李书福. 我的汽车梦. 经理人, 2018 (7).

[9] 江诗松, 龚丽敏, 魏江. 转型经济背景下后发企业的能力追赶: 一个共演模型: 以吉利集团为例. 管理世界, 2011 (4).

[10] 仇宝华, 徐德明. 基于动态视角的企业家思想体系与企业实践互动过程研究: 以李书福演化发展式企业家思想为例. 中国人力资源开发, 2016 (14).

[11] 苏友珊. 吉利汽车的全球并购. 清华管理评论, 2016 (7/8).

[12] 焦龙. 吉利收购戴姆勒 9.69% 股份, 成最大单一股东. (2018-02-24) [2020-04-02]. http://news.bitauto.com/zonghexinwen/20180224/0907261300.html.

[13] 苑泽明, 顾家伊, 富钰媛. "蛇吞象"海外并购模式绩效评价研究. 会计之友, 2018 (16).

[14] 赵婷婷. 沃尔沃 2015 年销量突破 50 万辆, 历史最高. (2016-02-20) [2020-04-02]. https://www.pcauto.com.cn/news/776/7763449.html.

[15] 网易汽车. 沃尔沃公布 2014 年财报, 年利润同比增长 17.4%. (2015-02-27) [2020-04-02]. http://auto.163.com/15/0227/09/AJEVOMND00084TV0.html.

（徐京悦）

第十一章

"熄灭或是燎原"
——科大讯飞

燃烧最亮的火把，要么率先燎原，要么最先熄灭。——刘庆峰

1. 引言

1978 年 12 月十一届三中全会召开，中国正式开始实行对内改革、对外开放的政策，从这一刻起沉寂了许久的中国经济重新开始腾飞。2018 年，中国的改革开放迎来了自己的 40 周年。40 年时光如白驹过隙，而中国大地所发生的变化却已是翻天覆地。在这 40 年里，中国的新生企业如同雨后春笋般一个接一个出现在人们的视野中。它们蓬勃发展，抓住时代的机遇，面对时代的挑战，为中国经济的发展做出一个又一个卓越的贡献，向世界展示着中国人所创造的"中国奇迹"。

在这些优秀的新生企业中，科大讯飞，作为中国民族语音产业的开创者、世界语音产业的领导者，乘着改革开放的春风而生，伴着改革开放的脚步而前进。现在我们把目光聚焦在这家在语音产业以及人工智能（AI）行业已是鼎鼎有名的中国创业科技公司，回首其这些年的发展历程，既是对过去经验的总结，也是为未来我国创业企业进一步发展提供一些重要启示。

2. 星星之火

2017 年 6 月 27 日，《麻省理工科技评论》（*MIT Technology Review*）"全球 50 大最聪明企业"榜单发布会在北京举行。上榜的中国企业有科大讯飞、腾讯、旷视科技、大疆创新、富士康、阿里巴巴、HTC、蚂蚁金服以及百度。令人惊讶的是，科大讯飞这家相对 BAT 企业来说并非那么经常出现在公众视野的科技公司，竟能力压群雄，首次上榜即名列全球第六，在同期上榜的中国公司之中位列第一。这家科技公司究竟有何神通，能够荣膺中国"最聪明的企业"之名成为一时间大家所关注的焦点。

2.1 讯飞缔造者——刘庆峰

说起科大讯飞，恐怕不得不提起至今仍然是科大讯飞灵魂人物的刘庆峰。在 20 余年的发展历程中，刘庆峰宛如科大讯飞这艘逐步变得庞大的航船的建设者、掌舵者，在科大讯飞的成功之路上贡献着自己那一份不可或缺的力量。

刘庆峰，1973 年出生于安徽省泾县。虽然出身普通，但刘庆峰在少年时期就表现出了不平凡的数学天分。在那个买东西还需要用"票"的时代，还处在孩提时期的刘庆峰就已经能够轻松把让大人都头痛的钱、票算得清清楚楚。而在他步入学校之后，这种天分就表现得更加淋漓尽致。进入初中之后，在别的同学还在按部就班地学习数学基础知识之时，刘庆峰就已经开始自学微积分、线性代数、立体几何这样的高等数学。1985 年刘庆峰参加了泾县初中数学、物理竞赛，最终包揽了两个项目的第一，成为实实在在的"学霸"。次年，刘庆峰又以泾县全县第一名的好成绩进入了宣城中学。

步入高中的刘庆峰继续保持着自己的"辉煌"成绩。1990 年，刘庆峰就因为成绩优异获得了清华大学汽车工程专业的保送资格。然而这样一个令旁人羡慕不已的资格却被刘庆峰毫不犹豫地放弃了，原因是当时他已经有了自己的目标，那就是在那个年代更加难考的中国科学技术大学。事实证明，刘庆峰的选择是有底气的。在放弃了保送资格后，他以高出清华大学录取分数线 40 多分的好成绩考入了中国科学技术大学无线电电子学专业。这个专业在当时是一门面向未来、面向数字时代的专业，对于很多人来说完全不知道这专业究竟是做什么的。刘庆峰也是毫不知情，只是抱着"学了电子学，以后就知道怎么修彩电"这样一个质朴的念头而选择了这个专业。

误打误撞进入了这个专业之后，刘庆峰难免有些后悔。在那样一个时代，我国的科研事业还远远算不上先进的状态，就科研环境条件而言各方面都是远远不如发达国家的。而在当时数学系、物理系出国的机会最大，因此刘庆峰进入中科大就酝酿着转到数学系从而出国深造。在群英荟萃的中科大，刘庆峰仍然保持着自己在学习方面的强大优势。在进入中科大的摸底考试中，刘庆峰就在高等数学以及理论物理方面拿到了两项第一。而在随后的学习当中，刘庆峰尽管一心想着转系，却仍在光学、数理方程、力学、电磁场等课程都获得了第一名。由此可见，刘庆峰在无线电研究方面有着极高的天分，这也为他以后在语音技术方面的研究以及科大讯飞的创办打下了坚实的基础。

在有着这样堪称"豪华"的成绩之后，刘庆峰的转系出国深造之路看起来即将顺风顺水。然而在这关键的时刻，一个人的出现改变了刘庆峰一生的道路，他就是时任中科大电子工程系教授的王仁华。王仁华教授长期从事人机语音通信、数字信号处理、多媒体通信方面的科研和教学工作，是当时国内语音行业的领军人物之一。当时的刘庆峰只是一个本科生，王仁华教授已经看到了这个年轻人在语音方面的优秀天分。在得知刘庆峰的出国深造计划之后，王仁华教授并没有苦口婆心地劝导，而是直接带刘庆峰去了人机语音科技实验室，让他第一次见识到计算机合成人声。在看到仅靠计算机就能发出跟人一样的声音这样"神奇"的技术后，刘庆峰被震撼到了，他第一次认识到原来自己学习到的东西有着这样的实用价值，这也让他终于开始对自己所学的专业产生了浓厚的兴趣。

在此之后，刘庆峰就开始一心跟着王仁华教授从事语音合成领域的研究，成为中科大最早进入实验室的本科生之一。事实证明王仁华教授并没有看错人，在进入了"人机语音通信实验室"之后，刘庆峰就表现出惊人的实力，以本科生的身份带队参加了国家"863计划"项目。1995年，刘庆峰以优异的成绩保送中科大通信与电子系统专业的研究生，并成为"人机语音通信实验室"所承担的国家"863计划"项目"KD系列汉语文语转换系统"的主要负责人。1996年，刘庆峰获得了中国科学院院长特别奖学金，这是中科院对于科研工作者的最高奖项。20多年后的现在，对于已经无数荣誉加身的刘庆峰而言，这个奖项仍然是他心中最值得自豪的荣誉。

1996 年对于刘庆峰而言注定是不平凡的一年。除了获得特别奖学金之外，当年的夏季刘庆峰带队参加了全国"挑战杯"大学生课外学术科技作品竞赛。刘庆峰队伍设计的"语音合成系统"是这次大赛参与作品中唯一达到实用门槛的，也理所当然地获得了一等奖。刘庆峰看到了中国语音合成技术仍存在很大的进步空间，但同样中国的语音行业市场也存在很大的拓展空间。与此同时，刘庆峰在比赛中的优秀表现也让各大科技公司开始关注这个来自中科大的小伙子的潜力与价值。就在这年暑假，华为邀请刘庆峰去深圳优化 114 语音平台。刘庆峰不负众望，仅仅花了两个月就完成了优化的任务并在华为原本研究经费之外额外获得 1 万元的奖励。有眼光的远不止华为，时任微软中国副总裁的李开复于 1998 年 7 月在中国创建并领导了微软中国研究院，求贤若渴，也对刘庆峰发出了邀请，希望刘庆峰去微软进行为期一个月的研究交换丰厚的微软奖学金。面对这种对常人来说难得一遇的机会，刘庆峰却如同当年放弃清华保送资格一样再次选择了放弃，甚至在微软将条件放宽到研究两周仍然不为所动。原因也正如当年一样，刘庆峰有着自己的目标。原来，在当时 IBM、微软、英特尔、摩托罗拉这些国际大企业面对近乎空白的中国市场都蠢蠢欲动，纷纷建立起研究院，大量吸收中国语音专业优秀毕业生，想要尽快抢占市场以备将来激烈的竞争。刘庆峰看到了当时国内语音市场的这样一个现状，想到国内语音市场将要被这些国际大企业瓜分，抱着"中文语音技术应当由中国人做到全球最好，中文语音产业应当掌握在中国人自己手中"的信念，生出了创业的念头。

想法是定下来了，但真要去实施还是会有很多困难。首先就是在当时，刘庆峰还在攻读博士学位。一般来说，博士生是需要专心进行研究而无暇去参与创业的，更何况刘庆峰研究的是如此超前的技术。幸运的是，刘庆峰的导师王仁华教授并非那种完全钻研理论而忽视实用价值的迂腐之人。在听到刘庆峰关于创业的计划之后，王仁华教授不仅表示了同意还伸出了援手，为刘庆峰的创业历程提供了坚实的后盾。

在有了导师的肯定之后，刘庆峰开始创建自己的创业团队。正如前面所说，当时的中科大学生大部分还是与刘庆峰原本的想法一样一心想着出国深造，在科研方面做出更大的成就。另外语音合成技术在当时还远远不如现在成熟，刘庆峰联系的很多同学本身对于这个技术就不是很熟悉，更不用说对于市场未来的发展有多少信心了。对于刘庆峰的想法，同学们都保持着将信将疑的态度。然而刘庆峰绝非只会埋头学习的"书呆子"，在进入大学之后即通过出色的演讲能力以及利索的办事风格成为班长，在参与语音合成技术的研究过程中也一直担任领头人的角色。这些经历培养出刘庆峰领导者的气质以及演讲的艺术，在他晓之以理动之以情的动员下，以刘庆峰为核心的6个大学生与12个员工，号称"十八罗汉"的创业团队终于建立起来，他们成为科大讯飞第一批员工，真正的科大讯飞奠基者。

2.2 从实验室走向企业

在创业初始，刘庆峰虽然有了成为一位优秀领导者的不俗才能，但他毕竟仍是一位理工科出身、专注于技术钻研的学术男。而他的创业团队基本也都是由专业技术人员组成，因而并没有认识到市场营销的重要性，也没有建立公司的想法，只是想着以创业的方式来专心做技术和产品，在技术方面赶超国际上的大企业。在1998年，也就是在科大讯飞正式创办的前一年，IBM发布了自己的语音系统，仅靠说话不用键盘就能指令电脑，被评为当年科技界10件大事之一。而这一年，刘庆峰的十八人团队正式启动。没有建立公司的想法，他们便找上了中国银行福建省分行下的一家企业。这是一家1997年、1998年在"电子百强"榜上做到前四十几名的企业，在当时初出茅庐的刘庆峰眼里已经是一家很大的企业了。于是他们开始与这家企业合作，由这家企业出钱在中科大建立了一个实验室，全称叫作"中国科大中银天音智能多媒体实验室"。刘庆峰担任这家实验室的主任，带领着自己的团队投身于技术研究，至于运营、市场推广以及产品上的事情都完全交给了那家福建公司。

开创的道路总是艰苦的，当时的刘庆峰团队由于正处于初创期，资金也不是很充足。团队的办工场所就是五里墩立交桥下面一处三室一厅的民居，所有的电脑围成一圈，上面吊一个电扇，夏天大家一边擦汗一边擦键盘。最艰苦的时候，刘庆峰的创业团队成员连一个显示器出了问题都只能将就着使用，没钱换新的。辛苦的付出总有收获，刘庆峰团队确实做出了一些令人叫好的产品。然而福建的公司对于市场的把控不够，对于刘庆峰团队的产品也不太了解，加上急于求成想要尽快收回投资获利，便只是一个劲地要求刘庆峰团队不断试错，尝试不同方向的产品，今天做这个明天做那个。这么一折腾，刘庆峰团队尽管足够努力，做出的产品却叫好不叫座，得不到足够的收益。到了1999年春节前后，这家福建公司自身的经营也出现了困难，连实验室员工的工资都拿不出来。大家本都是"天之骄子"，原本都可以顺风顺水地进行自己的事业，为了振兴民族语音产业聚到一起却出师不利。难道刚刚建立的团队就要这样解散了吗？在这关键时刻，刘庆峰为了"稳住军心"，不仅当着团队成员的面要表现出胸有成竹对未来有着极大信心，甚至还要背着大家到处打借条借钱给大家发工资。

然而这种方法终究只是权宜之计，在得知这种情况之后实验室成员也不想所有人的理想就这样胎死腹中，纷纷要求刘庆峰自己开创公司，把自己的命运把握在自己手中，不然这个团队只能到此解散了。经历了这一段时间拼命最终却无功而返的刘庆峰，也着实受到了不小的冲击，再加上好不容易聚集起来的"学霸"团队若是这么散了也实在可惜，于是两边一拍即合，1999年6月便建立起了安徽硅谷天音信息科技有限公司，东拼西凑起了300万元的资金，不再到处试错而是专心回到语音合成的道路上来。原以为总算可以开始好好做事业了，然而巨大的基础研究投入让大家再次傻了眼，不到半年300万元的筹集资金基本上就没剩多少了。在这弹尽粮绝之时，刘庆峰团队振兴民族语音产业的赤子之心得到了政府的关注。看着刚刚创办的小公司摇摇欲坠，合肥市的领导坐不住了，在改革开放的大背景下，他们看到了这些小伙子的奋斗之心，经过认真探讨也认为这些小伙子做的事业是确实有前途的。因而在政府的牵引下，三家国企对刘庆峰伸出了援手，投了3 060万的资金，占股51%却仍确保刘庆峰单个最大股东的地位，即使政府入股却仍然保持着创业公司自身的独立性以及活力。这笔钱对于当时的刘庆峰团队、对于当时近乎弹尽粮绝的刘庆峰来说可以算得上"救命钱"了。得到了政府帮助的刘庆峰正式开始自己的创业之路，在20世纪的末尾，1999年12月30日，公司改名为科大讯飞。科大讯飞的奋斗征程，从此刻正式拉开帷幕。

3. 可以燎原

3.1 艰难的第一步

科大讯飞正式成立后，融资也有了，那么企业前进的方向究竟在哪里呢？刘庆峰没有忘记自己创业的初心就是振兴民族语音产业，2000 年的科大讯飞年度大会上，他豪迈发出"燃烧最亮的火把，要么率先燎原，要么最先熄灭"的声音。正是刘庆峰的这种破釜沉舟的气势，才使大家感受到自己所做的事业并不仅仅是普通的赚钱而已，而是开创一个新的产业，成为一个开创者。到现在，这句话仍然被挂在讯飞大厦的墙上，激励着每个讯飞人。

不过纵然理想宏大，但路确实要一步步走起。众所周知，语音技术是一个综合性技术，包含数字信号处理、声学、实验语音学以及计算机处理等方面。刘庆峰很清楚仅凭自己这 18 个人，是绝对没有胆量敢说要包揽语音技术的研究的。科大讯飞想要成为语音产业的领导企业，就必须与高校以及研究所这些真正掌握技术的机构合作。然而国内的高等院校往往只专注于其中的某一个方面，并不能将这些技术合成产业化，因而往往无法取得大的突破。另外国际上的大企业如 IBM 和微软都极为了解技术的重要性，对于这些高等院校相关专业的毕业生都给予丰厚的待遇挖走。这对于科大讯飞而言可以说是残酷的现实了。面对这样的情况，刘庆峰果断决定当一个领头者来整合这些分散的技术。手上这沉甸甸的 3 060 万元融资如何使用，他心中已有决定。他亲自逐个拜访了国内在相关技术方面有所建树的高等院校及科研机构专家，中科大自不必说，另外如中科院声学所、社科院语言所，还有清华等也在刘庆峰的拜访名单之内。

面对这些语音领域的前辈，刘庆峰的意思很明确：目前民族语音产业前景不容乐观，可以说是被国际大企业完全把控住，科大讯飞可以提供比国家划拨的还要高的项目经费来帮助高校进行语音技术的研究，而高校并不需要调整自己的研究方向，可以继续专注于自己擅长的领域，由科大讯飞来进行技术整合从而实现产业化。对于高校的研究者们来说，这基本等于免费提供经费，而且他们也在为如何解决技术产业化的问题而感到头痛。双方你情我愿，很快科大讯飞就与这些高校以及研究机构建立了合作关系。2000 年科大讯飞再次受到了政府的青睐，被认定为国家"863 计划"成果产业化基地,与中国科学技术大学、中国社会科学院共建实验室。虽然花费血本,但科大讯飞总算顺利完成了对于产业核心源头技术的资源整合。而刘庆峰的这一步,也彻底确定了科大讯飞之后多年发展所坚持走的产学研道路。

完成了资源整合,刘庆峰团队可以说是意气风发,志向高远,心想着钱也有了,技术也有了,这不正是放开手脚开始大展身手的好时候吗?做了好几年的语音合成技术,刘庆峰一心想着这种高科技总有一天是要面向大众,进入百姓日常生活中的。与其等以后,不如现在就做,于是刘庆峰便率领团队开始了 ToC(面向消费者)的道路。毕竟科大讯飞拥有坚实的技术基础,不久,一款名为"畅言 2000"的软件便进入了市场。这是一款针对 PC 端能够用语音进行文本输入的软件。在当时,这样的软件把手写输入的随意性和语音输入的快速性无缝整合在一起,对于人们来说是既新颖又方便的东西,按道理来说应该能够得到市场的欢迎。刘庆峰也对此满怀信心,认为只要两三年,这款产品就能给科大讯飞带来 10 亿甚至 100 亿的收入,到时参与创业的人个个都是百万富翁。而被刘庆峰鼓动的科大讯飞的创业员工也都是满怀期望。科大讯飞总算可以开始盈利了吗?

理想这么美好,然而现实再次给刘庆峰以及科大讯飞的其他成员上了一课,证明这群在技术方面都可以说是专家的年轻人在市场方面却都是实打实的菜鸟。对于当时市场上近乎疯狂的盗版行为以及不够成熟的商业环境,刘庆峰完全没有预料到这些会对"畅言 2000"产生巨大的负面影响,加上错误估计市场发展规律,想要一次性改变人们与 PC 之间的交互模式也过于心急。因而"畅言 2000"带给科大讯飞的,别说10 亿乃至 100 亿的收入,反而连成本都难以收回。在当时科大讯飞的客服系统,每天能接到成百上千个电话,而这些电话基本都是一些年纪比较大的客人询问这个软件究竟怎么用。这些客人占据了科大讯飞客服的很多时间,同时还挡住了一些大客户打进来的电话。到头来,科大讯飞客服的辛苦却没有为最重要的客户解决问题。刘庆峰看到了语音识别软件未来的广阔前景,将产品的研发做得十分优秀,却没有看到当时消费者对于产品的接受能力以及市场的发展规律。因而"畅言 2000"不仅没有让刘庆峰实现原本预想的收入,反而让科大讯飞几乎再次面临破产解散的危机。

辛辛苦苦建立的公司,刘庆峰的团队每个人都付出了不少心血与汗水,面对这样的结果，大家都有些难以承受。然而，刘庆峰除了在学习上有着极为优秀的天分之外，在面对一次次失败时也有着一颗大心脏。在经历了这么多次的失败之后，他仍然没有轻言放弃。在这种关键时刻，刘庆峰团队没有灰心，而是积极总结经验，认为既然这条路走不通，就去试试其他的路。当时语音技术的 ToC 市场还远未成熟，想要生存发展，就必须转变思维，不能过于心急。既然 ToC 市场还不够成熟，那就把企业重点转移到 ToB（面向企业）上去。

找准了方向，事情也就顺利了不少。最开始，科大讯飞的目标客户是中国电信。科大讯飞的产品在运营商客户服务方面具有很强的实用性，而中国电信作为中国三大运营商之一，实力强大，面向的消费者数量也十分庞大。然而在得知科大讯飞的合作意向后，中国电信却很快拒绝了，原因在于科大讯飞才处于起步阶段，企业规模太小，中国电信作为"巨无霸"级别的企业，合作的企业自然也得是差不多级别的企业，这样中国电信对于合作者的产品才有信心。出师不利，但刘庆峰已经看到了 ToB 的可能性。科大讯飞再次运用自己思路的灵活性，既然企业规模小，那就依附于大企业来投放市场。只要有人用过科大讯飞的产品，觉得产品好，自然就能打开销售渠道，那些大企业自然也会闻名而来。早在 2000 年深圳的高新技术成果交易会上，科大讯飞的语音合成系统就被华为的工作人员看中，加上刘庆峰 1996 年就与华为合作过，对于华为对语音技术的看重十分了解，双方很快就签订了合同。然而，华为虽然没有因为科大讯飞是个小企业而用"有色眼镜"看它，但一视同仁的眼光也给了科大讯飞很大压力。作为行业巨头，华为对系统的要求远比刘庆峰团队所想象的高得多。把自己的语音技术放到华为系统上一测试，原本被刘庆峰忽略的问题都出现了。系统兼容性不强、语音合成不自然、连续性差这些问题让刘庆峰遭受当头一棒，而华为给科大讯飞进行优化的时间仅有一周，一周之内搞不定合同就完成不下去了。这对于一波未平一波又起的科大讯飞来说又是一个难题。不过正如前面所说，刘庆峰的这个团队是由一群学霸组成的，这群学霸尽管在市场运营方面缺乏经验，但在技术方面却是个个都不服输。在副总裁陈涛的带领下，科大讯飞的核心研发团队重新编写代码，废寝忘食，在一周的时间内没有一个人离开过办公室，终于按时解决了华为提出的所有问题。

大家的付出总算换来了回报，对于科大讯飞的解决方案，即使是一向以重质量到苛刻的华为也给出了高度评价。这一周不仅为科大讯飞争取到了与华为的长期订单，也让科大讯飞坚定了自己提供核心的语音技术平台由合作伙伴自己来决定如何具体应用的模式，这也被讯飞人自称为"iFly Inside"商业模式。除此之外，对于科大讯飞来说，这次的成功也让其创业团队对于自身的技术究竟能否在市场上获得成功有了更大的信心。从此之后，科大讯飞面对各种各样客户的测试再也没有畏惧过，也再没有失败过。

与华为的成功合作不仅给科大讯飞带来了信心，也将科大讯飞的名头就此打了出去，为其提供了更多的商业机会。在此之后，刘庆峰更是拓展了中兴、联想、神州数码等50多个合作伙伴。2001年科大讯飞的智能语音平台开发厂商更是突破了100家，语音产业"国家队"地位初见雏形，公司也终于获得了500多万元的收入。

然而，一波未平，一波又起。2001年中国的语音产业仍然还是处于开创阶段，很多技术上的研发仍然需要大量的投入，加上刘庆峰本人对于研发投入一直都持大力支持从不小气的态度，科大讯飞一年的研发支出就高达1 000多万元，在当初的语音核心源头的技术整合方面更是一次性投入了3 000多万元，原本的融资资本金以及这两年的收入相对于此根本就是杯水车薪。企业好不容易有了起色，结果又没钱了，科大讯飞再一次陷入了危机。而这一次又一次的失败与打击也确实让刘庆峰团队的一些人感受到了绝望，但更多的还是疲惫。要知道这些人原本都是天之骄子，在当时他们如果选择出国深造或者进入实力强劲的外企基本都可以拿高薪，而在科大讯飞他们往往只能拿到两三千元的月薪而且还要付出相对数倍的努力。而且距离创业初始已经过去了这么久，有了一点成功就会出现更多的困难。虽然能做出东西，但钱总是不够用，大家对于语音产业的未来究竟如何由满怀信心变得疑虑重重。而在21世纪初的中国，房地产行业与游戏行业都属于赚钱的大好去处，基本投入了就很快能有回报。这么一来，"语音业务赚不了钱，不如改做网络游戏""做房地产才来钱快"的声音在科大讯飞内部不绝于耳。

军心动摇，刘庆峰看在眼里，急在心里。事到如今作为发起人的他必须尽快站出来，2001年底在巢湖的"半汤会议"上，刘庆峰"一言堂"，提出公司未来只做语音方向，有不同意见的，可以离开科大讯飞。经历了"畅言2000"的失利以及高额的研发初始投入，刘庆峰也渐渐认识到了语音产业的市场虽然广阔，但还没有达到能够尽快获利的阶段。因而他也诚实地与大家说，"我们不可能一步登天，只能脚踏实地。成功一定会来，但绝对不是现在"。

这样的决断与自揭老底不仅没有吓退创业团队的成员，反而让刘庆峰再一次打动了他的创业团队。事实证明，刘庆峰的这个团队对他有着足够的信任。一番讲话后，没有一个人离开处于危难之中的科大讯飞，公司再次拧成了一股绳。这次的"半汤会议"可以说将即将偏离语音产业的科大讯飞拉了回来，即使到了现在，当初的创业团队成员已大多成为科大讯飞的高管，成为国内语音产业鼎鼎有名的大人物，他们还是经常提起当初这个小会议，为当初刘庆峰的决断喝彩。

3.2 转亏为盈的五年

公司的军心定下来了，问题便转变成了如何去筹钱，如何发展下去。语音产业是个"烧钱"的产业，必须要有足够的资金投入才能得到成效。在完成与华为等多家企业的订单之后，科大讯飞的名声逐渐打了出去。在 2002 年的一次全国青年大会上，刘庆峰遇到了复星集团联合创始人之一郭广昌。刘庆峰是中科大毕业的，而郭广昌是复旦毕业的，都是国内顶尖学府出来的学霸，两人一见如故。郭广昌得知刘庆峰的科大讯飞之后很感兴趣，认为刘庆峰的事业很有潜力。郭广昌作为一个有着丰富经验的投资者，仅仅一席话便察觉到了刘庆峰的潜力，当即表示要投资入股。英雄所见略同，看见刘庆峰身上巨大潜力的还不只郭广昌，刚从联想集团出来的"IT 教父"柳传志立志进入风投行业，这位商业界的泰斗第一次出手也交给了科大讯飞。

柳传志进入科大讯飞股东会之后，带给刘庆峰与科大讯飞的不仅仅是解决燃眉之急的资金，还有对刘庆峰来说更为重要的管理经验。正如前面所说，刘庆峰的创业团队成员基本都是技术人员出身，产品出问题了，一个个都能抢着解决问题，可在企业管理上大家都只能"摸着石头过河"，一步步地边工作边学习。柳传志作为联想的前任领导者，在管理方面有着自己独到的见解和丰富的经验。在柳传志与科大讯飞签约的当晚，他与刘庆峰进行了一次长谈，将自己建班子、定战略、带队伍的思想传达给了刘庆峰。此后，柳传志仍然隔三岔五地与刘庆峰进行会谈，帮助技术人员出身的刘庆峰逐步转变为一位职业的企业管理者。对于科大讯飞而言,柳传志远远不只是一位大股东,还是科大讯飞的管理老师。除了这两位投资者之外,英特尔等企业也相继对科大讯飞进行了投资,科大讯飞总算得以熬出头。

事实上,复星、联想以及英特尔这三家企业选择了科大讯飞作为投资对象,同时也是科大讯飞选择了这三家企业作为战略投资者。在公司需要资金的情况下,刘庆峰并没有随便选择投资者,而是站在一个成熟的创业者的角度上认真谨慎地思考了这个问题。复星作为一家著名的投资企业,其多元化的丰富经验以及对企业发展前景判断的准确性极大地帮助了科大讯飞建立起自己的投资理念,在后续科大讯飞做大做强的道路上起到了重要的作用。联想自不必说,本就是一家科技公司,产业化的经验十分丰富加上具有强大的行业影响力,帮助科大讯飞成功由一个初出茅庐的无名小卒步入大众视野。英特尔则在国际化方面对科大讯飞起到了重要的作用。在经历了这次的战略筹资之后,科大讯飞对于寻求战略投资者一直都保持着谨慎的态度,对于战略投资者的选择不仅仅关注资金的数量多少,更从双方企业的契合程度以及对于未来企业发展的帮助多个角度来考虑,这种态度以及思想值得现在寻求投资者的初创企业学习。

在有了充分的资金支持后,科大讯飞的研发者们终于可以放开手脚,科大讯飞开始了自己的高速发展之路。事实证明,这些投资都得到了极大的回报。2002 年,科大讯飞获首批"国家规划布局内重点软件企业"认定,承接国家语音高技术产业化示范工程项目,设立博士后科研工作站;2003 年,被信息产业部认定为"中文语音交互技术标准工作组"组长单位;2004 年,在国家 863 中文语音合成国际测评中大比分囊括所有指标第一名,销售收入首次迈过亿元大关。也就是在 2004 年,科大讯飞总算扭亏为盈,结束了整整五年的亏损发展之路。

五年亏损期间,刘庆峰的高管团队一直都拿着极低的工资,忍受着沉重的工作量。一次复星集团副董事长梁信军来科大讯飞参加董事会时,他惊讶地发现这帮高材生高管的工资居然这么低。在他向刘庆峰表达可以提高工资的想法时,刘庆峰却摆摆手表示公司还在亏钱,他们可以少拿一些。或许正是科大讯飞高管团队这样以身作则,才能激励所有讯飞人在这五年内坚持下去没有轻言放弃,最终实现了转亏为盈。

五年的奋斗带给刘庆峰团队的还有更重要的团结，很多初创企业在创业过程中，总会遇到各种各样的困难，面临各式各样的挑战，这样团队成员中往往会出现退出者。然而科大讯飞的创业团队在共患难之后，更加凝聚成了一股绳。即使到了20年后，初创团队的18人中除了一位因为身体的原因而离开，其他人仍然坚守在科大讯飞的岗位上。科大讯飞的价值观当中，"成就客户""创新"与其他很多企业都相同，但有一条却是十分独特的，那就是"坚守"。在"半汤会议"上刘庆峰"一言堂"坚守语音方向后团队无一人离开，在数年缺钱少粮的艰苦环境下大家坚持自己的梦想奋斗，"坚守"已经成为讯飞人刻在骨子里的一种价值观。不迫于投资方的压力，不局限于眼前的得失，坚持做自己最开始想做的东西，成为科大讯飞人在今日仍然恪守的行事风格。用科大讯飞高级副总裁、创始人之一胡国平的话说，"科大讯飞有着一支有钱没钱都一样的核心团队"。

除此之外，五年的亏损期也再次让科大讯飞的核心团队认识到仅仅拥有技术并不能够得到市场的青睐。刘庆峰带领着核心团队成员开始由专心攻克技术难关转向参与到企业管理、市场营销以及人才库的建设当中。科大讯飞也在这五年由一个与其说企业不如说更像是"研究所"的稚嫩企业发展成为一个拥有完整公司制度、绩效管理制度和市场营销制度的成熟企业。

事实上，科大讯飞这扭亏为盈的五年虽然是其处于起步，正在奋斗拼搏的阶段，但若是从更为广阔的角度来看，这五年同样是我国科技市场的一个转型阶段。1999年科大讯飞创办之时，我国刚刚形成高新技术市场，知识产权保护别说完善，甚至连起步都还走得不够稳当。大家对于新时代的科技都还处于摸索阶段，市场上并非只有"畅言2000"盗版横行，在那个时代自己设计软件的企业大多受到了盗版的危害。另外，也正如"畅言2000"被人们逐渐摸索认知，所有的软件刚开始出来人们都需要一个熟悉的阶段。所以科大讯飞遇到的问题当时其他科技企业基本上都会遇到，因而企业虽然产品服务不同，但仍然需要遵循其所处的市场规律。

虽然那个年代的市场存在着诸多问题，但国家与企业一起，一边在调控市场，一边在适应市场。随着市场的逐步优化，人们对于新技术不断接受，像科大讯飞这样的软件公司自然业绩也会越来越好。科大讯飞创业团队的不懈努力加上外部环境的不断转化，最终形成五年后转亏为盈的结果。科大讯飞这五年的奋斗历程，从另一角度上来说也是那个年代我国高新技术产业发展的一个缩影。

4. 讯飞的腾飞

4.1　语音技术的多行业应用

在改革开放过程中，中国政府深知科技对于一个国家长期发展的重要性。因而在"人工智能"概念进入中国之后政府对于这方面的企业都开始大力进行扶持。一直以来致力做语音人工智能的科大讯飞乘着人工智能的春风，也在此时进一步腾飞。2005 年，科大讯飞研究院正式成立，荣获中国信息产业重大技术发明奖。2006 年，科大讯飞获得国际语音合成大赛（Blizzard Challenge）的冠军，时至 2017 年，科大讯飞连续 12 年参加这个比赛同时 12 年获得冠军，保持了自己在国际语音合成上的领先地位。2007 年，科大讯飞营收突破历史性的 2 亿元，净利润突破 5 300 万元，同时正式改为股份有限公司，智能语音芯片销量突破 20 万片。2008 年，科大讯飞没有停下自己的脚步，正式在深圳证券交易所上市，成为中国第一家由在校大学生创业的上市公司，也是中国语音产业唯一的上市公司，这是科大讯飞以及中国语音产业发展史上的一个新的里程碑。科大讯飞上市初的市值为 32 亿元，这个数值在 2017 年达到了816 亿元。2018 年，科大讯飞上市 10 周年之际，市值已经增长到了原来的 24 倍。有人专门统计了在上交所和深交所或者在整个中国股市上市的 3 000 多家企业，连续 10年每年增长 10% 以上的企业只有 10 家，科大讯飞是其中之一。这 10 年对于科大讯飞来说，已经不再是"摸着石头过河"，而是步入了阳光大道，即使还会遇到一些困难，但科大讯飞已不再是当初那个势单力薄的小企业，而是已渐渐成为语音产业的巨头以及领导者的大企业。那么在这 10 年，科大讯飞又做了什么呢？

自上市之后，科大讯飞相对之前那个万事俱备就是缺钱的科大讯飞已经是富裕了不少。上了市，有了钱，压力不仅没有变小，反而更加沉重了。原来大家都是为了自己的理想没日没夜地劳动，现在不仅是自己，还要照顾到广大投资者的利益。不过尽管需要考虑到投资者的收益，但此时的科大讯飞已经不是当初会被逼着到处试错的初出茅庐的小团队。刘庆峰在公司上市之后，继续维持着自己最开始专注于语音产业的承诺，仍然要做那个燎原者。不过随着语音技术的发展，语音产业已经不仅仅是面对企业用户，还开始涉及人们生活越来越多的方面。科大讯飞也开始不断发展，不断转变思路，开始把自己的产品推向更多的方面。

2009 年开始，科大讯飞持续保持自身的创新活力，连续被国家评为"国家规划布局内重点软件企业""国家级创新型企业"。随后 2010 年科大讯飞发布了全球首个移动互联网智能语音交互平台"讯飞语音云"，与最开始的"iFly Inside"模式不同，"讯飞语音云"将科大讯飞自身领先的语音核心技术向广大移动互联网开发者开放，这样移动互联网伙伴就可以像使用水、电那样"即开即有、按需取用"，在很短时间内构建出"能听会说"的特色移动互联网应用。也就是说，科大讯飞并不将自己的核心技术藏着掖着，形成封闭式的结构，而是把技术广泛提供给各种互联网合作伙伴，供它们设计自己的产品。这种模式使得科大讯飞不仅仅提供产品，更多的是提供一个研发的平台，促进整个民族语音产业的高速发展。科大讯飞的这种"平台"模式不仅让这些开发者能够借此开发应用，更让科大讯飞收集到了一大批渠道上的伙伴，从而合作共赢的模式初见端倪。中国科协名誉主席周光召、联想控股董事长兼总裁柳传志对此都给予了高度的评价。

另外，科大讯飞也利用这个平台发布了第一个示范应用——"讯飞语音输入法"体验版。这款输入法以神奇的语音输入和连续手写转变了用户对于传统输入法的认知，获得了用户的一致好评。在后来的发展当中，讯飞输入法还在不断优化更新。2016 年10 月 19 日，罗永浩在锤子 M1 发布会上特别强调以及演示了内置的讯飞输入法，语音识别准确率已超 97%，识别率高居业界第一。至 2019 年 5 月，科大讯飞宣布，讯飞输入法总用户超过 7 亿，活跃用户超过 1.4 亿，表明讯飞输入法确实改变了用户对于输入法的传统使用方式。除了语音识别率高以及改变用户输入方式之外，讯飞输入法除支持粤语、英语、普通话这种常见语言的识别，还支持各种方言甚至客家话的识别，不仅让用户使用更加方便，也从侧面表明科大讯飞语言识别技术的成熟与先进。在 2018 年内含讯飞语音输入法的锤子科技出品的子弹短信成功登顶了苹果 App 应用榜，锤子科技的罗永浩再次在微博等多个渠道不遗余力地表达了对于科大讯飞的赞美。"讯飞语音输入法"一方面是科大讯飞在面向消费者产品方面的一个重大突破，另一方面也是对于如何使用"讯飞语音云"以及使用效果的一个示范。2020年，讯飞输入法获得中国电子信息联合会"国货新品"的荣耀称号。在"讯飞语音输入法"取得如此辉煌的成功之后，"讯飞语音云"平台也吸引了越来越多开发者的加入。

　　科大讯飞一直在努力将语音技术应用到各种各样的领域，教育行业也是其关注的焦点之一。科大讯飞早在2002年就想着要将语音技术投放在教育方面，一方面，它想要制作一种"会说话的书"，就是把语音合成芯片与书本结合在一起让书本能发出声音，读给小朋友听，这样在父母繁忙的时候小朋友仍然能够独自阅读书籍；另一方面，刘庆峰关注到普通话测试方面有着可以用机器代替人工的潜力。传统的普通话测试都是靠人工，这种测试方法一来对于普通话专业程度较高的测试人员需求太大，二来测试人员难免出现疲惫因而测试效果也会变差，最后人工测试也给了很多旁门左道的人走捷径的机会。科大讯飞继续保持着自己在技术研发方面毫不小气的风格，4年时间投入了2 000多万元的研发资金。终于在2008年科大讯飞的普通话测试产品通过了教育部的测试，即使到现在仍然被教育部所认可，继续在国家普通话测试中发挥重要作用。通过这两个步骤，虽然磕磕碰碰，但科大讯飞总算打开了教育的市场，开始被很多客户所接受认可。在语音技术逐步走向人工智能之后，科大讯飞对于教育产业的理解也有了更深的发展。2017年，在科大讯飞人工智能平台每天40亿人次的使用中，与教育学习相关的需求占比高达22%，在所有行业中排名第一。同时，科大讯飞不仅在语音方面发力，其人工智能机器人还通过了国家医师资格考试，在安徽两万名考生中排名前100，表明了科大讯飞不仅在感知层面继续保持自身强项，还在推理理解方面取得了重大突破。在2017年的年度发布会上，科大讯飞发布了6款与教育相关的产品：智慧微课工具、智慧纸笔课堂、智慧作业平台、智慧组卷工具、智学2.0以及译呗，分别在教学、课堂、教辅书多媒体化、试卷出题、学习辅助以及翻译方面促进新式教育的发展。在2017年的高考中，有14位省级状元是科大讯飞教育产品的用户。虽然在人工智能教育应用方面取得了不俗的成绩，但对于教师，科大讯飞始终保持敬意。"我们坚信人工智能的力量，但教师被人工智能替代的可能性只有0.4%。"

刘庆峰说，"教育是有情怀的工作，不光是教孩子知识，还要教孩子如何做人，这是教师无法替代的作用"。目前，作为中国教育技术服务的专业提供商，科大讯飞在教学、考试、管理等教育关键环节全面布局，形成覆盖从国家到各省市县区、学校、课堂以及家庭的智慧教育产品体系，并已在全国31个省级行政区及新加坡等海外市场广泛应用，与全国3 500余所学校深度合作，服务亿万师生。2019年10月，在教育部、国家语委的指导下，科大讯飞开始承建国家语委全球中文学习平台。

2012年，中国移动通信有限公司与科大讯飞签订了股份认购协议及战略合作协议，以每股19.4元的价格认购科大讯飞非公开发行股票7 027万股，占本次发行后股份总数的15%，总交易价格约13.63亿元。虽然入股，但中国移动仅完成出资人的义务，并不参与实际管理。参股后的中国移动成为科大讯飞的第一大股东，而值得注意的是，科大讯飞也是中国移动旗下唯一一家A股上市的公司。中国移动的入股一方面代表中国移动对于科大讯飞的看好，另一方面也表明科大讯飞的语音技术能够进一步应用到电信行业。双方合作将在智能语音门户、智能语音云服务、智能语音技术和产品等领域开展，共同开发应用程序和产品。在电信行业，科大讯飞的技术主要应用在智能服务机器人、智能客服、语音合成以及语音分析四个方面。在智能服务机器人方面，科大讯飞凭借在语音识别、语音合成和自然语言理解等方面的技术优势使得很多原本需要人工服务的场景，现在可以用智能机器人来代替，大大降低了成本并且提升了被服务者的体验。智能客服则是通过智能语音以及语言技术，使得人工智能能够与用户进行自然语音的交流。比如我国三大运营商每天都有无数个电话打进客服部门，原本的客服人员即使配备再多，训练再有素也往往难堪重任。在智能客服的帮助下，一些常规问题就不需要客服人员亲自来回答，而用户的需求也能得到解决。语音合成和语音分析是作为前面两者的辅助功能，通过对用户的语音进行分析然后将解决方案合成为清晰、流畅、自然的语音进行播报，有效解决电信运营商的应用问题。近年来，科大讯飞还分别与四川移动、浙江移动、辽宁移动等建立了战略合作关系，不仅在语音技术的合作方面，还在共建人工智能产业生态方面产生更多合作关系。

另外，众所周知，法庭上证人、原告和被告的每一句话都是呈堂证供，在审判过程中都是十分重要的。因而，在传统法庭上，法官和书记员的工作中很大一部分就是文字录入。2016年上海法院共受理了各类案件达70多万件，其中需要录入的文字可以说是海量，这对于法官和书记员都是十分繁重的工作。而科大讯飞的智能语音识别技术、人工智能技术等可以替代传统人工输入，不仅能有效提升审判效率，减轻法官和书记员的办案负荷，还可使法院的文字记录工作最大限度还原审判活动全貌，实现审判工作全程留痕，进一步推进司法公开。因而，2016 年上海一中院在上海高院指导下先行先试，与科大讯飞在"智能语音庭审系统示范应用项目"和"合议庭评议音字转换智能系统项目"等方面达成合作。2017 年 2 月 6 日中央政法委明确要求，由上海高院研发一套"推进以审判为中心的诉讼制度改革软件"，该软件后被定名为"上海刑事案件智能辅助办案系统"，而这次的研发团队中包含 64 位来自上海法院、检察院、公安机关的业务骨干以及 215 位科大讯飞公司的高精尖技术人员。截至 2021 年底，科大讯飞为全国四级法院的庭审、会议、日常办公等全场景提供信息化解决方案，其中语音的相关应用已覆盖全国 31 个省区市、2 300 余家法院、近 10 000 个法庭。科大讯飞将语音技术以及其他一些人工智能技术应用在法庭上可能能够彻底改变法庭审判的传统模式，为我国的司法工作做出极大贡献。

除了以上的应用之外，语音技术与汽车一直都有着极佳的契合度。在驾驶汽车时驾驶员往往双手不能随意操作其他设备，一旦腾出手来操作其他设备对于驾驶员以及乘客都十分危险。而语音技术使得驾驶员并不需要用手来操作设备，仅靠驾驶员说话就可以代替双手，这对于提升驾驶的安全性起到了极大的作用。随着语音技术的不断发展，驾驶员通过语音能够完成的操作也越来越多，语音智能也更加人性化。2017 年，科大讯飞与长安汽车在重庆签订战略合作协议，双方将在智能语音与大数据分析、车联网运营平台三大方面开展战略合作。事实上，早在 2016 年，科大讯飞就与东风启辰在车载语音应用方面进行了合作。由于科大讯飞语音技术在高速行驶的汽车上仍然能保持 98% 左右的识别率，因而各大汽车厂商一直都对科大讯飞的车载语音系统十分眼热。另外，随着自身在人工智能方面的快速发展，科大讯飞在车载系统上的发展前景就更加广阔。截至 2021 年 1 月，科大讯飞已向国内外合作车企累计交付超过 1 200 个车型项目，前装产品覆盖超过 2 500 万汽车用户，汽车智能化产品在中国主流自主品牌和合资品牌车厂的覆盖率达到 90% 以上，与公司合作的整车厂包括大众、丰田、启辰、沃尔沃、马自达、雷克萨斯、一汽、长城、长安、吉利、奇瑞、江淮、广汽、东风、江铃、蔚来等汽车品牌。搭载讯飞人机交互技术的前装汽车出货量逾百款。对于汽车厂商来说，语音技术的识别率直接决定了汽车的安全系数，因而对于语音技术的要求十分严格。而科大讯飞能够得到如此大量厂商的青睐，足见其在车载语音系统上已经十分成熟。2018 年科大讯飞发布的上半年年报中，公司的汽车业务上半年营收同比增长 30.04%，达 12 064.62 万元。科大讯飞在汽车方面的表现，未来仍然有很大的提升空间。

目前，科大讯飞通过持续拓展行业赛道，已推出覆盖多个行业的智能产品及服务，推动在消费者、智慧教育、智慧城市、智慧司法、智能服务、智能汽车、智慧医疗、运营商等领域的深度应用，形成了 TOB+TOC 的双轮驱动成果。

随着科大讯飞将语音技术应用在越来越多的方面，企业不断做大做强，刘庆峰所带领的科大讯飞管理团队却仍然保持着强烈的社会责任感与使命感。在公司创始之初，由于政府的"救命钱"科大讯飞才得以缓过困难期，因而刘庆峰对于社会公益一直都十分看重。刘庆峰个人带领科大讯飞积极参加地方党委和政府号召的每一次救灾捐助活动，并长期坚持捐资助学等慈善活动。而科大讯飞更是将自己擅长的人工智能技术应用在了公益活动方面，2017 年 3 月 12 日宣布正式启动"AI 教育公益计划"，首期投入约 1 000 万元，通过捐赠教学硬件、软件产品以及益智玩具等物资或提供志愿支教的方式而非单纯捐钱，让人工智能产品进入农村学校，让偏远地区的留守儿童也能享受到科技进步带来的快乐与成长。同时，科大讯飞将科学技术带向偏远学校，能鼓励孩子们对科技更加感兴趣，更能激发他们努力学习的动力，为我国未来的民族科技产业培养潜在力量。

4.2 创新联盟与商业模式

在 20 余年的发展中，科大讯飞从无到有、从小到大，逐步确定并巩固了自己在语音行业的独角兽地位。科大讯飞之所以能够在语音技术方面保持自己的绝对领先优势，一方面是由于自身科研人员的辛苦奋斗，另一方面更重要的则是科大讯飞一直都是"产学研"合作方面的典范。由于科大讯飞起源于中科大，加上起家时就对各大高校的技术进行了整合，并且刘庆峰还亲自拜访了国内各大高校，因而企业与高校一直保持着极为紧密的关系。在国内，科大讯飞与清华、哈工大等 10 家知名院校建立了联合实验室。另外还与美国佐治亚理工学院、中科院自动化研究所、复旦大学等 6 所国内外院校或科研机构建立了合作项目。除此之外，科大讯飞作为理事长单位，一直希望在中科院人工智能产学研创新联盟里面发挥更大的作用。在科大讯飞的每一次技术革新之中，都有许多高校以及研究所的身影。刘庆峰强调，"在产学研合作体系中，企业的主体地位是第一重要的，必须要理解把握这个产业；第二，合作机制非常重要，要给到实验室负责人、合作导师股权，要有真正的利益分配机制。要真的把他们当成跟你分享未来的共同的创业者"。

说起科大讯飞的"产学研"合作，就不得不说起刘庆峰的导师王仁华教授。在科大讯飞创始之初，王仁华教授毫无保留地将自己的一身所学教授给刘庆峰，师生一起创业。公司运营中，王仁华教授将技术的落地、企业管理、市场开拓完全放手交给刘庆峰去做，自己则专心做着前沿技术的研究。正是王仁华教授对于刘庆峰的绝对信任，才使得科大讯飞能够这么多年来保持着活力。而刘庆峰与王仁华教授的这种互相信任、共同创造价值的模式也延续到了后来科大讯飞与各大高校以及研究所的合作模式当中。同时，科大讯飞在产学研的合作创新当中，也有着十分明确的方向。科大讯飞高级副总裁、研究院院长胡国平在展示科大讯飞 19 年的人工智能产学研创新之路时强调，科大讯飞要保持"顶天立地"的方法论与行事风格，在核心技术方面要做到国际领先，在产品方面则要进入千家万户的百姓生活当中。要设立"顶天"的目标，"立地"即脚踏实地地推进以及实践。

2018 年，科大讯飞继续关注人工智能领域的发展，提出"合作共赢，共建 AI 生态"，更加重视与渠道伙伴的互利共赢关系。科大讯飞之所以能够有今天的成就，与其一直以来所坚持的"平台＋赛道"的商业模式密不可分。所谓"平台"，即为全行业提供人工智能技术，整合后台内容和服务，构建持续闭环迭代的生态体系。截至 2021 年 7 月，科大讯飞开放平台已开放 437 项平台能力，聚集超过 227 万开发者团队，总应用数超过 119 万，累计覆盖终端设备数 32 亿＋，AI 大学堂成员总量达到 55.3 万，链接超过 330 万生态伙伴。而"赛道"即"人工智能核心技术＋应用数据＋领域支持"，构建垂直入口或行业的"刚需＋代差"优势。科大讯飞在消费者产品、医疗、教育、司法、智慧城市和智能客服等领域持续发力，效果显著。科大讯飞在实行这两套商业模式时都与渠道伙伴建立起了彼此信任、诚实合作的牢固关系。正如创业时期刘庆峰与王仁华教授的互相信任直接导致科大讯飞得以起飞，科大讯飞这么多年的发展一直都得力于与产业中其他角色保持这种互相信任的关系。我们的创业企业在想要进行产业化的时候，应当同样多关注产业中的渠道伙伴并与之建立友好共赢的关系。也就是说在发展过程中，企业不应当仅仅考虑自身的利益，还应当考虑到整个产业中成员的共同发展。2018 年伊始，科大讯飞构建了"大渠道""大服务""大团队""大客户""大品牌"联动的全新的业务生态体系，将渠道确立为自身的发展战略的重要组成部分。正是科大讯飞的这种愿与渠道伙伴交流合作共同发展的开放态度，使得其能在人工智能产业中处于领头地位。

4.3　机遇与挑战并存

科大讯飞从 2018 年开始将自己的产品、平台以及投资投放到国际市场，参与全球范围内的竞争，这对它来说无疑是新的机遇以及挑战。科大讯飞在国际化上的战略与布局主要从三个方面进行：第一是全球化源头技术的合作和布局，主要依托认知智能国家实验室和国家智能平台，以及科大讯飞自身设立的海外研发中心。第二是产品的代理和渠道的合作，科大讯飞的翻译机以及视听等方面可以直接出售的产品在硅谷已经引起了很多人的兴趣。第三是国际业务的起点——投资。科大讯飞拥有全世界最好的中文语音技术，同时拥有 52 万开发者和日均 40 亿次的交互次数，很多人都有一些好的项目希望科大讯飞来投资，科大讯飞也可以利用投资来打开自己的海外业务。科大讯飞的总部悬挂着这样的标语——"让世界聆听我们的声音"，2018 年 1 月科大讯飞首次在 CES（国际消费类电子产品展览会）上展览自己的产品，开始与海外企业展开合作，进入国际市场。2019 年，科大讯飞新一代语音翻译关键技术及系统获得世界人工智能大会最高荣誉 SAIL 应用奖。然而，科大讯飞的海外之旅也绝非一帆风顺。目前，科大讯飞在国际市场上的份额刚到两位数，相对于前面的国际巨头仍存在一定的差距。科大讯飞进入国际市场，一来相对于国内市场缺乏政府的支持，二来近些年来随着中国企业的做大做强，国际企业都感受到了中国企业所带来的威胁，因而科大讯飞进入国际市场将不可避免地受到国际企业的激烈竞争。然而，正如刘庆峰所言："我相信我们的技术在海外能够站得住脚，立得住根！"科大讯飞想要进一步发展，就要直面这些挑战。

多年以来，科大讯飞一直在语音技术领域一骑绝尘，但近些年来，科大讯飞在产业中的绝对统治地位已经渐渐受到其他企业的威胁。国内 BAT 企业一方面借鉴科大讯飞的产品，另一方面也都在积极发展自身的语音技术，争取摆脱对科大讯飞的依赖，打破科大讯飞在产业内的统治地位。而像云知声这样的新生企业随着国家"大众创业，万众创新"的政策的实施也正在大量出现，伺机而动。加上科大讯飞想要拓展自己的国际业务，也不可避免将要面临占全球市场份额三成的全球第一大智能语音公司Nuance 以及老牌科技公司谷歌、微软、苹果的阻击，科大讯飞在未来所要面临的挑战不言而喻。

虽然科大讯飞面临着一些发展中的问题，不过正如讯飞大厦墙上的另一句标语"我们热爱讯飞，不是因为讯飞完美，而是因为完美的讯飞将由我们来创造"所传递的，科大讯飞一直以来在面临挑战时坚持不懈、奋斗拼搏的精神仍然值得我们对其报以更大的信任。2020 年度，科大讯飞全年实现营业收入超过 130 亿元，经营规模和经济效益同步提升，综合实力进一步增强，在智能语音和人工智能核心研究和产业化方面的突出成绩得到了社会各界和国内外的广泛认可。可以预见的是，科大讯飞未来所面临的机会与挑战都相当之多。作为一家已经存在了 20 年的企业，科大讯飞能否保持自己一如既往的活力来抓住机会，迎接挑战，在未来竞争更加激烈的语音智能乃至人工智能市场有出色的表现，值得所有人期待。

5. 结语

科大讯飞 20 余年的创业成长史，可以说是充满了颠簸与坎坷，它是这个时代千万个创业科技企业的缩影。自改革开放以来，我国对于市场经济的重视程度与日俱增。改革开放 40 年之际，习近平总书记再次强调，"支持民营企业发展并走向更加广阔舞台"。国家对于初创企业的支持在可见的未来都将是持续且逐渐加大力度的，创业企业的环境从长期来看都将是对发展有利的。然而，这个时代对于初创企业来说是最好的时代，却也同样是最坏的时代。随着创业大潮一波一波来袭，越来越多的人被少数几个"独角兽"那美丽的独角迷花了双眼，并不了解其中的困苦就一头扎了进去，想要重现成功者的成功，却没看到失败者的失败。等到真正进入之后，才发现技术难关、资金缺乏、管理经验的缺乏如同一座座大山挡在了自己的面前。

事实上，大山挡在了所有的初创企业的面前，所有的初创企业都会遇到这样或者那样的问题。只是有些企业跨过去了，就像科大讯飞这样在新的时代到来之际开始了新一次的腾飞；而没跨过去的企业，便化作了时代的尘埃，或是倒闭，或是转变业务放弃最初的目标。

总的来看，科大讯飞之所以能够在一次一次的挫折与危机当中化危为安，并不断取得成就，可以归结为以下几点：

第一，时代造英雄。科大讯飞可以说是抓住时代机遇的典型之一，在20世纪末21世纪初的时间点，比尔·盖茨曾经提出"未来10年是语音的时代"。科大讯飞看到了这个机会并发现了中国这一巨大的市场，深耕智能语音领域，不离不弃，终于在语音市场逐渐成熟之时占据先机，成为市场的领导者。除此之外，在我国改革开放处于一个快速生长期的时代，科大讯飞的发展受到了政府的大力支持。无论是在最开始缺粮少兵时合肥市政府的"雪中送炭"，还是在后续发展中国家实验室的创办，政府都对科大讯飞的发展起到了极为重要的作用。科大讯飞的成功，具有很显著的时代属性。而在改革开放进入新阶段，"双创"成为时代主题的当今，抓住时代机遇成为许多正处于创办初期的企业应当思考的重要问题。

第二，创新。正如德鲁克所言，"营销与创新是企业的根本"。如果说科大讯飞在这么多年的发展当中有什么事情是一直在坚持而从未改变的，创新肯定是其中之一。自刘庆峰许下了"要么率先燎原，要么最先熄灭"的豪言壮语，科大讯飞在技术创新上就从未停下过脚步。居高不下的研发投入占比，一次又一次的国际奖项的获取等都表明了这家企业在技术上一直处于行业的领先地位。不仅仅是技术，在技术的整合方面，科大讯飞在本行业内也进行了创新，率先开始产学研合作，将研究机构与高校的技术优势有机结合起来进行商业化，最大化技术的价值，为以后多行业多企业的产学研之路提供了一盏明灯。除此之外，科大讯飞还在技术应用以及面向市场方面进行了不断创新。科大讯飞在这些年不断拓宽智能语音的应用领域，如汽车、电信、教育以及司法等，并将 ToB 和 ToC 两个市场同时抓起，不仅推出面向企业的产品与服务，同时也积极满足个人的需求。多方向以及不间断的创新正是科大讯飞不仅能"做得大"，还能"做得久"的秘诀之一。

第三，企业家精神。"时势造英雄"，说起科大讯飞的"英雄"，无疑就是它的创始人——刘庆峰。从风浪当中走来的科大讯飞，从一艘摇摇晃晃的小船变成如今的远航巨轮，刘庆峰这位掌舵人的功劳可谓是不言而喻。刘庆峰，作为一个技术人员出身的领导者，在这 20 年表现出一种令人赞叹的企业家精神。无论是艰苦奋斗期的垫付工资激发斗志，还是"半汤会议"上的毅然决断，抑或是后期高速发展时对于大方向的把控，刘庆峰的精神与领导可以说是科大讯飞能走到今天的决定性因素之一。更可贵的是，刘庆峰拥有一种"科学家"般的企业家精神，这种精神体现在敢于试错并能在错误中快速准确地吸取教训，对于企业发展谨慎理性的分析以及对待自己认为正确的方向，撞破南墙也不回头的决心。正如刘庆峰所言，"如果企业家没有科学家精神，你的判断会不准确；科学家对企业家不了解，就会很难做"。科学家与企业家的结合，或许正是一位优秀的领导者应当拥有的特征。

科大讯飞的成功是众多因素共同作用的结果，自然远远不止这几点。这样一家企业的发展与成功，值得所有想要创业或是参与管理的人细细品味，探究其中的因与果。

附录　2020 年科大讯飞各产品业务收入情况

产品业务	2020 年		2019 年		同比增减
	金额（元）	占营业收入比重	金额（元）	占营业收入比重	
一、主营业务					
1.教育领域					
教育产品和服务	4 019 222 681.95	30.86%	2 354 817 683.48	23.36%	70.68%
教学业务	167 310 688.77	1.28%	143 286 686.45	1.42%	16.77%

续前表

产品业务	2020 年		2019 年		同比增减
	金额（元）	占营业收入比重	金额（元）	占营业收入比重	
2. 智慧医疗					
医疗业务	312 680 410.23	2.40%	184 740 325.87	1.83%	69.25%
3. 智慧城市					
数字政府行业应用	1 025 307 509.84	7.87%	676 817 933.06	6.72%	51.49%
智慧政法行业应用	1 038 090 006.86	7.97%	1 331 220 141.24	13.21%	−22.02%
信息工程	1 773 613 518.25	13.62%	1 497 255 687.49	14.86%	18.46%
4. 开放平台及消费者业务					
移动互联网产品及服务	285 960 859.66	2.20%	318 138 723.13	3.16%	−10.11%
开放平台	1 920 794 562.91	14.75%	1 154 183 978.32	11.45%	66.42%
智能硬件	873 228 157.56	6.70%	801 235 350.44	7.95%	8.99%
5. 智慧汽车					
汽车智能网联相关业务	323 508 700.10	2.48%	371 760 585.12	3.69%	−12.98%
6. 智慧金融					
智慧金融产品和解决方案	147 008 316.17	1.13%	198 218 205.73	1.97%	−25.84%
7. 运营商					
运营商相关业务	1 098 888 765.96	8.44%	982 533 830.54	9.75%	11.84%
8. 其他	2 357 584.08	0.02%	32 891 047.34	0.33%	−92.83%
二、其他业务	36 686 103.51	0.28%	31 588 741.48	0.31%	16.14%

资料来源：科大讯飞股份有限公司 2020 年度报告。

（刘彧彧　王鹏斌）

第十二章

推进工业文明　共创
美好生活——汇川技术

INOVANCE

有"战略眼光"就是"不短视"。不短视就是预见未来,同时还脚踏实地,而不是工作在未来虚幻的轮廓中。无论是对产业结构及趋势的洞察,还是对自身能力和资源的了解,抑或让自己的思维方式变得更系统,并摒弃偏见,有"战略眼光"就是要让自己变得更加"不短视"。——理查德·鲁梅尔特

中国前二十年由制造弱国向制造大国快速转型,现在又正在向制造强国艰难突围。汇川前期用进口替代抓住了"增量红利",现在正用创新超越抓牢"结构红利"。"快"是汇川创业成功的武功秘籍,"快中有慢"是汇川未来行稳致远的取胜密码。——朱兴明

长期以来,党和国家始终高度重视民营企业的创新与发展。十九大以来,更是大力鼓励创新与创业,并提出进一步激发与保护企业家精神。这就为民营企业的创新与发展提供了良好的制度环境。

深圳市汇川技术股份有限公司(简称"汇川技术")是专门从事工业自动化和新能源等相关产品的研发、生产与销售的高新技术企业。公司创业十几年,目前已从单一的变频器供应商发展成为光机电综合产品及解决方案供应商。目前公司产品涵盖工业自动化、工业机器人、新能源汽车、轨道交通以及工业互联网等多个产业领域。公司坚持技术营销与行业线相结合,坚持为细分领域提供"工控 + 工艺"的定制化解决方案及进口替代的经营策略,已经成为国内一流、世界知名的工控企业。汇川技术现在是工控产品国产替代的领头企业。本章重点介绍汇川技术的创业历程,并就其创业过程中的经营和管理模式、文化传承、营销与研发模式等进行系统刻画。

1. 创业报国，进口替代

工业自动化是工业生产中必不可少的技术，在整个工业生产过程中，工业自动化水平的发展往往代表着一个企业的生产效率、生产精度，涉及工业企业生产当中的管理控制、智能制造、整子系统等多个领域。工业自动化是德国工业 4.0 的重要前提和基础，而我国工业自动化起步相对较晚，长期以来自动化领域中的很多核心技术和设备往往被国际公司垄断，中国工业的崛起需要中国工业自动化进一步发展。在这样的背景下，一群年轻人怀揣家国梦想、怀揣报国情怀、怀揣工业振兴，走在了中国工业自动化发展的前沿。

2003 年，汇川技术董事长朱兴明带领 19 位伙伴，抱着产业兴国、进口替代的理念，开始创业。在创业初期，汇川技术创业团队创始人都是工程师出身，他们坚守技术和研发立命的信念，在产品制造和营销方面找到突破点，并开始在市场站稳脚跟。

创业的初心，尤其是在工控领域坚持走进口替代之路，为民族工业的发展尽力而为的理想，对汇川技术的生存起到了至关重要的作用。

1.1 共闯市场，通力合作，锐意前行

1992 年，朱兴明研究生毕业。和一般研究生的求职路径不同，他没有去抱"铁饭碗"，而是决定去当时中国改革开放的前沿深圳闯天下。在深圳，他加入了华为公司，"华为给我的平台，让我从市场营销、产品开发，再到管理层，一直在变频器产业摸爬滚打。我们那帮年轻人，几乎每天晚上都要干到很晚。我们学到了知识，丰富了成长经验，收获了很多"，朱兴明回忆当年华为经历的时候，内心很感恩华为。

2001 年，华为出于业务调整的考虑，将其电气业务出售给艾默生公司。于是，朱兴明和他的伙伴们，去了华为-艾默生工作。由于朱兴明的统筹能力和技术理解力很强，他很快脱颖而出，被公司提拔为产品线总监。在这个经历中，朱兴明深入思考了许多问题，如组织和环境的关系、组织作为一个系统的有机运营规律、产品和竞争力的关联以及自身领导力的突破等。

在外资企业的被动处境，对朱兴明和他的伙伴们而言并不愉快。处在而立之年的朱兴明以及他的汇川创业团队，在这个阶段，对国内工业控制领域的现状已经有理性的思考。实际上，国内企业当时在这个领域，基本没有什么地位。跨国公司的产品，在中国工控市场处于垄断地位。这里既有机遇也有挑战。工业控制实际上是制造业的基础，朱兴明和他的伙伴们知晓其中的利害。在这样的情境和历史阶段，"打造民族工控品牌"在朱兴明和他的创业伙伴的脑海中涌现出来，并由此悄悄扎根。

2003 年，在世界经济分工体系中，中国制造已经开始自成一体。在这个历史背景下，中国制造和智造的理念，在国内官产学界成为共识。朱兴明和他的 19 位创业股东，离开跨国公司，开始了创业之旅。2003 年，深圳市汇川技术有限公司成立。汇川之意为"汇聚百川"，意将客户流、人才流汇聚在一起。同年，布局为电梯行业的苏州默纳克控制技术有限公司成立。

1.2 创业创新，研发为上，产品先行

创业初期的日子很艰辛，但工程师出身的创业团队，始终将研发作为竞争的核心，成员们深谙创业初期的企业成长必须要依赖于优秀的产品，因此在初创时期汇川技术创业团队高度重视对行业内既有产品的研究，并着手开发具有公司特色的产品体系。

由于创业团队的高度共识，所以汇川技术在创业初期就将技术研发和产品开发密切结合。2004 年，公司生产出第一台矢量变频器。接着就是 MD320、MD330 以及 NICE 系列电梯一体化控制器。在变频器行业，汇川技术矢量产品的出炉，给起步期的民族品牌吹来了"高大上"的清风。汇川技术初试牛刀，其变频器产品在电梯、数控机床等行业有了市场。

在这个阶段，公司明确了"充分配置做制造"的运营方向，将有限的资源用于产品制造环节，并迅速在制造领域打下基础。2004 年，汇川电子厂成立。公司同期还很注重信息化管理。这样，制造的硬件和信息管理的软件同步发展，公司发展的基础水平得到大幅提升。

2005 年，朱兴明开始思索公司营销模式的变革，聚焦于产品供应的特定行业，他创造性地提出了行业营销的概念：针对某个特定的行业，深入研究、将行业客户

细分,分析目标客户的个性化需求,通过客户化定制来满足客户差异化需求,进而"吃透整个行业",在行业内不断拓展其他客户。行业营销模式为创业初期汇川技术的快速发展插上了翅膀。打通了一个行业,实际上就打通了行业内的延伸客户。2005年公司营收达到3 700多万元,成功度过了存活期。

在这个阶段,公司的每个创业者都充分发挥一人多能的功能。为了让公司活下去,创业者们都活跃和奋斗在市场一线:找订单、抓生产、做研发、拼销量。在强手如林和竞争激烈的氛围中,大家精诚团结、不计得失,为公司后来的组织文化埋下了好的基因,打下了好的基础。

2. 扬帆起航，成长奋进

2006年国务院发布《国家中长期科学和技术发展规划纲要(2006—2020年)》。这个纲要,详细介绍了国家鼓励创新创业的多种政策,其中包括科技投入、税收激励、金融支持、政府采购、教育与科普等。在艰难的创业初期,国家对民营企业创新创业的关怀与支持为怀揣创业梦想的汇川人提供了无尽的力量。与此同时,我国加入世贸组织后,中国企业与世界的交流更加密切和深入,这也进一步推动了我国工业自动化领域的发展,国内自动化市场潜力逐渐提升,国内民营企业也逐渐发展起来。

在这个阶段,公司的营销思路更加明确,并且在产品制造、研发配置等方面均已初具规模。在成长期,公司继续注重产品种类的增加,并着手进行公司营销体制和机制的建设。这一阶段,公司的销售收入从2005年的3 700余万元增长到了2010年的近7亿元,员工人数也实现了井喷式的增长(见图12-1)。这一阶段公司也得到了客户及行业的认可,先后获得多个荣誉,如"2007年深圳市最具成长性中小企业"第1名、"2008年国家高新技术企业"、"2009年福布斯最具潜力中小企业榜"57位等。

在这个阶段,公司开始有资源投入到研发。在紧贴市场需求和洞悉客户价值的过程中,公司探索出垂直行业解决方案的研发模式。与此同时,公司也注重研发管理和组织设计,借助于IPD(集成产品开发)工具进行研发与产品设计的统筹。再加上柔性和模块化组织设计，公司的发展如虎添翼。

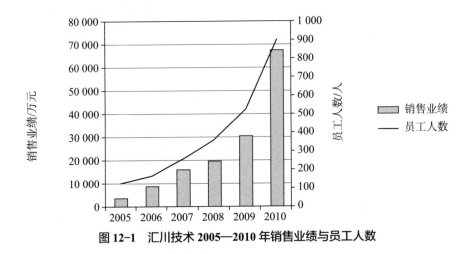

图 12-1　汇川技术 2005—2010 年销售业绩与员工人数

2.1　客户导向，工匠精神，质量为王

围绕客户价值进行创新和生产是一个企业保持竞争力的王道。借着国家对高技术创新企业的政策支持，汇川技术也更加专注于自身的产品与管理创新。朱兴明与最初的创业团队秉承工匠精神，从营销、技术、研发、组织结构等多方面进行了很多新的尝试，这保证了汇川技术在创业初期以较高速度发展，也为汇川技术的上市与进一步发展奠定了良好的基础。

2.2　营销创新，技术营销，打造"铁三角"

营销是突破企业发展瓶颈的重要途径，与传统公司资金投入、渠道拓展等营销方式不同，汇川技术走出了独具特色的营销之路。由于汇川技术创始人大都有技术背景，其职业生涯早期又都在正规大公司工作过，所以他们在自己创业的时候，能够深刻理解德鲁克对于企业本质的发现，就是组织的价值，其实就在于通过创新和营销，来发现并满足客户需求。

有了这样的指导原则和"定海神针"以后，汇川人一直在探索实现组织目标的机制和策略。在这个阶段，公司探索出研发的市场化牵引机制、贴近客户的分销模式、快速的供应链管理模式等。

基于技术专家对客户需求的捕捉和理解，公司研发密切配合，并以此为依据进行产品的定义和量产。通过"市场—研发—生产"这一"铁三角"的联动模式，公司开发出超乎客户预期的产品。有了过硬产品，公司则开始打造环环相扣的营销流程和体系：渠道开拓、客户维系和行销人员培养。在这背后，还有公司层面平台资源的支持和保驾护航。这样"铁三角—中装旅—大平台"的运行体系就初具雏形了。

在渠道建设过程中，公司分三步走：第一步是细分市场，汇川技术在不同行业将客户进行高中低端客户群的细分，细分市场实现了不同产品与小细分市场之间的对接；第二步是产品定位，汇川技术"聚焦高端、技术领先"，强调个性化和定制化，在技术和研发的快速配合和支持下，以定制化进行产品生产和供给，满足不同层级客户的需求；第三步是技术营销，技术营销就是针对客户痛点，以技术为载体，对产品、营销渠道、品牌传播、售后服务等进行整合和联结，并以此为基础进行营销创新和变革。渠道开拓的背后，则是一支具备技术积累、理解产品和管理经验较丰富的营销人员队伍。这支队伍战斗力强、方向明确、学习速度快，他们能够以高端技术为主打优势吸引客户，并为其提供全方位的解决方案。

在客户关系拓展和维护上，公司找到目标市场之后，用各种方法与客户建立联系并试图将产品或服务销售给客户。客户关系维护也有三个步骤：第一是建立信任。信任是沟通的基础，汇川技术在与客户建立信任关系时，采用大客户分析方法和决策链条方法来进行，充分利用各种可能存在的关系网络，选择最稳妥和最直接的方式与客户建立信任感，并积极与其进行业务交流。第二是挖掘需求。在沟通的基础上，由技术专家组成的行销团队会在此时发挥巨大作用，以专家的眼光和视角对客户提出的要求进行分析，并充分挖掘其内在可能存在的其他要求。第三是呈现价值。技术专家将客户的个性要求进行技术转化和产品实现，并以技术的眼光向其提出全方位的系统解决方案，这样做一方面解决了客户的实际问题，另一方面则满足了客户的个性化要求。

渠道建设和客户维护，需要营销人员的努力。公司运用各种策略，对营销人员进行开发、培养、考核和激励。第一是阶段性考核。即设定阶段性销售目标，在不同阶段采用不同考核标准，如在渠道建设方面，开始阶段以渠道布局数量作为考核的标准，接着会以渠道质量作为标准，再者以渠道所带来的销售量为标准，最后以渠道的管理及布局是否合理作为标准。第二是保证人尽其才。在行销团队中往往会存在着很多不同性格、不同能力、不同追求的成员，在对不同类型的员工进行管理和工作安排时，不能采取一刀切的方式，汇川技术充分尊重个性化的发展，并针对成员的不同特点分配不同任务，如性格外向的可以做渠道，技术过硬的可以做技术营销等，实现了人尽其才的效果。第三是人才梯队建设。汇川技术高度重视对后续人才的培养，汇川技术的创始人和股东员工在公司被称为"汇一代"，他们具有敬业、多能、高效、公正、使命感强等鲜明特点，他们中的大多数现在已经人到中年，并开始有了教练意识。在代际传承方面，汇川技术用的较多的育人方式是师徒制，讲究传帮带。不同代际人才形成了汇川技术营销人才的梯队模式（见图 12-2）。

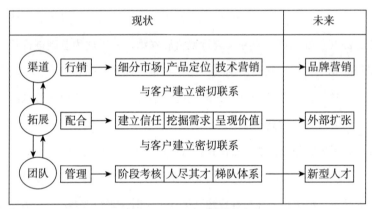

图 12-2　汇川技术营销模式

2.3　技术创新，组织有机，管理有方

技术是汇川技术的立身之本，只有持续保持技术创新和技术领先，才能强化已有的竞争优势。技术创新已经成为汇川技术的发展常态。在快速成长阶段，公司一方面通过环环相扣的、连贯性的业务活动，获得客户基础；另一方面坚持研发投入，构筑公司竞争中的壁垒和能力。多年以来，汇川技术一直将其营业收入的 10% 用于研发。

在行业需求和满足需求的牵引下，公司在快速发展阶段，采用产品线制度，来组织市场、研发、供应之间的联结。比如在电梯行业，汇川技术探索出标准产品和非标准产品之间的内在链接，并找到合成点，将控制系统和驱动系统合二为一，形成产品，有效满足客户多快好省的需求。这种"非标转化为标准"的研发定位，能够帮助公司在竞争中取胜。

汇川技术研发总监柏子平说，"汇川其实是在做透行业，非标往往会成为一个'转接'。从企业到行业扩展之后，产品的成熟度就出来了。比如在液压伺服应用较广的注塑机行业，开始的时候，客户的要求是节能。对客户需求进行了解以后，经过一年多的时间，我们做出了超乎客户预期的产品。慢慢地，这个客户会向同行推荐，现在我们研发生产的节能产品已经是行业标准了。在这个基础上，对原有产品进行不断升级，升级需求又会牵引我们研发的目标，而且能帮助我们较好把握研发的投入和回报比。这种研发模式是被市场牵引出来的。最开始针对客户做非标的时候，主要做到的是'快速响应'。在质量方面可能没有很精细，因为不知道回报如何。后来客户要求明确化以后，我们可以在'质量可控'上进行精雕细琢。逐步有了规模以后，则可以形成影响力。有了影响力，就可以在行业中倡导和设计行业标准。在某项技术成为行业标准以后，又可以进一步稳定质量，提高品牌效应"。

这种运营逻辑对研发管理的要求比较高。汇川技术在对研发活动进行组织设计的时候，一共有三个部门，各司其职。第一是负责和产品线对接的部门；第二是负责研发资源统筹的部门，给技术研发提供辅助；第三是技术共享部门，这个部门作为共享平台实现多个相关多元化产品的技术共享。以上三个职能部门均聚焦市场，以满足客户需求为最终目标。

以汇川技术电梯产品为例。在电梯产品的传统供应中，驱动器与控制器是分开的，市场上分别由不同厂家供货。这种分离就给电梯客户带来很多麻烦：维修、运营、时间、价格等都受制于不同的供应商。汇川技术工程师敏锐地捕捉到客户的"痛点"，和客户一起思考如何将控制器与驱动器合为一体。基于这样的技术营销信息反馈，汇川技术研发团队立刻投入资源，进行攻关和产品研发，最后能够生产出合二为一的产品。这一创新产品很快占领电梯市场，并由非标变成标准产品。汇川技术改写了这一行业相关的游戏规则，形成竞争中的优势地位。

2.4　体系创新，系统集成，构筑壁垒

如前所述，公司创业者早年都有浸泡在华为的工作经历，所以管理层对 IPD 都有理解。IPD 是一套产品开发的模式、理念与方法，最早在 IBM 公司得到应用，后华为引进 IBM 的 IPD。汇川技术在其技术开发过程中，也采用此方法论。

基于客户需求的 IPD 开发流程，对新产品技术研发起到保障作用。与此同时，产品和技术的研发又不局限于研发部门，市场、财务等部门都充分参与进来，这样就实现了协同效应。在进行一项产品或技术的研发时，其他部门、团队以及各个平台和资源参与协调与支持。从市场的角度出发理解客户的需求、市场细分，通过集成组合的管理团队的支持，经过对概念、计划的界定，进行技术开发和产品实体化，初步验证后进行产品发布，从而进入产品的生命周期运营。这样的系统集成，逐年形成积累，并构筑起竞争中的壁垒。

和组织保障以及方法论配套的其他措施，还有公司对技术研发真金白银的资源投入。汇川技术每年将 10% 以上的销售收入投入研发。公司先后成立了深圳、苏州、米兰等研发中心，分别专注于基础技术研究及产品开发研究。对不同地区和分公司的研发中心都配置了不同的核心任务，如欧洲研发中心与深圳研发中心负责核心和基础的技术研究，而苏州研发中心与长春研发中心负责产品开发的研究，杭州研发中心和北京研发中心负责应用技术的研究。通过这种不同的设置，汇川技术从核心和基础技术、产品开发及行业应用三个角度共同促进技术进步。

在组织保障和资源投入基础上，公司进一步夯实基础部分的构筑。公司设有测试部、物料品质部、结构工艺部、研发 FAE 部及项目管理部等来支持和保障技术研发工作。这些部门的人员与研发中心的人员都是按照 1∶1 进行配置，做到充分的保障。

公司人力资源管理也颇具特色。在汇川技术，整体研发人员占比高达 30%~40%。在培养研发人员过程中，有配套和组合的机制：第一是新员工的入职培训，特别是对技术型员工的相关技术培训。第二是外聘技术培训公司进行培训，对技术员工进行特定技术培训。第三是公司内部培训，资源平台部门会制定和输出技术规则进行培训，同时长期从事技术型工作的员工也会作为培训者参与相应培训。第四是非常有汇川技术特色的培养体制，就是用会议评审制度来打造人才成长体系。在人才成长的每个阶段都会有会议评审，在不同产品阶段，公司或部门高层会通过

组织产品评审会议的形式对方案进行评审，这种评审往往不是"面子工程"，而是能够真正指出问题所在，帮助员工成长，很多员工通过评审会议看到了自己的不足，有时候也会通过看别人的评审来找到自己的不足，从而实现进步与成长。

上述配套的、系统的、环环相扣的研发管理制度，帮助公司赢得了竞争。汇川技术磁链闭环矢量控制技术达到了国际一流水准，交流电机的参数辨识技术处于国内领先地位，工程驱动技术处于国内领先地位。汇川技术新产品研发每年都有创新和突破：每年至少以突破 1 项核心技术匀速进步。比如 2006 年矢量控制技术、2007 年 PLC（可编程逻辑控制器）技术、2008 年伺服技术、2009 年电机设计与制造技术、2010 年总线技术、2011 年新能源技术以及 2012 年磁链闭环矢量技术创新等。

更重要的是，汇川技术在技术研发方面积累了大量的经验，并构筑了底盘竞争优势。这对于公司在新行业拓展控制业务起到至关重要的支撑作用。汇川技术在流程、职能、结构和人员管理上，通过系统的和组织化的方式，来进行研发活动。在核心和基础技术、产品开发及行业应用三个方面均有投入，兼顾公司长期目标和短期目标之间的平衡。综上所述，汇川技术的技术研发活动紧紧贴近客户需求，以 IPD 为方法论，保证资源和资金的投入，同时以制度和结构设计为牵引，来保证为客户提供整体解决方案（见图 12-3）。

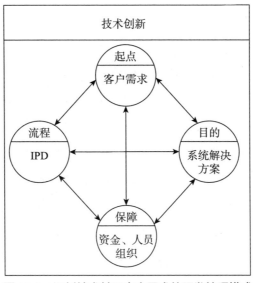

图 12-3 汇川技术基于客户需求的研发管理模式

2.5 组织创新，柔性运营，整制推进

组织结构是组织得以有效运行的基本框架，随着战略的演化和公司规模的发展，汇川技术在组织创新上也走出了自己的道路。在创业之初，汇川技术的组织目标相对明确，其组织结构也随着目标和市场需求的变化进行调整来服务于战略需求。在公司快速成长阶段，外部竞争十分激烈，汇川技术的组织结构以"产品线＋区域"为主，进行活动和人事的安排，并体现出柔性和适应性特点。实际上，国内工业控制领域核心技术多被国外公司垄断，而在自动化产品市场中，民族企业所占比重也极为有限，政策环境、技术环境、竞争环境的高度不确定性也逼迫企业组织，要"身段柔软"，具备一定的柔性和敏捷特征，才能在市场上有一席之地。

模块化在汇川技术组织结构中体现得尤为明显，也是促成汇川技术柔性组织的重要力量。组织结构的模块化设计是著名管理学大师西蒙提出的，是指将一个复杂的有机系统分解为不同的子系统（模块）后，各个子系统能够按照既定的规则进行有机结合，汇川技术的组织结构在演化过程中便具备模块化的特质。汇川人在介绍自己的组织结构时往往会用三维矩阵图。实际上，三维矩阵便是汇川技术组织结构设计中的三个模块——产品线模块、专业流程模块和基础服务模块，三个模块之间彼此区分又密切协同，共同构成了高度柔性的组织形式。

从产品线模块来看，公司拥有基于产品的多条产品模块，如变频器、PLC产品、电梯产品等；专业流程模块则包括在不同流程节点的模块，如战略规划部、研发部等；基础服务模块则是公司的职能模块，主要包括人力资源部与财务部等。

在模块化运行过程中需要"看得见的规则"与"看不见的规则"协同运作，才能保证组织有效地"合成"与"分工"。一方面，聚焦客户需求是组织设计的重要目的，这也成了组织设计"看得见的规则"。在这一目的和原则的指导下，产品线模块、专业流程模块与基础服务模块之间需要紧密咬合，其中产品线是直接面向客户需求的模块，专业流程是为产品线提供服务的模块，而基础服务则是支持和监控前两个模块的基础模块。另一方面，"看不见的规则"则是指每个模块的自主性，每个模块可以根据自身实际情况进行内部运营，产品线模块就是一个虚拟利润中心，围绕客户需求，

各个产品线会在公司内进行关系联动与资源整合，并对结果负责，其他模块的运行同样会遵循这种"看不见的规则"。

3. 奋力拼搏，成熟蜕变

2010 年 9 月 28 日，对每一位汇川人来说都是个大日子。经过 7 年的发展，汇川技术已经成长为在工业自动化领域及其相关领域中的领先者，并受到资本市场的关注，成功登陆深圳证券交易所创业板。

上市后，汇川技术销售业绩迅猛提高，员工人数也接近 3 000 人（见图 12-4）。上市之后，更多的人开始认识了解汇川技术，公司也获得了越来越多的荣誉，如"2010 年福布斯最具潜力中小企业榜" 18 位、"2010 年深圳市成长型中小工业企业 500 强"第 1 名、"2012 年福布斯中国最具潜力上市公司"榜首、"2014 年中国最佳上市公司" 50 强等。

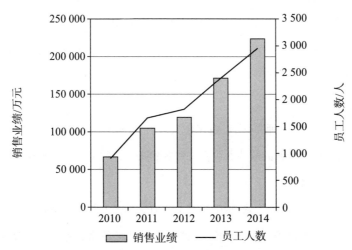

图 12-4　汇川技术 2010—2014 年销售业绩与员工人数

公司上市既是对汇川技术发展拼搏的肯定，也是汇川技术二次创业成长的蜕变。资本市场的认可鼓励了每一位汇川人，也给汇川技术的发展带来了强劲的动力。

3.1 持续自我革命，学习优化，接受挑战

进入新的发展阶段，汇川技术也保持着谦卑心态，朱兴明头脑格外清醒。他不仅没有被资本市场的巨大冲击所迷惑，反而逆向思考，从更加宏观的视角反思历史、展望未来，为汇川技术的未来把脉、定位和强内功。在他看来，上市之后的汇川技术，将从内河的航行，变成在大海的航行，机遇增多，但风险也变大。因此在对人、对事、对组织的管理上，要有更高的管理智慧和更长远的设计。

3.2 运营创新，资本青睐，成熟蜕变

"公司上市吹响了汇川高速发展的号角，但如何管理好这19位亿万富翁，这会是一个难题。"朱兴明在反思上市带来巨大资本诱惑时如是说，"在上市以前，我就开始研究公司上市以后失败的案例，这样我对上市以后汇川不同人群之间的管理、资本和战略落地的关系、如何激励和吸引公司所需要的人才，都有了自己系统的认知。"在有了缜密思考以后，朱兴明决定在上市后的国庆期间，召开股东闭门会议。

在这次闭门会议上，朱兴明和19位创始股东赤诚相见、袒露心声。经过充分讨论，会议达成共识，并形成24字方针："前事不忘，后事之师；他山之石，可以攻玉；千里之行，始于足下。"这些原则后来成为汇川技术上市后持续稳定增长和克服困难的定海神针。

"前事不忘，后事之师"。朱兴明在会上列举了公司上市后经营失败的惨痛案例，以此提醒同人如何在短暂的成功面前保持清醒的头脑，并倡导大家再思考汇川技术在上市以后的发展策略。

"他山之石，可以攻玉"。资本市场带来的力量是强大的，但是如何真正利用好资本市场所带来的资本优势、人才优势、品牌优势则需要缜密思考和系统统筹。通过会议讨论，大家对此有了更为客观的认识。

"千里之行，始于足下"，则是归零心态。在面临新的挑战时，过去的成功也许就是包袱。朱兴明在会上提出汇川技术上市后的发展规划，鼓励大家脚踏实地、付诸实践。

3.3　治理创新，使命金钱，软硬都要

与传统"两权分离"的股权激励模式不同，汇川技术在股权激励机制上实行的是"两权合一"的模式。汇川技术核心创业团队成员大部分来自华为与艾默生等知名企业，具备工业控制领域与自动化领域的技术研发、产品设计、营销推广以及渠道管理等方面的经验，如何通过股权激励模式的设计来稳固核心高管团队是汇川技术股权激励模式设计必须要考虑的要素。

在上市之后，汇川技术开始思索股权激励模式的设计。2012 年，公司推出首期股权激励计划。该期股权激励计划具有"两权合一"特色。传统股权激励模式中，控制权与所有权是公司治理与股权激励中的一个重要议题，从汇川技术的股权结构中可以看出，公司高管均为公司的主要创始股东，且股权较为分散，无绝对控股股东，这在治理模式上会呈现出决策权与经营权、主要股东与公司高管双重身份的"两权合一"特征。在这种特征下，公司创始股东往往会将股权激励的"福利激励"让渡给核心技术员工，这种形式的股权激励往往能够更大范围地调动员工的工作积极性与工作热情，从而有效减少技术骨干与业务骨干的离职，更好地稳固核心团队与高端人才。

公司以股权激励的方式将员工的利益与组织发展进行有机连接，大大提升了团队的稳定性。2012 年之后，公司又进行了两次股权激励，覆盖 1 000 余名员工，选择标准会综合考虑公司的发展与个人的贡献，员工在"两权合一"的股权激励模式下，一方面能够体认和认同组织目标和使命，另一方面作为奋斗者，又能享受到公司发展所带来的好处。

3.4　市场低迷，苦练内功，寻求蜕变

2011 年到 2014 年，国内工业自动化市场波动较大。2011 年，工业自动化市场需求增速放缓，2012 年工业自动化市场需求出现下滑，持续低迷，尽管 2013 年工控行业有所复苏，但 2014 年对于汇川技术来说又是艰难的一年。尽管上市带来了巨大的资本效应，但是宏观经济形势的波动、特殊行业的低迷发展、行业内的竞争不断加剧、公司应收账款带来的财务风险提升等问题也不断影响和制约着汇川技术的腾飞。汇川

技术一直走在蜕变和成长的路上，面对低迷的市场环境与波动的宏观经济形势，依旧坚持优化内部管理、拓展增量业务。在这一时期，公司在艰难中前行，推出了以下管理和经营举措：

3.4.1 坚持研发至上，并以研发为驱动力，提升公司能力

汇川技术始终高度重视研发对公司发展的驱动，上市带来了雄厚的财力资本，也吸引了大批高端人才的加盟。从 2011 年到 2014 年，公司研发人员不断增多，研发团队日益壮大，2014 年研发团队已经近 700 人（见图 12-5）。

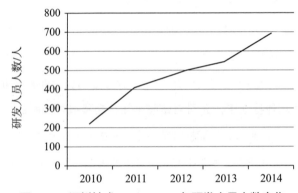

图 12-5　汇川技术 2010—2014 年研发人员人数变化

除了人力资本上的投入以外，公司在研发流程梳理与研发平台建设上也不断推进。在研发项目管理、成本控制以及项目的合规与可靠性设计等方面，持续优化研发项目的流程和质量控制。由于战略上的持续投入和系统优化，公司在技术攻关和技术积累方面有了很大的进步。2011 年，公司顺利完成 MD380 系列高性能变频器、NICE5000 电梯一体化等产品转中试的研发工作。

3.4.2 苦练内功，持续优化管理，稳住底盘

2015 年，公司将该年定义为管理优化年。但实际上，公司内部管理优化从更早时间便已经展开。

公司始终关注对组织结构的调整与内部流程的梳理。2012 年为了进一步提升公司的管理效率，公司加强了信息化建设，实行"基于 ERP 运营全流程 IT 化管理"，逐步

搭建起公司的一体化信息流管理体系。2013 年公司成立了四个事业部，将新老产品的成本控制工作进行了进一步优化；基于项目制的市场管理模式也更好地满足了客户的需求。2014 年公司更是提炼出企业文化的内涵，使其成为实现组织目标的另一个抓手。这个在后文还有详细的阐述。

3.4.3　不断拓展增量业务，为蜕变打下基础

在工业自动化市场持续低迷以及房地产市场走低的背景下，公司传统业务的发展受到了一定程度的打击。从 2011 年开始，公司就已经着手在铁路以及新能源领域进行布局，同时在光伏逆变器产品方面也取得技术上的突破。传统产业的行业营销经验以及伺服驱动系统的技术优势为新兴业务的拓展奠定了良好的基础，尽管新兴增量业务在汇川技术销售收入中所占的比例仍较低，但存在很大的发展空间。

4. 面向未来，转战智能

2014 年 9 月，李克强总理在夏季达沃斯论坛开幕式上提出要"借改革创新的'东风'，在 960 万平方公里土地上掀起一个'大众创业、草根创业'的新浪潮"，推动中国经济进一步发展。党和国家鼓励民营企业组织积极进行创新发展，鼓励培育企业家的创业精神，各项制度与政策强力护航，为民营企业的创新创业发展提供强劲力量。这一时期，工业自动化领域也迎来了新的春天，增速逐渐恢复，市场容量进一步扩大，与自动化相关的新兴业务类型也如雨后春笋般成长，为汇川技术的业务拓展和创业提供了良好的外部环境。

2014 年至 2017 年，汇川技术营收复合增速超过 30%，并在资本市场受到投资者的认可。2017 年，公司实现营收 47.77 亿元，同比增长 30.52%。同年，公司员工总数超过 6 000 人（见图 12-6）。汇川技术也越来越受到社会和行业的认可，如获"2014 年国家火炬计划重点高新技术企业""2017 CCTV 中国上市公司社会责任十强企业"等荣誉便是明证。

2014 年以来，汇川技术传统存量业务持续发展，而新兴增量业务也逐渐形成规模。除传统的通用自动化业务以外，公司开始涉足更多相关多元化产业，如新能源汽

车、工业机器人、轨道交通以及工业物联网等；纵向的行业拓展与横向的产品延伸推动了公司平台化组织模式的发展。公司开始进行基于行业线、产品线与区域三维驱动的组织结构再设计，并推出行业行长这样的职位，为自身高效发展提供了组织保障。

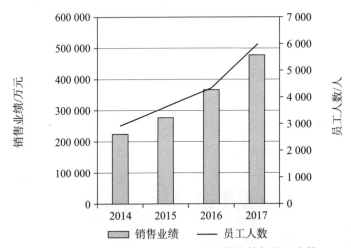

图 12-6 汇川技术 2014—2017 年销售业绩与员工人数

与此同时，基于十多年的发展和积累，汇川技术总结出优秀的文化基因：企业愿景与使命进一步明晰，从满足客户需求到成就客户的价值理念更加凸显。汇川技术正在挑战自我、不断完善的路上越走越远。

4.1 宏观风口，辨识机遇，布局突破

工业自动化产品是汇川技术传统的业务领域，目前公司在工业自动化领域已经构建起从控制层到驱动层完整的产品结构，产品类型基本涵盖工业自动化领域的所有产品，内部基于 IPD 模式的研发流程以及基于行业线的管理体制为自动化领域的发展提供了强劲的动力。尽管工控行业近些年发展有所限制，但是从 2016 年开始工业自动化市场受行业下游结构变化的负面影响逐渐减少，市场规模与产品销量逐步回升，工控行业开始回暖。工控网以及相关研究机构数据表明，2017 年中国工业自动化产品市场规模 1 656 亿元，同比增长 16.54%。

工业控制行业产品一般分为通用产品与专用产品，其中专用产品强调产品应用行业的特殊诉求，对所应用行业理解要求较高，产品往往是基于客户需求的定制化服务解决方案。汇川技术基于行业营销的管理模式长期深入客户的相关行业，并基于行业建设行业线，对所服务行业的产品诉求理解较深，已经在多个细分市场建立领先地位，"非标"产品受到服务行业的青睐。此外，在通用产品市场中产品具有较为明确统一的设计与应用标准，汇川技术长期立足通用自动化产品市场，已经形成独特的标准化产品供应系统，随着通用工控产品市场的回暖以及汇川技术长期的标准化产品设计与生产优势，公司通用变频产品、通用伺服产品等均实现了高速增长。

汇川技术抓住制造业结构性增长的机会，长期深耕行业应用，持续优化行业线运作模式，在通用变频器、通用伺服系统、PLC 产品、新型设备制造业、终端用户项目端（EU）等方面均取得了较快的发展。此外，伴随着国内房地产行业的发展，电梯一体化项目作为汇川技术的传统优势业务也持续成长，公司也开始逐步实施国际化战略，推动一体化电梯产品"走出去"。2020 年公司通用自动化业务营收为 53.15 亿元，同比增长高达 63%。公司坚持"行业营销＋技术营销＋品牌营销"，在通用自动化产品领域市场占有率持续稳步提升。

公司的新业务主要体现在以下几个方面：

首先是工业机器人。工业机器人是面向工业生产领域的机械臂等自动机械装置，能够在工业生产中自动化执行工作，可以按照预先编排的程序运行。工业机器人产业链条包含零部件生产制造、本体制造、功能实现以及系统集成四个部分，汇川技术从 2013 年开始着手进入工业机器人市场，并提出了"面粉＋工艺"的发展策略，依托公司在传统控制与驱动领域的技术与产品优势，从行业上游切入，有效布局控制系统、驱动系统与感知系统。南京汇川工业视觉技术开发有限公司的成立，大大推动了汇川技术在工业机器人上游零部件制造中感知系统相关技术的发展。之后公司又提出了"整机＋工艺"的策略转型，从 2015 年开始由零部件制造产业转型到机器人本体制造产业，并重点开发电子制造、光伏、锂电等行业，从公司长期积累的优势行业出发，更深入地理解并满足了行业需求。2016 年 6 月公司出资 6 000 余万元收购上海莱恩精密机床附件有限公司控股股权，携手共建精密机械产品制造平台，该次收购进一步完善了公司在机械传动领域的产品布局。2017 年汇川技术工业机器人业务进入规模推广的元年，以"核心部件＋整机＋工艺"优势，在手机制造等行业实现批量销售，销售收入同比增长 184%，同时培育探索工业机器人在半导体、小家电等行业的应用。2018 年汇川技术推出六轴工业机器人，销量同比增长达到 60%；同时定位引导类视觉产品、锁螺丝与点胶等工艺解决方案也在市场上取得应用。2019 年汇川技术在汽车 / 电子产业需求乏力市场情况下，完成全系列 SCARA 机器人、20kg 系列六关节机器人等产品的开发，重点拓展 3C、锂电、玩具等行业，从而使订单有明显增长。同时，汇川技术持续深挖行业应用工艺，加强工业机器人与工业视觉的深度耦合。2020 年汇川技术的 SCARA 机器人在中国市场的销量排名第三，销量同比增速超 35%，主要得益于苹果产业链、5G 与新能源行业，销售收入同比增长约 61%。2021 年由于受疫情和贸易战影响，芯片和部分器件供应紧张，汇川技术应对策略是密切关注芯片等关键物料及大宗材料的供需情况，加强与战略供应商的合作，加大关键器件的储备与回货，寻求器件替代，并采用期货套期保值等措施，净利同比增长 68.25%，公司工业机器人业务快速增长。目前公司工业机器人业务处于战略投入期，未来有着较大的发展潜力。

其次是新能源汽车。早在上市前，汇川技术就已经开始接触并进入新能源汽车领域，早期从汽车电控市场入手，与江淮和众泰进行技术产品开发并得到批量生产与应用，2014 年公司与宇通汽车有了更密切的深入合作，宇通汽车是全球最大的客车厂商，与宇通的合作无疑为公司新能源汽车业务强劲发展提供了充足的动力。在 2015 年至 2016 年公司新能源汽车电控板块业务得到了突飞猛进的发展，近几年国家在新能源汽车补贴方面相关政策的实施也为汇川技术新能源汽车业务的发展保驾护航。汇川技术聚焦乘用车领域，苏州汇川联合动力系统有限公司的成立推动了乘用车市场的进一步开拓以及新能源汽车动力市场的发展。汇川技术高层一直高度关注新能源汽车的发展，在高额研发投入的基础上，人力资本的配备也是新能源汽车业务高速发展的重要保障。目前由公司创始股东带领的乘用车产品团队、工作涵盖基础研发、系统建设、测试应用以及项目跟进等，具有较高的竞争力。除此之外，公司不仅关注国内汽车行业的领先企业，也积极与国际知名汽车品牌展开合作，与瑞士 Brusa 公司的合作为汇川技术新能源汽车领域的技术研发提供了强力的支持和保障。2020 年公司新能源汽车电驱及电源系统业务板块实现收入 11.02 亿元，同比增长 69%。

除关注乘用车市场外，汇川技术在物流配送车方面也有了新的突破，物流车的研发与生产在轻型卡车、微型面包车等车型的动力解决系统方面有了进一步发展，已经初步形成较为完善的"运营商—物流平台—车企"三位一体的物流车车联网平台解决方案。在 2018 年公司已经着手对第二代产品进行研发与生产，特别是在配套电机的动力产品提供方面，将会有新的突破。

最后是轨道交通。2015 年，公司收购江苏经纬轨道交通有限公司 50% 股权，开始涉足轨道交通牵引动力系统的相关市场，在收购前江苏经纬是国内唯一沿袭欧系技术平台并拥有自主研发核心技术的民营公司。在技术壁垒和技术要求双高的轨道交通领域，国内市场早期一直被国际相关企业占领，而汇川技术进入轨道交通牵引动力系统市场为本土轨道交通企业树立了良好的典范。汇川技术已经成为系统掌握轨道交通牵引驱动技术并能够提供解决方案与产品服务的牵引系统供应商。轨道交通行业在我国大部分城市建设中处于建设和发展的黄金时期，市场需求巨大，特别是在二线及三、四线城市，地下交通受到高度重视。公司轨道交通业务涵盖规划设计、核心零部件、车辆制造、运营维保等。其中核心零部件主要包括车身系统、电气系统、转向系统、牵引系统和控制系统。公司主要为地铁、轻轨等提供牵引变流器、辅助变流器、高压箱、牵引电机等牵引系统产品解决方案与服务。基于对国内牵引系统核心技术的掌握，汇川技术对整个轨道交通驱动与牵引市场的标准制定、行业发展也将会产生重要影响。

4.2　组织创新，平台组织，稳固底盘

组织结构属于员工治理范畴，主要体现为组织结构、流程和信息系统。其对员工能力的发挥和员工动力的激发，至关重要。汇川技术从创业初期便高度重视组织结构的调整与优化，创业中期的模块化组织结构设计体现了公司应对高度变化的外部环境的水平，而在发展新阶段，汇川技术在组织结构设计上又呈现出新的发展态势：平台型组织结构。

随着上市后业务规模的拓展以及经营管理模式的优化，汇川技术已经形成了产业线条清晰、职能分工明确的组织结构设计，目前公司已经由创业初期的单一变频器供

应商发展成为光机电综合产品及解决方案供应商。与此同时，公司在组织结构上也适
应产品业务布局，公司业务部门及产品主要包括五个部分：（1）服务于智能装备领域
的工业自动化产品，如多类型的变频器、伺服系统、控制系统等，这是公司的传统强
势业务；（2）服务于工业机器人领域的零部件、整机以及综合解决方案，涵盖工业机
器人专用控制系统、伺服系统、视觉系统、精密仪器等，这是公司传统强势业务与新
兴业务相结合产生的业务；（3）服务于新能源汽车领域的动力总产品，包含电机控制
器、辅助变流器、牵引电机等产品；（4）服务于轨道交通领域的牵引与控制系统，包
括牵引变流器、牵引电机等产品；（5）服务于设备后服务市场的工业物联网解决方案，
如工业云、信息化管理平台等。目前公司的产品广泛应用于多个行业，如新能源汽车
行业、电梯行业、工业机器人 / 机械手行业、起重行业、塑胶行业、建材行业、冶金
与煤炭行业、市政及轨道交通行业等。

　　基于相关多元化的产品业务发展，公司组织结构也呈现出动态的发展趋势，从最
初的基于区域划分的事业部管理、基于区域及产品线划分的矩阵式管理，发展为基于
区域、产品线以及行业线三维驱动的平台型组织结构（见图 12-7）。

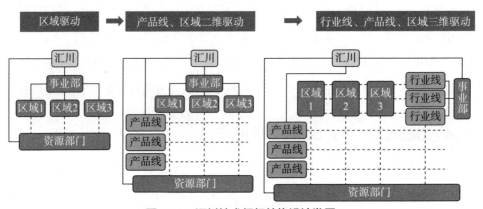

图 12-7　汇川技术组织结构设计发展

　　综合而言，汇川技术的组织结构是个演化的过程。在不同阶段，有不同特点。它
们之间有传承，更有扬弃。

　　发展初期，公司的结构是基于区域进行划分的，表现为事业部组织结构。在汇川
技术创业初期，产品与业务类型较少，出于以单一产品迅速拓展更大范围市场的目的，

汇川技术采取以区域划分成立事业部组织结构的管理模式，各区域人员负责所辖区域所有类型的客户，客户管理上较为粗放，此时对客户需求以及产品工艺特性的理解深度不足。这种基于区域划分的事业部制尽管在客户需求满足上有所欠缺，但是能够帮助汇川技术在最短的时间内打开市场，获得品牌知名度，创业初期19位元老均是行业内的顶尖产品专家，往往能够凭借自身的优势与技术营销手段不断开辟市场。

在快速发展阶段，公司则基于区域和产品线进行结构划分，表现为事业部矩阵式管理组织结构。随着市场的不断深入以及公司业务规模的不断拓展，汇川技术逐渐从被动的客户需求响应转变为主动理解客户诉求以及技术工艺发展趋势。为了更深入地理解客户及其所在行业的产品与服务诉求，公司需要进一步密切和频繁与客户互动，基于区域的事业部管理的组织结构已经无法适应自身的发展需要，产品线制度应运而生。产品线制度是汇川技术基于对自身的既有产品与所服务的客户及其所在行业的分析而形成的一种基于特定产品与客户的管理体制，其与之前基于区域管理的事业部管理制度相结合，便形成了汇川技术创业中期的"产品线＋区域"二维驱动的组织结构，这种组织结构能够充分理解客户需求并将其转换为技术与产品解决方案，主动适应市场的发展。

各个产品线对产品的经营目标直接负责，产品线部门在提高产品经营规划质量的同时，也会着重关注产品开发策略、销售策略以及成本策略，因此产品线管理制度为公司发展带来了巨大的优势。基于产品线管理的产品线经理制度为公司的后续发展提供了一大批高端人才，他们对客户需求、产品技术方案以及行业发展有深刻的理解，是未来经理人员、技术人员、营销人员等各种类型人力资本的积累；以客户需求为导向的产品研发和技术营销提升了汇川技术深入客户并提供定制化解决方案的能力；各个产品线对成本与管理的关注对公司整体管理水平的提升也有巨大的帮助，推动了公司高效、稳健运行，为公司持续健康发展打下坚实的基础。

在目前阶段，公司基于区域、产品线以及行业线进行组织结构设计，形成三维驱动的平台型组织结构。基于区域划分管理维度往往会让公司在理解市场需求和工艺发展趋势上有所限制，汇川技术坚信只有不断深耕市场与客户才能更深度地抓住外部环境的变化，不断提升自我适应环境的能力。随着汇川技术对产品业务模式理解的加深，各种新类型业务不断得到开拓与发展，新能源汽车、轨道交通、工业机器人等新型业务逐渐加入到汇川技术整体业务模式中，传统基于产品线和区域的管理体制已经逐渐无法解决业务领域拓展所带来的压力，朱兴明站在企业发展的时代潮流上提出了行业线的概念。行业线的出现既强化了基于客户的市场细分，又实现了基于产品的细分市场在行业内的统筹合击，同时还进一步打破了片区管理的人才发展通道限制，最大限度激活了人的潜能，并最终赢得市场。

行业线制度的产生与推行也彰显着汇川技术力求发展的决心，汇川技术董事长朱兴明在回顾行业线制度的产生与推行时谈到了当时区域管理模式体系员工对行业线制度的排斥与抵制，推行行业线初期汇川技术的业务拓展受到了很大的打击，基于区域管理的既得利益群体给新制度的推行带来了重重阻力，但汇川技术管理高层对行业线制度的推广非常坚定，即便短时间内业务量受到损失也会从更长远的角度看待行业线制度的优势。

行业线制度在汇川技术有着天生的土壤，汇川技术的产品与服务往往与客户有着紧密的联系，在技术研发与产品设计过程中需要对客户需求进行深入的理解。从标准与"非标"产品设计的角度来看，汇川技术的产品解决方案既要考虑到客户的个性化定制需求，又要考虑到标准化与规模化生产所带来的成本节约。而从一个行业客户的角度来看，这种矛盾利益关系就会得到最大限度的解决，特定行业对产品解决方案的诉求往往会存在共通之处，而这种共通之处便是建设行业线的基本保障。与此同时，长时间深入耕耘一个特定行业对于把握与满足特定行业客户的产品需求则有着重要的价值。随着汇川技术相关产品多元化程度的提升，推行基于行业线的管理模式与组织结构势在必行。2015年汇川技术在通用自动化业务领域全面推进产业链营销思维，建立行业线、产业线与研发资源三位一体的行业总体组（这是行业线制度的雏形），并在其他业务产品中推广行业线的建立和应用。行业线制度从整体上提升了汇川技术为客户提供行业定制化解决方案的效率，从而使得公司在定制化解决方案方面的竞争力得到了进一步提升，与国际知名竞争者相比，行业线更深入地把握与理解客户需求、更迅速地响应与满足客户需求，从而更加强化了其在竞争过程中的成本优势与运作效率。

面向未来发展，汇川技术平台化组织目前已具雏形。

互联网技术给传统组织管理与发展模式带来了巨大的挑战，企业应当将自己打造成一个具有"互联网化特质"的组织。互联网化要求企业在客户层面准确把握并有效满足客户需求，而在组织层面则要自由连接并定制化提供解决方案。企业要让自己成为一个平台，在这个平台上所有的资源都将围绕发现并满足客户需求进行解决方案的提供，平台化组织应运而生。

汇川技术在经历区域事业部管理制度、产品线与区域矩阵式管理制度以及基于行业线的管理制度后，其平台化运行特征愈加明显。从纵向来看，汇川技术已经逐步涉足通用自动化、新能源汽车、轨道交通、工业机器人以及工业物联网等多个领域。在横向上单个领域所提供的产品类型也在不断细化，并在控制层、驱动层、执行层、感知层以及应用层一直存在产品类型的横向延伸。基于纵向业务拓展与横向产品延伸而构成的组织管理模式，其最直接的特色便是平台化。一方面基于行业线的运营管理模式让汇川技术深入理解客户诉求，另一方面围绕客户需求在各个层次的产品化又能将组织资源进行有效的整合，从而为客户提供定制化的产品解决方案。平台化的组织结构为公司高速扩张提供了强劲的动力和坚实的保障，也使得公司在长期与国际知名公司竞争过程中保持一定优势。

4.3 文化梳理，保驾护航，不忘创新

朱兴明在汇川技术年会上曾讲道，"资源是可以枯竭的，唯有文化可以生生不息；企业家的生命是有限的，唯有企业的文化是无限的"，汇川技术从创业初期便重视对文化的建设与传承，在公司发展的不同阶段会以不同的形式和内容将公司的文化呈现出来。

4.3.1 企业愿景

在阐述什么是企业的愿景时，朱兴明说："（企业愿景）就是这个企业未来想成为一个什么样的企业，它的目标，它的理想，一定是精神层面的。"在充分讨论未来行业发展趋势的基础上，汇川人对汇川技术未来的角色和目标进行了界定，汇川技术要"成为世界一流的工业自动化产品及解决方案供应商"。

4.3.2　企业使命

汇川技术从创立之初便是一个有使命感的企业组织，在国内工业自动化市场被国际公司占据的背景下，如何实现进口替代、中国制造是汇川人早期的使命。在阐述汇川技术的使命时，朱兴明亦曾提及"我们的使命，第一阶段一定要利用先进的技术推动中国的产业升级"，汇川人身上有一种无可替代的责任感和使命感，"汇川不做，中国就没有人能做"，这是汇川人作为自动化行业领军企业的自信和骄傲。随着公司的成熟以及业务市场的开拓，汇川技术的使命也在更新。目前，公司致力于持续追求技术领先，以创新的自动化、数字化、智能化的解决方案与服务，促进产业升级，提升生活品质，推动人类文明进步。与此相应，公司将使命定义为"推进工业文明，共创美好生活"。

4.3.3　价值观

汇川技术的价值观被凝练为 25 个字：以成就客户为先，以贡献者为本，坚持开放协作，持续追求卓越。尽管只有短短的 25 个字，却囊括了汇川人行为处事的基本原则和价值观念，每个字词背后都有着丰富的内涵和严格的要求。第一，以成就客户为先。从初期的客户至上到现在的成就客户，几个字的改变意味着汇川技术对待客户态度的变化，汇川技术与客户共同打造命运共同体。朱兴明曾经讲："我们的销售人员，不是一个推销员，而是要转变成一个顾问式销售，要考虑怎么帮助客户成功、怎么帮助客户的设备提高档次、怎么帮助客户改变经营思维、怎么帮助客户重构管理架构。"汇川技术经常向客户传达产品经验与管理模式，也会为客户取得的成就和成长而感到骄傲。第二，以贡献者为本。贡献者是价值创造的主体，是公司最大的财富。我们处在一个人才高度争夺的年代，必须要给公司的贡献者匹配具有行业竞争力的报酬回馈，这对企业是一个很大的考验。任何一家优秀的企业都应该做到先予之再取之，企业和员工之间不要有博弈的关系，也不要有博弈的意识。只有这样，企业吸引人才的策略才能根本落地，人才才能辈出，企业的业绩才能倍增，企业的高速成长才能得以保证。所以以贡献者为本是企业人才策略最核心的理念。第三，坚持开放协作。开放不仅是对供应商、对客户而言，对公司内部也是如此。越开放的团队越有活力，氛围越好，组织效率越高。有开放才有协作，只有在开放中才有好的协作。协作是汇川人一以贯之的文化，从最初的筚路蓝缕到企业发展的黄金时期，团结协作始终是企业发展的重要力量。让公司的开放和协作落地，就必须有流程上的保证。一个透明化、可视化流程体系，是构建开放协作体系的基础支撑。第四，持续追求卓越。"卓越就是与众不同、卓尔不凡、出类拔萃"，这是朱兴明对卓越的解读。如何才能做到卓越？汇川人的答案是创新。朱兴明讲道，要以客户需求作为创新源泉、把成就客户作为创新的动力、把高于业界最佳作为创新的标准、把精益求精作为创新的态度进行创新。持续追求卓越，就是持续不断地努力创新，永远以领先技术推进行业发展。

4.3.4　家国情怀

朱兴明从创业初期便怀揣着感恩报国的家国情怀，他是一名真正具有高度家国情怀的企业家、创业家。在谈及中国与世界的贸易争端问题时，朱兴明说，"在和平时代，企业要以客户需求为导向；在'战争'时代，企业就应该以国家和民族为导向"，铿锵有力、铁骨铮铮，这与十几年来汇川人进口替代的创业梦想息息相关，与其"以领先技术推进工业文明"的价值观息息相关，这种家国情怀和创业抱负深深嵌入在每一位汇川人的内心深处。

5. 结语

汇川技术创业十几年，坚持创新和变革，在工控领域闯出一条新路，并已经实现其在创业初期的使命。公司在发展过程中，使命明确，不忘初心；结构调整，有章有法；人员布局，配置合理；文化倡导，意义明确；管理控制，底盘扎实。

2020 年，汇川技术总营收达到 115 亿元，同比增长 55.73%；入选"2020 胡润中国 500 强民营企业"，排名第 93 位。

展望未来，公司在成为光机电一体化的科技领先公司的过程中，其组织方式、管理控制、文化升级、政策设计以及领导力内涵，应该又会有不同程度的发展。

朱兴明在汇川技术年会的演讲中曾经说："未来我们还会遇到很多挑战，更大的挑战，怎么以不变应万变，要给予价值规律和人心原则的准则。……做企业就是在修行。修炼之路有四点，善预则立，善行则强，善思则进，善言则珍。"

参考文献

[1] 汇川技术 2015—2020 年度业绩快报 [EB/OL]. 汇川技术官网 .

[2] 鉴史、问今、昭未来——汇川技术董事长朱兴明新年演讲实录 [EB/OL].(2018-02-10)[2020-05-20].http://www.inovance.cn/content/details456_17477.html.

[3] 汇川技术 2017 年总裁新年致辞 [EB/OL].(2017-01-04)[2020-05-20].http://www.inovance.cn/content/details49_15736.html.

[4] 拥抱未来，从认知返璞开始——汇川技术董事长朱兴明 2019 年演讲实录 [EB/OL].(2019-02-25)[2020-05-20].http://www.yidianzixun.com/article/0LMTV8zf.

（冯云霞　武守强）

后　记

　　为纪念中国改革开放 40 周年，中国人民大学、中国人民大学商学院的领导和教师在 2018 年初开始筹划通过中国优秀企业案例展现中国经济发展的伟大成就，这本《创业中国故事》即是结果。原商学院院长毛基业教授在本书的序言中说："序言比较冗长，也是我第一次写一万多字的长序，它既可视为我对本书的系统性反思，也是给读者的导读。"

　　毛基业教授在序言中还谈道："作为'60 后'的我和本书的其他作者一样，对改革开放怀有深深的感恩之情。我们是与改革开放一起成长的一代，也是最幸运的一代，经历了中华民族史上发展最快速的时期，度过了自己一生中最好的 40 年。对于我这代人而言，如果没有改革开放，人生轨迹会完全不同。我个人是直接受益于知识青年上山下乡运动的终结、高考制度的恢复特别是改革开放带来的全面社会进步以及 80 年代中期开始的出国留学大潮。因此，可以说我个人的一切成就皆可归功于改革开放。"对此，本书案例撰写者也是感同身受。

　　本书的写作分工如下：李晓光承担了导论、第 3 章以及第 7 章部分撰写工作，石明明承担了第 1、9 章撰写工作，徐京悦承担了第 2、10 章撰写工作，陈智勇承担了第 4、8 章撰写工作，许艳芳承担了第 5 章全部以及第 7 章大部分撰写工作，刘彧彧、翟羽佳承担了第 6 章撰写工作，刘彧彧、王鹏斌承担了第 11 章撰写工作，冯云霞、武守强承担了第 12 章撰写工作，辛本恩参与了第 3 章撰写工作。

　　中国人民大学原副校长、现教育部学位管理与研究生教育司司长洪大用，中国人民大学商学院院长兼党委副书记叶康涛教授在本书的筹划实施方面发挥了重要作用；

中国人民大学商学院科研办的杨晶、王文静在资料整理、工作协调方面做了许多工作；中国人民大学出版社在编辑排版方面做了大量的规范和美化创新工作，在此一并感谢！

李晓光

2021 年 10 月